教育部哲学社会科学研究后期资助项目结项成果项目名称：积极应对人口老龄化国家战略背景下我国老年友好型社区建设研究；项目批准号：22JHQ070

中国经验

老年友好型社区的理论构建与实践路径研究

郝君富 文 学◎著

光明日报出版社

图书在版编目（CIP）数据

老年友好型社区的理论构建与实践路径研究 / 郝君富，文学著. -- 北京：光明日报出版社，2024.8.
ISBN 978-7-5194-8230-5

Ⅰ.D669.6

中国国家版本馆CIP数据核字第2024P64G68号

老年友好型社区的理论构建与实践路径研究
LAONIAN YOUHAOXING SHEQU DE LILUN GOUJIAN YU SHIJIAN LUJING YANJIU

著　　者：郝君富　文学	
责任编辑：刘兴华	责任校对：宋　悦　李学敏
封面设计：中联华文	责任印制：曹　净

出版发行：光明日报出版社

地　　址：北京市西城区永安路106号，100050

电　　话：010-63169890（咨询），010-63131930（邮购）

传　　真：010-63131930

网　　址：http://book.gmw.cn

E - mail：gmrbcbs@gmw.cn

法律顾问：北京市兰台律师事务所龚柳方律师

印　　刷：三河市华东印刷有限公司

装　　订：三河市华东印刷有限公司

本书如有破损、缺页、装订错误，请与本社联系调换，电话：010-63131930

开　　本：170mm×240mm

字　　数：241千字　　　　　　　印　张：14

版　　次：2025年1月第1版　　　印　次：2025年1月第1次印刷

书　　号：ISBN 978-7-5194-8230-5

定　　价：89.00元

版权所有　　翻印必究

序　言

　　人口老龄化是未来很长一段时期我国将要面对的现实国情，这个过程可能要持续几十年，甚至更长的时间。积极应对人口老龄化国家战略就是在这一时代大背景下提出的，非常及时有效地契合了现阶段的社会需求。关于我国未来如何积极应对人口老龄化，已经有许多研究论文和学术著作从不同视角进行了探析。从基层社区的视角，对我国未来的老年友好型社区建设进行全方位研究，属于一个崭新的视域，也可以给我们带来一系列全新的思考。

　　老年友好型社区不仅包括无障碍、适老化的物质环境，还包括对老龄人口尊重包容的社会环境。构建老年友好型社区，需要良好的社会生态、制度环境、政策支持，需要因地制宜、以人为本、协同治理的指导理念，更需要包括政府、社区、企业、家庭、老龄人口等在内的老龄社会治理共同体的合力参与。通过探析老年友好型社区建设的成功经验，未来还可以继续拓展延伸到老年友好型城市建设、老年友好型乡村建设等相关研究领域，不断丰富充实我国关于老年友好型社会的研究成果。

　　部分欧美发达国家在20世纪下半叶就逐步进入老龄化社会，在应对老龄化方面已经积累了诸多宝贵经验。亚洲的日本、韩国、新加坡等国当前正面临全社会老龄化加速的严峻问题，且也在积极探索研究未来的应对策略。我国作为世界人口大国和老年人口最多的国家，必须借鉴当代国际社会的成功经验，同时结合我国老龄化社会的实际情况，有针对性地开展老年友好型社区的相关理论研究，同时在实践层面不断总结经验，先突出重点，抓好示范，再全面部署，整体推进。

　　在我国老年友好型社区的构建过程中，既要充分考虑我国几千年家庭养老、养儿防老的社会传统，也要全面顾及当前的工业化、现代化、城市化进程对传统生活方式的冲击；既要立足于我国现阶段不同于西方发达福利国家的特殊国情，也不能完全回避过去几十年曾经遍及城乡、广泛宣传的"政府来养老"的庄严承诺。我国老年友好型社区建设无疑是统筹解决这一系列社会矛盾问题的实践平台，也将在全世界应对老龄化问题的制度创新层面，提供宝贵的中国智慧和中国方案。

未来一段时期，我国的老龄化趋势将加速展现，必将在各方面、各层次带来越来越大的经济社会压力。我国积极应对人口老龄化国家战略的内涵将继续丰富，未来还将不断展现出新特点、新趋势。我们的研究仅选取其中一个角度，以作抛砖引玉，换来社会各界的探讨和争鸣。

真诚地期待全社会有越来越多的人关注我国的老龄化问题，共同谋划支持我国的老年友好型社区建设，共同实现提升广大老龄人口健康和福祉的美好愿景。

是为序。

目 录
CONTENTS

导　论 ··· 1

第一章　积极应对人口老龄化国家战略与老年友好型社区的创建 ········ **16**
　第一节　对我国人口快速老龄化的前瞻性思考 ························· 16
　第二节　我国老年友好型社区建设的整体性推进与现实困境 ········ 21

第二章　老年友好型社区的理论缘起、内涵界定与研究进展 ············ **30**
　第一节　老年友好型社区的缘起 ··· 30
　第二节　老年友好型社区的理论基础与内涵界定 ····················· 34
　第三节　老年友好型社区建设理论的研究进展 ························ 38

第三章　老年友好型社区的构建主体与评价指标体系 ···················· **45**
　第一节　老年友好型社区的构建主体 ··································· 45
　第二节　老年友好型社区建设的评价指标体系 ························ 57

第四章　老年友好型社区建设的国内外经验探索 ··························· **66**
　第一节　世界卫生组织全球老年友好型城市和社区网络的建立与发展 ····· 66
　第二节　老年友好型社区的物质环境建设 ······························· 68
　第三节　老年友好型社区的社会环境建设 ······························· 84
　第四节　老年友好型社区的健康服务体系和信息交流体系建设 ······ 105
　第五节　我国上海市老年友好型社区的建设探索 ······················ 118

1

第五章　我国老年友好型社区的构建路径 124
- 第一节　因地制宜构建"本土化"的老年友好型社区评价指标体系 124
- 第二节　以满足老龄人口需求为基本出发点优化老年友好型社区环境 135
- 第三节　构建"以人为本、综合性"的老年友好健康服务体系 153
- 第四节　加强政府多部门协同治理，调动多元社会力量合力建设 173
- 第五节　统筹兼顾积极财政政策与公共财政可负担性之间的关系 180
- 第六节　建立健全老年友好型社区建设的评估与监督机制 193

第六章　结　语 197

参考文献 200

导 论

一、选题背景与研究意义

（一）选题背景

人口老龄化是我国今后较长一段时期内的基本国情。我国自 1999 年步入老龄化社会，老年人口规模日益庞大、老龄化程度日益加深。第七次全国人口普查数据显示，2020 年我国 60 周岁及以上老年人口为 26，402 万，占总人口的 18.7%，65 周岁及以上老年人口为 19，064 万，占总人口的 13.5%。预计"十四五"时期，我国 60 周岁及以上老年人口将超过 3 亿，占总人口比例将超过 20%，我国将进入中度老龄化社会。人口老龄化对经济运行全领域、社会建设各环节、社会文化多方面乃至国家综合实力和国际竞争力都具有深远影响，挑战与机遇并存。有效应对我国人口老龄化问题，事关国家发展全局，事关亿万百姓福祉，事关社会和谐稳定，对于全面建设社会主义现代化国家具有重要意义。

为应对人口老龄化的严峻考验，党的十八大以来，以习近平同志为核心的党中央、国务院高度重视老龄工作，精心谋划、统筹推进老龄事业发展。2019 年，党的十九届五中全会将积极应对人口老龄化确定为国家战略。实施积极应对人口老龄化国家战略，是在我国人口老龄化基本国情背景下，以习近平同志为核心的党中央总揽全局、审时度势做出的重大战略部署。实施积极应对人口老龄化国家战略，有利于积极转化老龄风险为"长寿红利"，有助于推动我国老龄事业和产业高质量发展，是在人口老龄化背景下实现人口与经济社会协调发展的全局性谋划，是维护国家人口安全和社会和谐稳定、实现第二个百年奋斗目标的重要考量。积极应对人口老龄化国家战略是我国坚持深化改革开放，为人类解决老龄化问题贡献的中国智慧和中国方案。

为贯彻落实中共中央、国务院关于实施积极应对人口老龄化国家战略的决策部署，2020年12月国家卫生健康委（全国老龄办）发布《关于开展示范性全国老年友好型社区创建工作的通知》，正式提出要推进老年友好型社会建设，并在全国范围内开展示范性全国老年友好型社区创建工作。老年友好型社区建设有助于构建老年友好环境，实现老有所养、老有所医、老有所为、老有所学、老有所乐，将积极老龄观、健康老龄化理念融入经济社会发展全过程，让老年人共享改革发展成果、安享幸福晚年，进而推动我国老龄事业的高质量发展，走出一条具有中国特色的积极应对人口老龄化道路。因而，老年友好型社区建设是我国贯彻实施积极应对人口老龄化国家战略不可或缺的重大举措之一。但我国老年友好型社区建设起步晚，缺乏丰富的实践经验积累，公共政策领域也缺乏良好的多部门协同治理机制，这些都将成为我国老年友好型社区创建工作顺利推进的直接障碍。因而有必要基于积极应对人口老龄化国家战略，深入研究老年友好型社区建设的理论体系，并对国内外示范社区的建设经验进行系统梳理，探索适合我国当前国情的老年友好型社区构建路径。

（二）研究意义

本书基于我国人口老龄化的基本国情和积极应对人口老龄化国家战略背景，以老年友好型社区的构建路径为基本研究对象，从老年友好型社区构建的理论基础、内涵界定、评价体系、建设机制等方面研究其相关理论与已有实践，最后基于我国当前国情提炼出有助于推动我国老年友好型社区建设的顶层制度设计。本研究具有重要的理论意义和实践意义。

1. 理论意义

老年友好型社区建设出台的背景是人口老龄化和积极应对人口老龄化国家战略，老年友好型社区建设的理论基础是"积极老龄化"理论和世界卫生组织的"新健康老龄化理论框架"。老年人口的需求是多方面的，既包括物质环境领域也包括社会环境领域，因而，老年友好型社区建设过程将同时涉及公共财政政策、社会保障政策、老年人口再就业政策、人口管理政策等，并同时涉及中央政府和地方各级政府，以及交通、住房、社会保障、城市发展规划、信息通信、劳动就业、卫生与长期照护等相关政府管理部门，涉及政府、社区、企业、家庭及其他利益相关者等多元主体。因而，老年友好型社区建设是一项复杂的系统性建设工程，将同时涉及包括公共政策学、人口管理学、老年环境学、健康经济学、社会学、城市规划管理学等多个跨学科理论。本研究对于进一步丰富和发展相关学科理论，促进多学科交叉理论研究具有重要的理论意义。

2. 现实意义

建设老年友好型社区是实施积极应对人口老龄化国家战略、推动高质量发展、加快构建新发展格局的重要举措之一。建成老年友好型社区，一方面可以从微观层面满足老龄人口的需求，增进老龄人口的健康和福祉；另一方面，从宏观层面看，老年友好型社区的建设和发展将通过更好地利用老年资源，催生银发经济新产业、新业态、新模式，培育形成经济增长新动能，有利于拓展银发消费，持续扩大内需，积极转化老龄风险为"长寿红利"。因而，本研究将有助于推动我国老年友好型社区建设，而老年友好型社区建设是实施积极应对人口老龄化国家战略的重要举措之一，对于推动实施积极应对人口老龄化国家战略具有直接的应用价值。

二、研究内容与研究方法

（一）研究内容

本书共包括六个章节，具体研究内容如下：

第一章积极应对人口老龄化国家战略与老年友好型社区的创建。本章从我国快速老龄化的基本国情出发，认为积极应对人口老龄化国家战略是对我国快速人口老龄化基本国情的前瞻性思考，是以习近平同志为核心的党中央总揽全局、审时度势做出的重大战略部署。积极应对人口老龄化国家战略作为全局性谋划事关国家发展全局，事关百姓福祉，对"十四五"和更长时期我国经济社会持续健康发展具有重大和深远的意义。老年友好型社区建设的整体性推进是我国推进实施积极应对人口老龄化国家战略的重要举措之一，有助于推动我国老龄事业的高质量发展。当前我国处于老年友好型社区建设的初期探索阶段，在政策快速推进过程中，也面临多方面的现实困境。

第二章老年友好型社区的理论缘起、内涵界定与研究进展。首先，本章从人口老龄化和城市化交汇的全球趋势出发引出世界卫生组织倡议的"全球老年友好型城市和社区建设计划"（Age-friendly Cities and Communities, AFCC）；其次，给出老年友好型社区的理论基础——积极老龄化；再次，给出老年友好型社区的内涵界定和内涵拓展；最后，对老年友好型社区建设理论具有重要促进和丰富作用的相关国际组织文件进行了梳理，包括联合国的《新城市议程》《2030年可持续发展议程》和世界卫生组织的"新健康老龄化框架"等。

第三章老年友好型社区的构建主体与评价指标体系。老年友好型社区建设应以政府为主导，同时需要充分调动社区、企业、家庭、老龄人口、老龄组织及其他多元利益相关者共同参与协同治理。本章第一节系统梳理了各类老年友好型社区的构建参与主体及其可发挥的作用。老年友好型社区建设是一项系统性、长期性的工程，因而需要一套完整的指标体系用于指导和评价老年友好型社区的建设进展。本章第二节主要介绍了世界卫生组织提出的关于老年友好型社区建设的指标体系，包括八大建设主题的建设清单和特征标准。

第四章老年友好型社区建设的国内外经验探索。本章首先介绍了世界卫生组织"全球老年友好型城市和社区网络"的建立与发展，并选取了加入世界卫生组织全球老年友好型城市和社区网络的44个国家和地区的100余个老年友好型示范社区的成功建设经验和做法，分别从物质环境建设（室外空间和建筑、交通、住房）、社会环境建设（积极社会参与、尊重与社会包容、社区参与和就业）及老年友好型社区的健康服务体系和信息交流体系建设，对其展开系统性的经验梳理和提炼分析，并对我国老年友好型城市的建设代表上海市在老年友好型社区建设中的经验进行了梳理。本章内容将为第五章我国老年友好型社区的构建路径和制度设计的总结提炼提供基础性证据。

第五章我国老年友好型社区的构建路径。本章是本研究的主体和核心内容，基于前文相关理论研究及国内外大量老年友好型示范社区的建设实践，并基于我国国情，为未来我国老年友好型社区的构建路径提炼了六大主要政策建议，即：因地制宜构建"本土化"的老年友好型社区建设指标体系；以满足老年人口需求为基本出发点优化老年友好型社区环境；构建"以人为本、综合性"的老年友好健康服务体系；加强政府多部门协同治理，打造老龄社会治理共同体合力建设；统筹兼顾积极财政政策与公共财政可负担性之间的关系；建立健全老年友好型社区建设的评估与监督机制。以上老年友好型社区建设的政策启示将更好地指导我国老年友好型社区和老年友好型社会建设，有助于更好地推进实施我国积极应对人口老龄化的国家战略。

第六章结语。本章对全书内容进行了总结。

本书的总体研究内容和结构框架如图1所示：

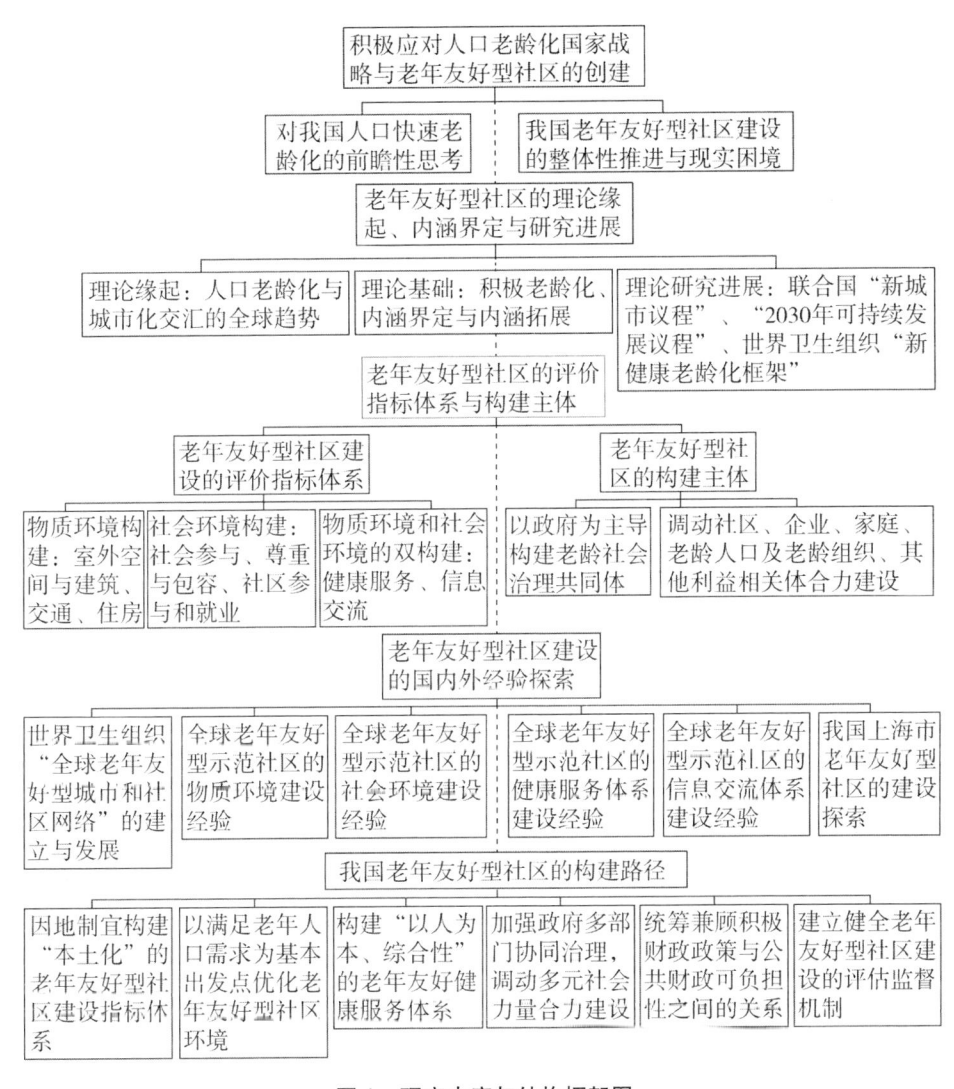

图 1　研究内容与结构框架图

（二）研究方法

本书基于积极应对人口老龄化的国家战略的背景，以老年友好型社区的路径构建为研究方向，综合采用了以下研究方法：

1. 文献研究法

本书共查阅国内外相关文献资料300余篇。因老年友好型社区建设在国际上已有10余年的实践发展，而我国老年友好型社区建设才刚刚起步，因而在相关领域的研究方面也存在较大差距，相关外文一手文献数量较多，研究的主题和内容也较为丰富，而国内相关领域的研究文献则相对有限。因而本书以外文一手文献为主,采取文献研究法对人口老龄化、老年友好型社区相关理论和实践展开研究,文献研究对于总结人口老龄化、老年友好型社区建设的理论基础、内涵界定及评价指标体系构建等均奠定了重要的研究基础。

2. 比较分析法

本书基于世界卫生组织的老年友好型社区评价指标体系,横向对比了国内外包括44个国家和地区的100余个老年友好型示范社区及我国上海市老年友好型社区的建设经验,按照世界卫生组织老年友好型社区建设的八大主题进行总结、梳理和提炼,并对我国老年友好型公共政策和建设进展进行了纵向比较梳理,从而通过横、纵向的比较分析方法,研究成功建设经验背后的机制设计,并结合我国本土实际研究符合我国国情的老年友好型社区建设路径和机制设计。

3. 案例分析法

老年友好型社区建设的实践性非常强,在各主题的建设过程中,示范社区推出了大量试点或试验性做法和相关活动计划,因而存在大量值得借鉴的特色案例,对这些案例的分析有助于帮助我们研究老年友好型社区的建设机制及评价相关政策的成本收益效果。因而,典型案例分析也是本书的重要研究方法之一。

三、核心概念与文献回顾

(一) 人口老龄化与积极应对人口老龄化国家战略

国际社会对人口老龄化问题研究较早,依次提出了"成功老龄化""健康老龄化""积极老龄化""新健康老龄化"等应对老龄化问题的倡议。最早提出的"成功老龄化"是指最大程度地满足老龄人口的满足感与幸福感,平衡老龄人口与社会关系。[1] 发展至20世纪90年代初,以生理健康、心理健康、适应社会良好为核心理念的"健康老龄化"被提出,希望通过干预影响老年人健康的各类因素来应对世界人口老龄化。2002年第二届世界老龄大会的主旨为"实现积极老龄化、倡导健康老龄化",会议提出"积极老龄化"的概念。积极老龄化是指通过优化健康条件、参与机会和保障等方面,促进老年生活质量的提高。[2] 建立积极老龄化社会并开发老年资源逐渐成为各人口老龄

---

[1] HAVIGHURST R J. Successful Aging [J]. *Processes of Aging: Social and Psychological Perspectives*, 1961, 1 (1): 8–13.

[2] Active Ageing: A Policy Framework [R/OL]. World Health Organization, 2002.

化国家的一致观点。美国学者 Flood 认为，成功的老龄社会应当使得个人能够适应随着年龄增长而逐渐下降的生理机能的改变，同时能够经历精神世界的丰富并感知到生命的意义。① 此外，老年人也有着不同于年轻人的社会需求。2012 年，联合国出版的《二十一世纪人口老龄化：成就与挑战》中提到，老年人强调需要获得收入保障，灵活的就业和社会参与机会，医疗服务，适于老年人的住房与交通，消除对老年人的歧视、暴力和虐待等，并且希望成为受尊重的社会成员。②

2016 年，世界卫生组织发布《关于老龄化与健康全球报告》，在该报告中世界卫生组织更新了"健康老龄化"的概念和行动框架，报告着重强调了健康的老龄化并不仅仅是指没有疾病，对大多数老年人来说，维持功能发挥是最为重要的，将"健康老龄化"的新概念界定为帮助人们"发展和维持老年健康所需的功能性能力发挥的过程"。"健康老龄化"与"积极老龄化"一样，强调需要加强跨多个部门采取行动，并使老年人能够继续成为其家庭、社区和经济的一种资源。③ "健康老龄化""积极老龄化"共同构成老年友好型社区建设的理论基础。

随着世界人口老龄化程度的加深，各国进一步加强了对老龄人口的关注，如联合国制定的《2030 年可持续发展议程》明确表示，各国应当采取积极措施以实现所有人的人权，尤其要关注社会老龄人口的需求。④ 老龄化是与联合国《2030 年可持续发展议程》17 项发展目标中的 15 项均相关的一个问题。⑤

从我国来看，自改革开放以来，我国人口年龄结构发生了深刻的变化，由成年型逐渐转变成老年型，成为人口老龄化国家。⑥ 陆杰华、刘芹认为我国人口老龄化的研究进程划分为三个阶段：探索老龄趋势及其原因、分析老龄

---

① FLOOD M. Successful Aging: A Concept Analysis [J]. Journal of Theory Construction and Testing, 2002, 6 (2): 105-109.
② UNFPA, Help Age International. Ageing in the Twenty-First Century: A Celebration and A Challenge [M]. UNFPA and Help Age International, 2013.
③ World Report on Ageing and Health [R/OL]. World Health Organization, 2015-09-29.
④ Transforming Our World: The 2030 Agenda for Sustainable Development [R/OL]. United Nations, 2015.
⑤ Global Strategy and Action Plan on Ageing and Health [R/OL]. World Health Organization, 2017-01-02.
⑥ 曾红颖, 范宪伟. 以老年人力资源优化开发积极应对人口老龄化 [J]. 人民论坛·学术前沿, 2019, (6): 100-103.

社会特征及应对政策、融合国情的综合研究阶段。[①] 我国未正式进入老龄社会前的第一阶段，我国学者就逐渐开始重视人口老龄化问题研究，如中国老龄科学研究中心陶立群、穆光宗等学者多次对人口老龄化理论和概念进行讨论与辨析。[②] 同时也有学者对国际上流行的"健康老龄化"概念与中国实情相结合，认为创建健康的老龄社会是中国当下的正确选择。[③] 1999年，我国正式迈入人口老龄化国家行列，中共中央、国务院出台了《关于加强老龄工作的决定》，"十一五"规划也涵盖了老龄事业，不少学者开始由概念研究转向对中国人口老龄化特征的研究，并探究积极应对老龄化所引发的相关问题，如黄瑞认为应完善中国城镇养老保险制度[④]；刘同昌则认为应将城乡基本养老保险进行一体化管理。同时指出伴随着我国人口老龄化程度的加深，老龄问题不断凸显，主要表现为人口规模大、未富先老、地区发展不平衡、高龄化现象明显、家庭小型化等。[⑤] 蔡昉研究指出人口老龄化相关的问题将成为人民最关心、最直接、最现实的利益问题。[⑥]

2019年，党的十九届五中全会通过《中共中央关于制定国民经济和社会发展第十四个五年规划和二〇三五年远景目标的建议》，我国正式将积极应对人口老龄化上升为国家战略。近年来，我国大量学者对积极应对人口老龄化国家战略的理论内涵、战略意义、推进路径等进行了理论阐释。林宝指出积极应对人口老龄化战略目标可以理解为一个由积极老龄化、促进人口长期均衡发展和实现可持续发展组成的多层次体系，现阶段表现为高质量发展。其战略任务是尽量创造有利于实现高质量发展的人口条件，以及形成与人口老龄化相适应的经济发展模式和社会环境。[⑦] 原新、金牛研究认为积极应对人口

[①] 陆杰华，刘芹. 改革开放40年来中国老龄研究的进展、创新及展望 [J]. 中共福建省委党校学报, 2018 (12)：76-85.

[②] 陶立群. 再谈人口老龄化若干问题的辨析：兼与穆光宗等同志商榷有关人口老龄化的几个理论和概念问题（之一）[J]. 人口学刊, 1997 (6)：9-14, 20；穆光宗. 人口老龄化问题和老龄问题的再讨论：兼答陶立群同志 [J]. 人口学刊, 1998 (1)：3-7, 57.

[③] 邬沧萍. 创建一个健康的老龄社会：中国迎接21世纪老龄化的正确选择 [J]. 人口研究, 1997, 21 (1)：2-6.

[④] 黄瑞. 人口老龄化趋势下的中国城镇养老保险制度研究 [D]. 武汉：华中科技大学, 2008.

[⑤] 刘同昌. 人口老龄化背景下建立城乡一体的养老保险制度的探索 [J]. 山东社会科学, 2008 (1)：35-38.

[⑥] 蔡昉. 实施积极应对人口老龄化国家战略 [J]. 劳动经济研究, 2020, 8 (6)：3-6.

[⑦] 林宝. 积极应对人口老龄化：内涵、目标和任务 [J]. 中国人口科学, 2021 (3)：42-55, 127.

老龄化上升为国家战略，是党的十八大以来以习近平同志为核心的党中央高瞻远瞩，积极应对，从人民、国家和国际维度提出的老龄工作重要论述。[1] 李志宏、金牛指出人口老龄化是21世纪不可逆转的人口发展态势。实施积极应对人口老龄化国家战略，是中国在廓清人口老龄化所蕴藏的挑战和机遇，以及把握国家发展战略目标的基础上选择的实践路径。[2] 党俊武指出，实施积极应对人口老龄化国家战略意义重大，影响深远，需要遵循老龄社会发展的基本规律，转变人们的思想观念，为实施国家战略做好思想观念和理论的准备。[3]

关于积极应对人口老龄化国家战略的推进路径，李志宏指出"十四五"时期，应尽快将积极应对人口老龄化实质性上升为国家战略，实现战略理念的八大转变，同时在"五位一体"总体布局下，围绕"着力培育老龄社会经济发展新动能，着力推进老龄社会包容共享普惠，着力厚植老龄社会的文化自信，着力建设全龄全域全周期友好型宜居环境，着力推进老龄问题治理能力现代化，着力构建人类老龄社会应对共同体"六大领域，具体谋划积极应对的各项战略对策。[4] 郑功成指出应对老龄化上升为国家战略，全方位采取对策具有必要性与紧迫性。我国应进一步转变思维定式、完善顶层设计、加快促使多层次社会保障体系走向成熟、优化养老服务布局并提升其质量、构建各方积极参与应对的动力机制、推进健康产业与适老产业全面发展并大力开发老年人力资源。[5] 周学馨、王雪琴研究认为实施积极应对人口老龄化国家战略为政府老龄社会治理提出了新的要求和挑战。我国政府老龄社会治理要着力在树立"人人有责、人人尽责、人人享有"的治理理念，完善治理体制机制，提升治理政策的完整性、针对性、有效性以及促进城乡、区域治理绩效均衡发展等方面改革创新。[6] 杜鹏、陈民强指出在积极应对人口老龄化国家战

---

[1] 原新，金牛. 积极应对人口老龄化国家战略的时代背景与价值意蕴[J]. 老龄科学研究，2021（1）：1-9.
[2] 李志宏，金牛. 实施积极应对人口老龄化国家战略：中国与路径选择与认知转向[J]. 南开学报（哲学社会科学版），2022（6）：11-18.
[3] 党俊武. 十个关键词解读"实施积极应对人口老龄化国家战略"[J]. 老龄科学研究，2020，8（11）：3-10，38.
[4] 李志宏. "十四五"时期积极应对人口老龄化的形势及国家战略对策[J]. 老龄科学研究，2020，8（8）：3-21.
[5] 郑功成. 实施积极应对人口老龄化的国家战略[J]. 人民论坛·学术前沿，2020（22）：19-27.
[6] 周学馨，王雪琴. 实施积极应对人口老龄化国家战略的社会治理回应研究：基于政府老龄社会治理的视角[J]. 重庆理工大学学报（社会科学），2022（1）：144-150.

略实施新阶段，有必要从政策体系、保障服务、为老年人口服务和产品供给、社会环境营造、劳动力供给、智慧养老、进一步优化生育政策等方面，做好积极准备与应对，以期更好地提升老龄社会治理体系和治理能力。① 刘智勇指出实施积极应对人口老龄化国家战略是实现中国式现代化的重要保障。面对目前应对人口老龄化存在的认识误区以及政策措施准备不足的短板，要树立健康、有为、快乐的积极老龄观，做好积极发展新型养老服务、促进老年人社会参与和就业、发展银发经济三大重点任务。②

（二）老年友好型城市和社区建设

"老年友好型城市和社区"的概念最早由世界卫生组织提出，建立在"积极老龄化"的基础之上。2005年，在国际老年学和老年医学会（International Association of Geriatrics and Gerontology，IAGG）世界开放会议上世界卫生组织首次提出"老年友好型城市计划"，认为老年友好型城市应当更多地考虑老年人的需求和能力，使城市设施和服务更具可及性。2007年，世界卫生组织发布《全球老年友好型城市指南》，描述了世界人口老龄化与城市化发展的总体趋势与挑战，并明确提出积极老龄化是老年友好型城市建设的理论基础，老年友好型城市应当开展积极老龄化计划，通过优化健康条件、参与机会和保障等方面，促进老年生活质量的提高。个人、家庭、社会的各种相关因素会影响积极老龄化，而城市环境和服务的许多方面反映了这些因素，属于老年友好型城市特征的一部分。③

基于世界卫生组织发布的《全球老年友好型城市指南》，部分国外学者希望将指南总结的普遍性指标结合具体实际实现本地化。如英国学者 McGarry 等描述了曼彻斯特在应对城市地区老年人增长的挑战时，结合指南指标，细化了各项改善老年人生活质量的举措，包括在社会参与方面提高老年人参与积极性并改善亲缘关系等。④ Green 总结了各欧洲健康城市网络成员对世界卫生组织提出的"积极老龄化"理念的应用，认为政府将健康老龄化战略应用

---

① 杜鹏，陈民强. 积极应对人口老龄化：政策演进与国家战略实施 [J]. 新疆师范大学学报（哲学社会科学版），2022，43（3）：91-99，2.

② 刘智勇. 积极应对人口老龄化国家战略：观念更新、任务定位、实现途径 [J]. 学习论坛，2023（1）：81-88.

③ Global Age-friendly Cities：A Guide [R/OL]. World Health Organization，2007-10-05.

④ MCGARRY P，MORRIS J. A Great Place to Grow Older：A Case Study of How Manchester is Developing an Age-friendly City [J]. Working With Older People，2011，15（1）：38-46.

于各部门政策中,可以使更多的老年人为城市的社会经济生活做出贡献。① Neal 和 Carder 等讨论了波特兰的老年友好型政策,包括政策问题、解决方案、政治影响、政府及其他组织的参与等。② Yu、Wong 和 Woo 在研究中国香港老年友好型城市项目时,通过问卷调查发现邻里环境、社区意识会影响老年人自我评价的健康水平;根据城市规模及特点选取指标,才能更准确、更有意义地评价城市的老年友好程度。③ 除将指标本地化以外,部分学者还关注指标的优先性及各指标之间的关系。如 Zaman 和 Thornton 在对南澳大利亚 Unley 社区进行调查时,结合普遍指标与当地情况确定了其老年友好建设过程中的 25 个优先指标。④ 另一部分学者对目前老年友好型城市的建设进展和效果进行了反思,如 Joy 认为老龄化是多伦多市的重要问题,但目前有关老年友好型城市和社区建设的政策并不一定有效,应将政策注入更多灵活性,以适应本地化需求并与更多的政策相联系。⑤ Kiaie 等根据老年人和城市管理者的看法,重点评估了伊朗加兹温市的城市开放空间、公共建筑与场所等指标,但指标评估结果并不理想,建议城市管理者在建设老年友好型城市时应关注指标质量。⑥ 英国学者 Buffel 领导的城市老龄化研究小组近年来对英国曼彻斯特、日本秋田、美国波特兰以及中国香港等城市进行了专题研究,其研究结果表明社会与公共政策需重视对老年人所需要的城市坏境的发展,让老年人参与城市的社会和经济生活将是今后城市发展的一项关键任务。⑦

国内学者对该主题主要集中于研究某一具体城市或社区的建设案例视角,如杨扬以长沙市具体社区为研究对象,分析了老年人社区范围内物质与非物

---

① GREEN G. Age-friendly Cities of Europe [J]. Journal of Urban Health, 2013, 90 (Suppl_1): 116-128.
② NEAL M B, DELATORRE A K, CARDER P C. Age-friendly Portland: A University-city-community Partnership [J]. Journal of Aging & Social Policy, 2014, 26 (1-2): 88-101.
③ YU R, WONG M, WOO J. Perceptions of Neighborhood Environment, Sense of Community, and Self-rated Health: An Age-friendly City Project in Hong Kong [J]. Journal of Urban Health, 2019, 96 (2): 276-288.
④ ZAMAN A U, THORNTON K. Prioritization of Local Indicators for the Development of an Age-friendly City: A Community Perspective [J]. Urban Science, 2018, 2 (3): 51.
⑤ JOY M. Problematizing the Age Friendly Cities and Communities Program in Toronto [J]. Journal of Aging Studies, 2018, 47: 49-56.
⑥ KIAIE M, MOTALEBI S A, MOHAMMADI F. Evaluating Age-Friendly City Indicators in Qazvin: Urban Open Spaces, Buildings and Public Places [J]. The Journal of Qazvin University of Medical Sciences, 2019, 23 (5): 430-439.
⑦ BUFFEL T, PHILLIPSON C, SCHARF T. Ageing in Urban Environments: Developing Age-friendly Cities [J]. Critical Social Policy, 2012, 32 (4): 597-617.

质需求的建设现状及问题，提出了该社区老年友好化的建设构想。① 陈喆研究了咸阳市老年设施需求及供给现状，提出应完善城市中的老年设施规划以满足老年人多元化需求。② 高理想对合肥市老年宜居社区建设情况进行分析并基于国内外老年宜居社区建设的经验借鉴探讨了可供合肥市老年宜居社区建设选择的路径和问题的解决对策。③ 胡浩庭等以徐州市区为研究区域，分析了老龄化情况与老年公共服务设施的现状与供需状况，提出老年友好视角下的城市老年公共服务设施建设策略。④ 宋文菁针对城市广场设计，依据老年友好型城市建设理念，以洛阳周王城广场为实践案例，研究老年友好型城市广场的设计方法。⑤ 刘燕妮对南沙自贸区建设老年友好型社会过程展开研究，认为应借助资源促进型环境理念支持和加强老年人的环境认同感，使其能最大限度地实现与环境的正向交流，实现社会的健康老龄化。⑥ 曹永宏、刘红亮以河南省商丘市睢阳区东方街道电业社区为案例介绍了其老年友好型社区的建设经验。⑦ 赵紫竹、陈淑君研究认为，哈尔滨市老年友好社区仍存在室内改造不足、社区服务单一以及无法积极调动老年人的参与性等问题。应以政府引导为主，增强社会组织功能，推动社区配套设施建设以及构建老幼代际友好社区等解决措施，以期丰富老年人的晚年生活。⑧

　　国内部分研究偏重于借鉴国外城市或社区的建设经验以推动我国老年友好型城市和社区建设。窦晓璐等介绍了世界多国老年友好型城市的建设措施并总结了建设现状，认为在城市规划过程中应重视老年人的需求。⑨ 胡庭浩、

---

① 杨扬. 城市老龄友好型社区建设研究: 基于长沙市石门楼社区的思考 [D]. 长沙: 湖南师范大学, 2010.
② 陈喆. 老年友好城市导向下城市老年设施规划研究 [D]. 西安: 西北大学, 2014.
③ 高理想. 合肥市老年宜居社区建设研究 [D]. 合肥: 安徽大学, 2015.
④ 胡庭浩, 程冬东, 熊惠, 等. 基于老年友好型城市视角的徐州老年公共服务设施建设 [J]. 江苏师范大学学报（自然科学版）, 2016, 34（1）: 15–18.
⑤ 宋文菁. 基于老年友好型城市建设理念的洛阳周王城广场改造设计 [D]. 大连: 大连工业大学, 2019.
⑥ 刘燕妮. 资源促进型环境对南沙自贸区建设老年友好型社会的启示 [J]. 齐齐哈尔大学学报（哲学社会科学版）, 2019（1）: 68–70.
⑦ 曹永宏, 刘红亮. 全力强化新时代社区建设 推进老年友好型社区构建: 河南省商丘市睢阳区东方街道电业社区老年友好型社区建设综述 [J]. 人口与健康, 2021（12）: 55–56.
⑧ 赵紫竹, 陈淑君. 哈尔滨市老年友好社区存在的问题及对策 [J]. 中国管理信息化, 2022, 25（24）: 183–185.
⑨ 窦晓璐, 约翰·派努斯, 冯长春. 城市与积极老龄化: 老年友好城市建设的国际经验 [J]. 国际城市规划, 2015, 30（3）: 117–123.

沈山和常江以纽约、伦敦等老年友好型城市为案例，对老年友好型城市的国际建设实践进行了总结归纳。[1] 田菲主要关注纽约老年友好型城市建设经验对上海的启示，结合我国社会传统与上海特色，提出上海市应重视老年人的不同需求、引导社会各力量合作、明确建设重点等建议。[2] 陈薇通过研究日本和中国香港在老年教育、社区支持等方面的制度设计，总结了其在老年人力资源开发方面的成功经验，提出建设老年友好型社区可以促进老年人自我价值的实现。[3]

此外，有少量国内研究关注到老年友好型城市和社区建设的意义、制度设计原则和指标体系的构建。许小玲认为老年友好型社区是养老服务高质量发展的核心内容与必然要求。[4] 胡小武认为老龄化时代考验着国家治理与社会治理的智慧和能力。新型城镇化战略规划积极进行制度与政策创新，不断推动老年友好型城市建设，走以人为本的质量导向型新型城镇化之路。[5] 樊士帅等认为老龄化与城市化的协调发展有利于缓解人口老龄化引发的问题，也能够推动城市设施发展，实现社会的可持续发展。[6] 毛璐、郭海基于对老年友好型旧城公共空间影响因素的研究，给出了老年友好型城市的更新设计原则，为未来的规划建设管理过程提供借鉴。[7] 戈艳霞，孙兆阳构建了中国农村老年友好社区的三级评估指标体系，评估发现当前中国农村社区的老年友好体系建设存在较大的改善空间，建议进一步加强农村社区老年友好体系建设。[8]

总体上，关于老年友好型城市和社区的国内外研究主要集中于介绍借鉴

---

[1] 胡庭浩，沈山，常江. 国外老年友好型城市建设实践：以美国纽约市和加拿大伦敦市为例 [J]. 国际城市规划，2016，31（4）：127-130.

[2] 田菲. 纽约老年友好城市实践及其对上海的启示 [J]. 上海城市规划，2017（z1）：141-147.

[3] 陈薇. 老有所为：日本和香港老年人力资源开发的经验和启示 [J]. 天水行政学院学报，2018，19（4）：58-61.

[4] 许小玲. 老年友好型社区政策的核心驱动逻辑及政策启示研究：基于扎根理论的政策文本分析 [J]. 兰州学刊，2023（10）：112-122.

[5] 胡小武. "老年友好型"城市的宜居空间与建构逻辑 [J]. 上海城市管理，2014，23（3）：18-23.

[6] 樊士帅，杨一帆，刘一存. 国际城市应对人口老龄化的行动经验及启示 [J]. 西南交通大学学报（社会科学版），2017，18（2）：82-90.

[7] 毛璐，郭海. 老年友好型旧城公共空间影响因素研究：以北京大栅栏地区为例 [J]. 城市住宅，2021，28（10）：130-131.

[8] 戈艳霞，孙兆阳. 中国农村老龄友好社区建设评估与优化研究：一项基于世界卫生组织老龄友好指标体系的考量 [J]. 南京理工大学学报（社会科学版），2021，34（5）：54-61.

某个具体城市或社区的建设经验，或集中于对老年友好型城市和社区某一方面建设主题的经验借鉴。但各国、各地区的实际情况各不相同，目前的老年友好型城市和社区理论并不成熟，单纯借鉴某国或某几个城市、社区的建设经验所获得的结论很可能存在偏差。本研究拟基于我国人口快速老龄化的基本国情及我国积极应对人口老龄化国家战略背景，从老年友好型社区建设的相关理论出发，基于世界卫生组织老年友好型社区建设的八大主题，通过对大样本的全球示范性老年友好型社区建设经验的系统梳理分析国内外老年友好型社区的建设经验，提炼分析老年友好型社区的建设机制，结合我国实际给出制度设计路径和政策建议。

（三）期待创新

本研究期待的创新点主要体现在研究视角的创新，具体包括以下两个方面：

第一，基于积极应对人口老龄化国家战略将老龄人口视为家庭、社区和经济的一种"资源"而非负担，实现由"负担论"向"财富论"的战略理念转变。积极应对人口老龄化国家战略认为老龄化既是挑战，也蕴藏着宝贵的发展机遇和希望。本研究基于积极应对人口老龄化国家战略背景研究老年友好型社区的建设路径，在老年友好型社区构建路径设计过程中始终将老龄人口视为家庭、社区和经济的一种"资源"而非负担。虽然随着年龄的增长，人的体能及认知能力会有所下降，但相对于年轻人，老龄人口拥有比较丰富的从业知识、经验与人生阅历，如果能够有效引导，丰富的老年资源也可以成为推动社会经济发展的积极力量，投资于老年人的福祉将产生显著的经济和社会回报。而老龄人口是否能够成为社会的"资源"从而带来经济贡献，其作用的发挥与否和发挥的程度与社会对老龄人口的观念和态度存在直接关系。如果将老龄人口视为社会的负担，这种负面的认知将导致老龄人口无法获得积极参与社会活动的机会，进而不可能实现老龄人口积极融入社会，不可能发挥其作为经济社会的资源所应有的作用。因而，我国应在全社会大力培育和践行社会主义核心价值观，倡导"积极老龄观、健康老龄化、幸福老年人"的理念，改变将老龄人口视为社会负担的负面想法，将老龄人口视为积极的社会建设者、主体和资源，充分发挥老龄人口的主体性、资源性作用，使其更好地参与到老年友好型社区建设的全过程，通过这一过程增进老龄人口个人的健康和福祉，并带动银发经济的发展，积极转化老龄风险为"长寿红利"。

第二，研究视角由"怎么做"上升到"为什么这么做"的公共政策顶层制度设计层面。前文的文献综述表明，以往相关研究多以某一个或某几个城市、社区的老年友好实践作为研究对象，强调该城市或社区是"怎么做"的，集中于针对具体一个或几个城市、社区的经验性介绍。个别城市和地区的做法并不具有普遍的适用性，也不足以形成具有启示性的公共政策机制设计，只有通过对较大的样本展开研究，并通过大样本的比较及从现象到本质的提炼，才可能分析其做法背后的制度背景和制度设计的初衷，进而上升到"为什么这么做"，其研究结论和政策启示才更具指导价值。本研究综合运用文献研究、比较分析、案例研究等方法对世界上44个国家和地区的100余个老年友好型示范社区的八大老年友好建设主题的实践经验进行系统的梳理和比较，研究的最终目的在于从现象到本质探究其不同公共政策、建设实践背后的制度设计初衷，并评价不同政策的成本效益。因而，本研究结论实现了由现象上的"怎么做"上升到本质的"为什么要这么做"的公共政策机制设计层面，而且充分分析考虑了政策适用性背后的制度和环境背景因素。因而，在积极应对人口老龄化国家战略背景下，本研究的核心结论对我国老年友好型社区和社会建设的公共政策制度设计将更具指导价值。

第一章

积极应对人口老龄化国家战略与老年友好型社区的创建

第一节　对我国人口快速老龄化的前瞻性思考

实施积极应对人口老龄化国家战略的关键原因在于我国人口老龄化已经带来的现实挑战，并将对社会经济发展产生基础性、全局性、复杂性和长期性影响。

一、我国人口快速老龄化的基本国情

世界各地的人口正在迅速老龄化，老年人口的所占比例和绝对数量都在急剧增加。联合国公布的《世界人口展望》数据显示，2022年，全球65岁及以上老龄人口占比为10%，预计至2050年将增长至16%，是全球5岁以下儿童数量的两倍以上。[①] 人口老龄化将对经济社会发展带来一系列的挑战，包括劳动力供给不足、公共财政负担加重、养老金储备不足、经济发展速度受阻等，快速发展的人口老龄化正深刻影响着各国社会经济的可持续发展，成为世界各国政府面临的一项严峻社会问题。

我国自1999年步入老龄化社会以来，老年人口规模日益庞大、老龄化程度日益加深。第七次全国人口普查数据显示我国人口老龄化的程度进一步加深，我国65岁及以上人口占比由2010年的8.87%上升至2020年的13.50%，由2010年的1.19亿人增加至2020年的1.90亿人；60岁及上人口占比由2010年的13.26%上升至2020年的18.70%，由2010年的1.77亿人增加至2020年的2.64亿人。联合国统计数据显示，至2022年，我国65岁及以上人口占比约14%，我国将由人口老龄化社会（Aging Society）阶段进入高龄社会

---

① World Population Prospects 2022 [R/OL]. United Nations, 2023.

（Aged Society）阶段；预计至 2033 年左右，我国 65 岁及以上老龄人口的占比将增加至 20%；至 2050 年将高达 26.1%，我国将成为超高龄社会（Super-Aged Society）。①

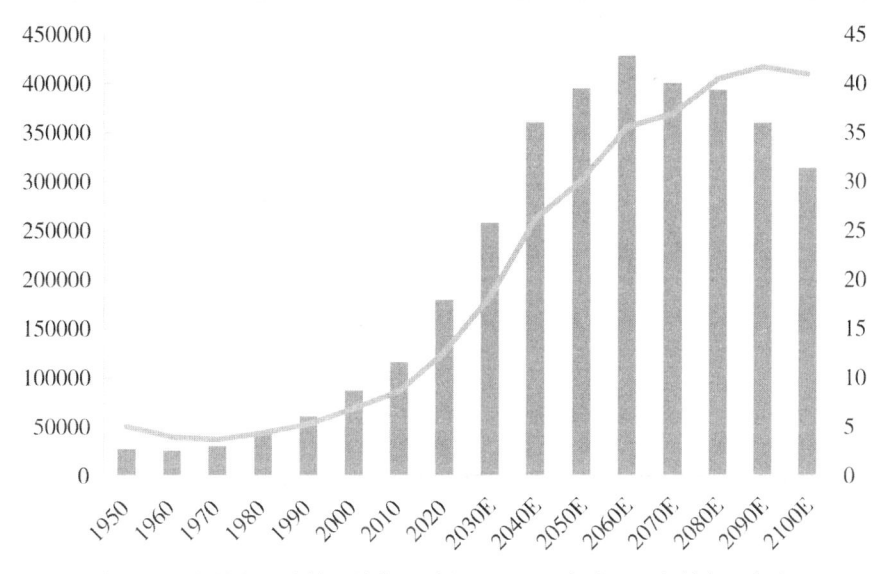

图 1-1　我国 65 岁及以上老龄人口总数及占比

数据来源：根据 United Nations 网站《世界人口展望》整理

更重要的是，我国人口老龄化的进程远远快于很多中低收入和高收入国家。2000 年至 2020 年间，我国 65 岁及以上人口增长了 8,400 万，占同期全球该年龄段新增人口的四分之一。② 未来我国 65 岁及以上老龄人口占比的整体增速将进一步高于世界平均水平。我国 60 岁及以上人口占比增加一倍以上将仅用 25 年的时间，而法国、瑞典和美国 60 岁及以上人口的比例由 7% 翻倍至 14% 分别用了 115 年、85 年和 69 年。③ 而且我国老龄人口中高龄老龄人口

---

① 65 岁及以上老龄人口占比达 7% 以上称为"老龄化社会"，占比达 14% 以上称为"高龄社会"，占比达 21% 以上称为"超高龄社会"。数据来源：World Population Ageing 2019 [R/OL]. United Nations，2019.
② Healthy Ageing in China: Expanding Health Protection for the Middle-age and Elderly [R/OL]. Swiss Re Institute，2020.
③ China Country Assessment Report on Ageing and Health [R/OL]. World Health Organization，2015-02-16.

群体庞大，预计至 2050 年，我国 80 岁以上高龄老龄人口人数将达到 9,040 万人——成为全球最大的高龄老年人群体。①

面对老年人口数量最多、老龄化速度最快、应对人口老龄化任务最重的形势，目前我国各项应对准备仍存在不平衡、不充分、不可持续、不融合、不公平、不精准、不衔接、不清晰等诸多问题，整体上呈现出"未备先老"的状态，迫切需要通过持续性的干预行动来改变。②

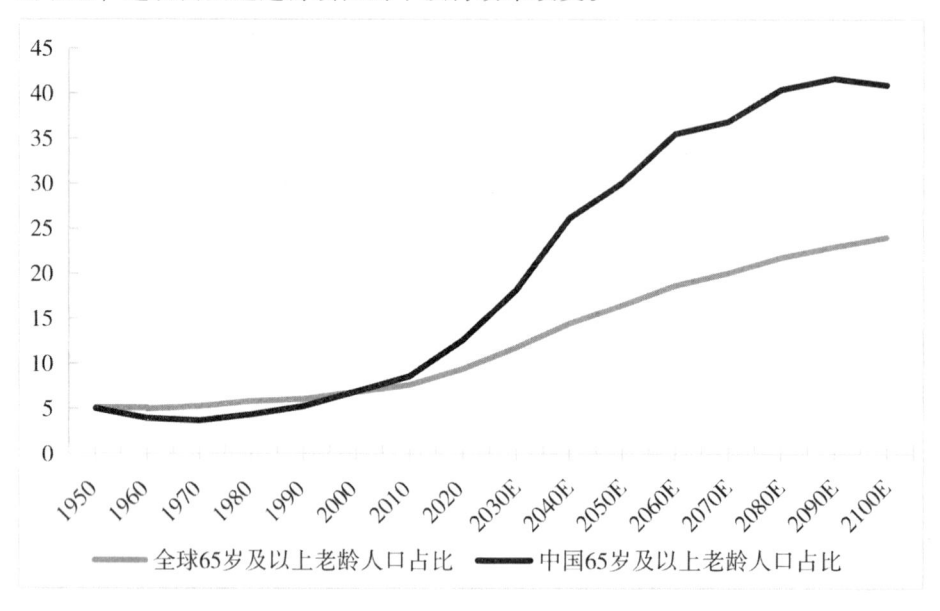

图 1-2　我国与全球 65 岁及以上老龄人口占比对比图（%）

数据来源：根据 United Nations 网站《世界人口展望》整理

二、我国快速人口老龄化的长期影响与应对之策

纵观国际社会，经济社会发展至一定阶段，人口年龄结构会发生改变，在过去的时间里，多数国家享受到了人口红利带来的经济发展，但现阶段，趋于老龄化的人口结构制约经济社会发展，带来诸多社会问题，包括劳动力供给不足，养老金储备不足，社会矛盾增加，经济发展受阻等。由于社会发展水平、政策以及传统文化等因素影响，我国人口老龄化也呈现出独有的特征，主要表现为老龄人口规模大、未富先老、未备先老、高龄化程度明显等。

---

① World Population Ageing 2013 [R/OL]. United Nations，2013.
② 李志宏."十四五"时期积极应对人口老龄化的形势及国家战略对策[J].老龄科学研究，2020，8（8）：3-21.

蔡昉指出受老年群体的人口特征影响，加速老龄化的过程中通常会出现三个"递减"现象，即劳动参与率递减，人力资本增速递减，收入水平和消费能力递减，老龄化可能产生新的致贫因素，也妨碍我国利用庞大人口数量发挥超大规模的市场优势，使居民消费潜力难以充分挖掘。① 我国人口老龄化程度不断加深，速度不断加快，人口红利消失、养老负担加重等所带来的社会问题不断凸显，而这些问题都将严重影响我国老年人的生活质量，并阻碍我国社会与经济的健康发展。

  人口老龄化是当前我国经济社会发展的重要趋势之一，也是我国今后较长一段时期内的基本国情。快速发展的人口老龄化正深刻影响我国经济的可持续发展，具有长期性、基础性、约束性，应及时、及早在经济领域展开全方位的积极应对。人口老龄化持续冲击我国养老保障体系、医疗保障和服务体系、老龄服务体系建设，相关领域的改革亟须加快推进。② 积极应对人口老龄化，不仅能提高老年人生活质量，维护老年人尊严和权益，而且能促进经济发展、增进社会和谐。习近平总书记强调，"有效应对我国人口老龄化，事关国家发展全局"③。

  因而，我国在迈入老龄化国家行列后，积极推进立法工作，从法律层面维护老年人合法权益，近年来我国政府进行前瞻性政策调整，出台了一系列公共政策积极推进老龄事业的发展。"十三五"规划中明确提出积极应对人口老龄化，发展老龄事业和建设规划养老体系。党的十八大以来，习近平总书记对积极应对人口老龄化做出了一系列重要指示批示，党中央做出了一系列部署安排，制定了国家积极应对人口老龄化中长期规划，为实施积极应对人口老龄化国家战略提供了根本遵循。2019 年，党的十九届五中全会通过《中共中央关于制定国民经济和社会发展第十四个五年规划和二〇三五年远景目标的建议》，我国正式将积极应对人口老龄化上升为国家战略，积极构建养老、孝老、敬老的社会环境，提出"实施积极应对人口老龄化国家战略"。将积极应对人口老龄化上升为国家战略是在历次党的全会文献中的第一次，是以习近平同志为核心的党中央高瞻远瞩，总揽全局、审时度势做出的重大战略部署，是对当前我国人口快速老龄化背景下的前瞻性战略思考，推动了新

---

① 蔡昉. 实施积极应对人口老龄化国家战略 [J]. 劳动经济研究，2020，8（6）：3-6.
② 总报告起草组，李志宏. 国家应对人口老龄化战略研究总报告 [J]. 老龄科学研究，2015，3（3）：4-38.
③ 中共中央、国务院关于加强新时代老龄工作的意见 [EB/OL]. 中国政府网，2021-11-18.

时代积极应对人口老龄化实践的创新发展。

三、积极应对人口老龄化国家战略作为全局性谋划的重大战略意义

为有效应对我国人口老龄化，实施积极应对人口老龄化国家战略，事关国家发展全局，事关亿万百姓福祉，事关社会和谐稳定，对"十四五"和更长时期我国经济社会持续健康发展具有重大和深远的意义，对于全面建设社会主义现代化国家具有重要意义。我国是当今世界老年人口最多的国家，实施积极应对人口老龄化国家战略，是践行党的初心使命、坚持以人民为中心的发展思想的重要体现。全心全意为人民服务，带领人民创造幸福生活，是我们党始终不渝的奋斗目标。实施积极应对人口老龄化国家战略，让每位老年人都能生活得安心、静心、舒心，实现广大老年人及其家庭对日益增长的美好生活的向往，发挥老年人在经济社会建设中的积极作用，必将进一步彰显党的初心使命和我国社会主义制度的优越性。

实施积极应对人口老龄化国家战略，是推动我国高质量发展、加快构建新发展格局的重要举措。在当前保护主义上升、世界经济低迷、全球市场萎缩、我国发展不平衡不充分问题仍然突出的情况下，以习近平同志为核心的党中央提出"加快构建以国内大循环为主体、国内国际双循环相互促进的新发展格局"的战略部署，为我国进一步发展指明了方向。滚滚而来的"银发浪潮"，既给我国经济社会发展带来巨大挑战和冲击，也蕴藏着宝贵的发展机遇和希望。实施积极应对人口老龄化国家战略，有利于化危为机、危中寻机，对冲不利影响，积极转化老龄风险为"长寿红利"；有利于深入推进供给侧结构性改革，全面放开养老服务市场，催生银发经济新产业、新业态、新模式，培育形成经济增长新动能；有利于拓展银发消费，持续扩大内需，充实国内大循环，促进国内国际双循环良性互动。因而，实施积极应对人口老龄化国家战略，有助于推动我国老龄事业和产业高质量发展，是在人口老龄化背景下实现人口与经济社会协调发展的全局性谋划，是维护国家人口安全和社会和谐稳定、实现第二个百年奋斗目标的重要考量。

将积极应对人口老龄化上升为国家战略，有利于全党全社会进一步凝聚共识，增强风险意识和责任感、使命感、紧迫感，统筹各方资源力量，及时应对、科学应对、综合应对，为实现第二个百年奋斗目标营造有利战略格局，确保中华民族世代永续发展，始终屹立于世界民族之林。而且实施积极应对人口老龄化国家战略无论从战略定位、战略内涵上，还是从战略支撑、战略体系上，均蕴含着极为丰富的中国特色社会主义的思想样貌、理论形态和逻

辑体系。① 因而，积极应对人口老龄化国家战略是我国坚持深化改革开放，为人类解决老龄化问题贡献的中国智慧和中国方案。

第二节　我国老年友好型社区建设的整体性推进与现实困境

随着我国老龄人口的增多，社会面临的老龄化问题不断涌现，在积极应对人口老龄化国家战略背景下建设老年友好型社区是我国政府为承担积极老龄化的重任提出的重要举措，老年友好型社区建设有助于解决人口老龄化所带来的社会问题并实现经济社会的高质量发展。

一、积极应对人口老龄化国家战略背景下我国建设老年友好型社区的意义

建设老年友好型社区一方面可以从微观层面满足老龄人口的切实需求，同时也能从宏观层面缓解老龄化对经济社会带来的不利影响，其积极影响主要包括以下方面：

首先，从个体来看，老年友好型社区建设有利于增进老龄人口的健康和福祉。老年友好型社区建设本质上是对老龄人口友好的物质环境和社会环境的建设，对老年人口而言，遗传因素对其健康老龄化的影响仅占25%，而行为、社会和环境等因素的影响却占到70%。因此，改善老年人健康状况的举措应特别关注其所处的广泛的社会和生活环境。② 老年友好型社区建设能够推动社区物质环境和社会环境的改善，提升老龄人口的健康和生活质量。因而，老年友好型社区建设是积极应对人口老龄化国家战略的重要组成部分，有助于加强新时代老龄工作，着力解决老年人在养老、健康、精神文化生活、社会参与等方面的现实需求问题，深入挖掘老龄社会潜能，激发老龄社会活力，切实增强广大老年人的获得感、幸福感、安全感。

其次，从社会层面来看，地方经济将从保护和满足老年消费者的需求中受益。随着人口老龄化现象的加剧，养老问题成为我国亟待解决的社会热点问题，我国人口老龄化问题不断加剧，老年人口的持续增加带来了极

---

① 朱荟，陆杰华. 积极应对老龄化国家战略的理念突破、脉络演进与体制再构[J]. 中国特色社会主义研究，2021（2）：12-18.
② China Country Assessment Report on Ageing and Health [R/OL]. World Health Organization, 2015-02-16.

大的养老服务需求，为养老产业发展提供了新的机遇。老年友好型社区建设强调有效满足老龄人口需求，服务于老年群体。从经济学角度来看，老年群体的需求在社会总需求中占据重要地位，蕴含着巨大的商机和市场潜力，更好地利用老年人口资源可能会从宏观层面缓解人口老龄化对经济社会带来的不利影响。老龄人口对老年友好型产品的需求具有多样性，同时老龄人口的消费能力较强，在法国，预计2015年至2030年期间，2/3的消费增长由55岁以上人口带动实现。[1]因而，建立积极老龄化社会并开发老年资源已逐渐成为各人口老龄化国家的一致观点。"银发经济"即发展专门为老年人提供产品和服务的产业，是伴随着社会老龄化而产生的"老龄产业"，具有广阔的发展前景，充分利用老年资源发展"银发经济"有望带来新的经济增长点，助力社会经济的高质量、可持续发展，并有助于缓解公共财政养老负担。我国在"十四五"规划中曾明确提出，要积极应对人口老龄化问题，重视老龄人力资源开发，发展"银发经济"以推动产业结构调整。特别地，随着社会信息化的发展，目前老年友好型社区建设将注重跨越数据鸿沟提升老龄人口的互联网应用能力，这将进一步拓宽"银发经济"的发展之路。

积极开发老龄人力资源，发展银发经济，有助于推动养老事业和养老产业协同发展，这是积极对待人口老龄化、创造"长寿红利"的关键之举。我国老年人口基数大、占比高、增速快，蕴藏着巨大的劳动力财富和消费潜力，亟待开发。有必要进一步建立健全老年人社会保障体系，让老年人共享经济社会发展成果，推动完善内需体系；树立新发展理念，紧跟老年消费需求变化，深化老年产品市场供给侧结构性改革，鼓励高新技术和先进适用技术广泛应用，促进养老与教育培训、健康、体育、文化、旅游、家政、康复辅具等产业融合发展，推动银发经济大发展，实现积极应对人口老龄化政策措施的社会效益与经济效益相统一。

如果环境更适合老年人日益增长的需求，使他们能够长期保持高度的身体功能、社会参与和心理满足，就可以有理由期望获得人口健康效益以及对更广泛社会层面的其他好处（例如经济价值、可持续性）。如果这些效益能够得以表现，并至少可以部分归因于社会环境和实体环境方面实现的

---

[1] DESVAUX G, REGOUT B. Older, Smarter, More Value Conscious: The French Consumer Transformation [J]. McKinsey Quarterly, 2010 (3): 18-21.

变化,就将显著提升关爱老年人行动的价值。① 因而,老年友好型社区建设不仅是各国更好地利用老年人资源促进社区和城乡发展的有效途径,更能够在建设过程中推动社会经济高质量发展,并向老年友好型社会迈进。老年友好型社区建设是我国当前人口老龄化背景下探索如何更好地利用老年资源、解决养老问题并促进经济社会可持续发展的有效途径。随着我国经济社会的进步,老龄事业的发展逐渐成为推动高质量经济发展与和谐社会建设的重要方面。因而,当前我国中央及地方政府要充分正确认识我国日益严峻的人口老龄化问题,高度重视老年友好型社区创建工作,该项工作不仅体现了我国对老年人的人文关怀,更对我国社区、社会、经济的可持续发展具有重大意义,是推动我国经济社会高质量发展的重要举措。各地要充分认识全国示范性老年友好型社区创建工作的重要意义,把创建工作作为实施积极应对人口老龄化国家战略的一项重要举措,切实纳入本地经济社会发展规划。

二、我国老年友好型社区的建设进展与现实困境

(一) 我国老年友好型社区的建设进展

在国际社会提出建设老年友好型城市和社区的概念后,我国积极推动老年友好型社区实践,我国多个城市均推出了维护老龄人口合法权益的相应政策。2009 年,我国为响应世界卫生组织建设老年友好型城市和社区的计划,全国老龄工作委员会决定在包括黑龙江省齐齐哈尔市、山东省青岛市、上海市黄浦区等在内的 6 个省市的 8 个城市和地区试行"老年友好型社区"和"老龄宜居社区"建设试点,旨在消除老龄人口在参与家庭、社区和社会生活方面的障碍,形成对老龄人口友好的城市环境。随后两年,国内陆续增加了上海市浦东新区、南京市鼓楼区、苏州市金阊区、山东省新泰市等试点地区。② 黑龙江省齐齐哈尔市是全国第一批老年友好型社区建设试点城市之一。2011 年,齐齐哈尔市成为国内首个、国际第 15 个加入世界卫生组织主导的全球老年友好型城市和社区网络的会员城市。齐齐哈尔市的目标是"建设

---

① Measuring the Age-friendliness of Cities: A Guide to Using Core Indicators [R/OL]. World Health Organization, 2015-02-16.
② 全国老龄办决定在下列城区进行老年宜居社区试点:上海市黄浦区、江苏省南京市玄武区和黑龙江省齐齐哈尔市建华区;在下列城市(城区)进行老年友好城市(城区)试点:山东省青岛市、上海市杨浦区、上海市长宁区、黑龙江省齐齐哈尔市、浙江省湖州市和辽宁省营口市鲅鱼圈区。

一个为老年人提供支持、老年人可享受医疗服务、社会参与、从事终身学习、享受幸福生活的城市"。齐齐哈尔老龄化委员会积极推动老年友好型城市和社区建设，每年举办"老年人月"，非常重视老年人的精神和文化生活，积极发挥潜力，帮助老年人实现梦想；并要求许多组织、企业和个人为老年人提供帮助和服务，服务业的榜样每年都会因尊重老年人而受到表扬；齐齐哈尔市通过提供更好的社会保障、医疗保健和社会福利制度，努力建立一个尊重老年人和促进其幸福的支持性社会；齐齐哈尔市还在建立老年人家庭护理信息平台方面取得进一步进展，老年人设施的标准体系得到完善。上海市作为国内老年友好城市建设的示范城市，根据世界卫生组织的《全球老年友好型城市指南》于2015年发布《老年友好城市建设导则》地方标准，《上海市城市总体规划（2017—2035年）》提出建设老年友好型社区和老年宜居社区。北京、济南等城市也提出了适老性城市基本设施建设规划。

为贯彻落实中共中央、国务院关于实施积极应对人口老龄化国家战略的决策部署，推进老年友好社会建设，2020年12月，国家卫生健康委（全国老龄办）正式发布了《关于开展示范性全国老年友好型社区创建工作的通知》，正式提出要推进老年友好社会建设，并且在全国范围内推进老年友好型社区建设，主要工作内容包括与老龄人口生活相关的六个方面：居住环境、日常出行、老年服务质量、社会参与、精神生活、服务科技，提升社区服务能力和水平，探索建立老年友好型社区创建工作模式和长效机制，切实增强老年人的获得感、幸福感、安全感。另外，根据我国城乡建设实际的不同，《关于开展示范性全国老年友好型社区创建工作的通知》在制定全国示范性城乡老年友好型社区标准中区分了城市社区标准与农村社区标准。作为我国全面推进老年友好型社区建设的积极规划，《关于开展示范性全国老年友好型社区创建工作的通知》分别设置了在2022年、2025年、2030年以及2035年建成城乡老年友好型社区的具体目标，期望能在15年内实现全国城乡老年友好型社区的全覆盖。[①]

2021年6月，国家卫生健康委（全国老龄办）制定了《全国示范性老年友好型社区评分细则（试行）》，供各地开展创建指导和评估验收使用，各地可据此制定符合本地实际的具体操作手册或指南，推进创建工作扎实

---

① 国家卫生健康委（全国老龄办）.关于开展示范性全国老年友好型社区创建工作的通知[EB/OL]. 中华人民共和国国家卫生健康委员会网站，2020-12-15.

有效开展。2021 年，国家卫生健康委（全国老龄办）命名北京市东城区朝阳门街道新鲜社区等 992 个社区为首批全国示范性老年友好型社区；国家卫生健康委（全国老龄办）分别于 2022 年 2 月和 2023 年 2 月发布关于开展全国示范性老年友好型社区创建工作的通知，要求按照全国示范性老年友好型社区创建标准，在 2021 年创建工作的基础上，每年创建 1000 个全国示范性老年友好型社区，以为全国老年友好型社区创建发挥典型引路和示范带动作用。

表 1-1 我国主要老年友好型政策一览

时间	政策名称	政策要点
1996 年	《中华人民共和国老年人权益保障法》	发展老龄产业
2000 年	《关于加强老龄工作的决定》	高度重视和切实加强老龄工作
2006 年	《中国老龄事业发展"十一五"规划》	认真研究制定应对人口老龄化的政策措施
2013 年	《国务院关于加快发展养老服务业的若干意见》	加快发展养老服务业
2013 年	《全国老龄办等 24 部门关于进一步加强老年人优待工作的意见》	建立健全老年人优待政策
2014 年	《关于做好政府购买养老服务工作的通知》	有序推进政府购买养老服务工作
2016 年	《关于推进老年宜居环境建设的指导意见》	强调各地普遍开展老年宜居环境建设工作
2017 年	《"十三五"国家老龄事业发展和养老体系建设规划》	健全养老服务体系
2017 年	《"十三五"健康老龄化规划》	大力推进老年健康服务供给侧结构性改革
2019 年	《国家积极应对人口老龄化中长期规划》	将积极应对人口老龄化上升为国家战略

续表

时间	政策名称	政策要点
2020 年	《关于开展示范性全国老年友好型社区创建工作的通知》	开展示范性全国老年友好型社区创建工作
2021 年	《国民经济和社会发展第十四个五年规划和 2035 年远景目标纲要》	明确要求发展银发经济,开发适老化技术和产品,培育智慧养老等新业态
2021 年	《"十四五"国家老龄事业发展和养老服务体系规划》	提出发展壮大老年用品产业、促进老年用品科技化智能化升级、有序发展老年人普惠金融服务等方面具体政策措施,为大力发展银发经济提供规划指引
2021 年	《中共中央 国务院关于加强新时代老龄工作的意见》	实施积极应对人口老龄化国家战略,加强新时代老龄工作
2021 年	《全国示范性老年友好型社区评分细则(试行)》	给出全国示范性老年友好型社区评分细则,供各地开展创建指导和评估验收使用
2021 年	《关于建立积极应对人口老龄化重点联系城市机制的通知》	鼓励有特点和代表性的区域探索多领域、多维度创新,以点带面形成示范带动效应
2021 年	《关于命名 2021 年全国示范性老年友好型社区的通知》	命名 992 个社区为首批全国示范性老年友好型社区
2022 年	《关于全面加强老年健康服务工作的通知》	指导各地持续增加老年健康服务供给,提高老年健康服务质量
2022 年	《国务院关于加强和推进老龄工作进展情况的报告》	要求积极促进老年人的社会参与,大力推进老年友好型社会建设
2022 年	《关于开展 2022 年全国示范性老年友好型社区创建工作的通知》	创建 1000 个全国示范性老年友好型社区

续表

时间	政策名称	政策要点
2023年	《关于开展2023年全国示范性老年友好型社区创建工作的通知》	创建1000个全国示范性老年友好型社区

（二）我国老年友好型社区建设过程中面临的现实困境

在积极应对人口老龄化国家战略背景下，我国老年友好型社区建设在一系列公共政策的支持下实现快速推进。近年来，无论从国家宏观政策支持层面，还是从具体城市和社区的老年友好建设实践方面均取得了一定的成绩和发展，但目前我国老年友好型社区建设过程也面临多方面的矛盾与现实困境，主要体现在：

老年友好型社区建设的复杂性、系统性与我国相关建设经验严重缺乏之间的矛盾与困境。老年友好型社区环境所包含的建设领域众多，不仅涉及老年友好的物质环境建设，同时涉及老年友好的社会环境建设；老年友好型社区建设是一项复杂的、系统性的长期工程，需要制定建设目标、行动计划与相关指标的建设标准和评价指标体系。世界卫生组织建议以五年为一个建设周期，其中前两年为规划期，制定建设计划确定测评指标；第三至第五年为执行评估期，执行建设计划并于第五年展开评估，而后动态改进规划并进入下一个五年建设周期。在国际社会，经过十余年的良好发展，老年友好型城市和社区已不再仅仅是一个框架和概念，而是变成了各国积极开展的建设实践，很多国家和地区已经历过两至三轮的五年建设周期，已积累了较为丰富的建设经验。而我国步入老龄化社会的时间较晚，于2020年首次提出创建示范性全国老年友好型社区，此前并没有完整地以老年友好型社区作为目标导向提出过相应规划措施。因而，当前我国处于老年友好型社区建设的初期探索阶段，相关建设经验严重缺乏，而老年友好型社区建设工程的复杂性、系统性又决定了其建设经验的探索和积累必将是一个中长期的过程，不可能一蹴而就。

对老龄人口差异性的需求缺乏重视和深入了解，进而可能导致老年友好型社区建设服务供给与老年人实际需求之间缺乏适配性的矛盾与困境。随着年龄的增长，老年人口的身体和心理状态都会发生较大的改变，老年人口对各类设施、服务、社会等的需求自然不同于年轻人，而且其需求包括对基本生活和安全、获得尊重和包容、自我价值实现等多层次的需求。即使在老年人口内部，老年人也不是一个同质的群体，"典型"的老年人并不存在，年龄、性别、教育、语言、居住区、躯体或心理能力、社会经济状况、种族、文化、宗教背景、是否与家人共同居住等因素都将对老年人的养老服务需求带来差异性的影响。目前，我国处于老年友好型社区建设的初期探索阶段，尚缺乏对我国老年人口服务需求和偏好的深入调研，养老服务供给仍停留在基于服务供应方的立场而非基于服务需求方的角度，因而很容易导致养老服务供给与老龄人口需求之间严重不适配的矛盾，进而无法通过老年友好型社区建设切实满足老龄人口需求实现提升老龄人口健康和福祉的政策目标。

　　老年友好型社区建设要求打造共建共治共享的老龄社会治理共同体与当前政府治理效率提升之间的矛盾与困境。构建老年友好型社区是一个系统性、非孤立的问题，政府是老年友好型社区建设的主导力量，但构建真正关爱老年人的环境涉及许多领域（包括卫生保健、长期照护、交通、居住、劳动力、社会保障、信息与通信）的诸多角色（包括政府、服务提供方、家庭、社区、老年人及其组织、民间社团、学术机构等非政府行动者）。当前我国在老年友好型社区的建设过程中，应形成政府主导、社会参与的全民行动，多元主体责任共担，老龄事业人人参与，打造共建共治共享的老龄社会治理共同体。政府的一项关键作用是要领导这些伙伴关系并创建可以为私立部门提供支持和合作基础的公共规划，清楚确定私立部门与公立部门的作用和责任边界，以建立公立部门与私立部门之间明确且和谐有效的伙伴关系，使各方社会力量积极参与促进社会责任共担发挥合力建设作用，这对我国政府治理效率的进一步提升提出了更高的要求。

　　以积极财政政策推进老年友好型社区建设与保持公共财政可负担性之间的矛盾与困境。在老年友好型社区建设过程中，积极财政政策将贯穿始终，主要体现在通过增加政府购买、强化政府转移支付、优化税收减免政策等促进老年友好型社区环境建设，但在人口老龄化背景下推行积极财政政策可能带来政府公共财政收支失衡的风险。一方面，人口老龄化导致社会经济发展受阻，进而政府税收等财政收入下降；另一方面，为改善老龄人口的健康和福祉，政府购买、投资及政府转移支付需求增加。因而，老年友好型社区建设将加大公共财政收支失衡的风险。而且我国的老龄化程度高于世界平均水平，随着人口老龄化程度的加深，我国将面临更大的公共财政支出压力和财政收支失衡风险。因而，如何保持公共财政可持续性是我国老年友好型社区建设过程中面临的重大挑战之一。

目前，我国老年友好型社区建设尚处于初期探索阶段，缺乏系统成熟的建设经验，需充分借鉴国际经验并基于我国本土国情，进一步研究并完善相关老年友好型社区建设的公共政策体系，通过优化顶层制度设计纾解现实困境，持续推进老年友好型社区建设，实现提升广大老龄人口健康和福祉的政策愿景。

第二章

老年友好型社区的理论缘起、内涵界定与研究进展

第一节 老年友好型社区的缘起

一、人口老龄化的全球趋势

当今世界,大多数人的寿命有望超过60岁甚至更高,这是史无前例的。[1]人类寿命的延长和生育率的下降不可避免地导致人口年龄分布由年轻向年迈转变。[2]在过去50年的时间里,世界大多数地区的社会经济发展都伴随着生育率的大幅度下降和预期寿命的显著增长。这一现象导致世界范围内人口结构的迅速变化,老年人口占总人口的比例在相对短的时间内大幅增加,即"人口老龄化问题"。联合国人口学会将老年人定义为60岁或65岁及以上的人口,一个国家或地区60岁及以上人口占总人口的比重达到10%,或65岁及以上人口占比达到7%,该国家或地区被称为"老龄化社会"。[3]

人口老龄化成为关键性的政策问题,主要源于世界各地的人口正在迅速老龄化,老年人口的所占比例和绝对数量都在急剧增加。[4]联合国最新发布的《世界人口展望》数据显示,2022年全球65岁及以上老龄人口的占比为9.8%,预计2030年将增长至11.8%,2050年将增长至16.5%,即至2050年全球将有1/6的人口为超过65岁的老龄人口。2022年,全球65岁及以上老

---

[1] World Economic and Social Survey 2007: Development in An Ageing World [R/OL]. United Nations, 2007.

[2] World Population Ageing 2019 [R/OL]. United Nations, 2019.

[3] UNFPA, HelpAge International. Ageing in the Twenty-First Century: A Celebration and a Challenge [M]. UNFPA and HelpAge International, 2012.

[4] World Report on Ageing and Health [R/OL]. World Health Organization, 2015-09-29.

龄人口为7.98亿,在未来30年的时间里,预计全世界65岁及以上老龄人口的数量将增加一倍以上,至2050年将超过15亿人(见图2-1)。而且65岁及以上老龄人口构成了世界人口增长速度最快的年龄组。2018年,全球65岁及以上老龄人口的数量首次超过5岁以下儿童人口数;预计至2050年,65岁及以上老龄人口将达到5岁以下儿童人口数的两倍以上,同时也将超过15—24岁的青少年人口数。① 几乎所有的国家都预计未来老龄人口在其总人口中的比例将进一步增加。②

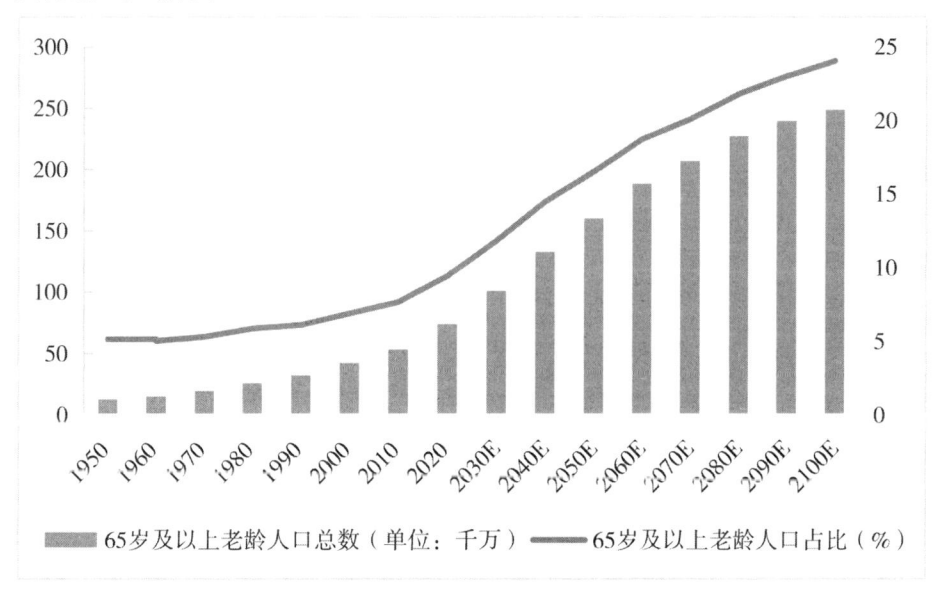

图2-1 全球65岁及以上老龄人口的绝对数及占比

数据来源:根据United Nations网站《世界人口展望》整理

人口老龄化对经济社会发展将带来一系列的挑战,包括劳动力供给不足,公共财政负担加重,养老金储备不足,经济发展速度受阻等。快速发展的人口老龄化正深刻影响着各国社会经济的可持续发展,成为世界各国政府面临的一项严峻挑战。

---

① World Population Prospects 2022 [R/OL]. United Nations, 2023.
② World Population Prospects 2019 [R/OL]. United Nations, 2020.

二、城市化与老龄化交汇的全球趋势

与此同时，过去的 50 年里出现了大规模的由农村到城市的人口迁移。① 全球城市化程度正逐步提高，大型城市的数量不断增加，城市居民的人数和比例持续上升。2020 年，全球城市地区人口数占比为 56.2%，预计至 2030 年将增加至 60.4%②，每年城市居民人数增加约 6000 万③。至 2050 年，全球城市地区人口数占比预计将上升至 70%。④ 城市化是 21 世纪最具变革性的趋势之一。人口、经济活动、社会和文化互动以及环境和人道主义影响越来越集中在城市，这对住房、基础设施、基本服务、粮食安全、卫生、教育、体面工作、安全和自然资源等方面的可持续性构成重大挑战。⑤ 人口老龄化和城市化同属于当今全球人口的"四大趋势"——人口增长、人口老龄化、城市化和国际移徙，这四大趋势中的每一个都将继续对未来几十年的可持续发展产生重大而持久的影响。⑥ 人口老龄化和城市化是影响 21 世纪可持续发展的两大全球性趋势。⑦ 快速推进的人口老龄化和城市化进程导致生活在城市环境中的老龄人口数量正在急剧增多，预计至 2050 年，全球 60 岁及以上人口的总数将翻一倍，由当前的 10 亿增加至 20 亿，其中有 57% 的老龄人口居住在城市。⑧

人的生理机能在青少年时期不断提升，并在成年期达到顶峰，随后开始下降（见图 2-2）。而人体机能下降的速度不仅取决于个人的生活方式，也受到外部环境、社会和经济因素的影响。因而，老年居民需要一系列的支持性生活条件来应对生理年龄变化使其感受到身体、精神和社会的变化。老年人对社会支持的需求常常随着能力的衰退（认知、心理、社会和躯体）而增加，

---

① World Health Organization. Hidden Cities: Unmasking and Overcoming Health Inequities in Urban Settings [M]. Geneva: WHO Library, 2010.
② World Cities Report 2020: The Value of Sustainable Urbanization [R/OL]. United Nations, 2020.
③ World Health Organization. Hidden Cities: Unmasking and Overcoming Health Inequities in Urban Settings [M]. Geneva: WHO Library, 2010.
④ BEARD J R, PETITOT C. Ageing and Urbanization: Can Cities be Designed to Foster Active Ageing? [J]. Public health reviews, 2010, 32 (2): 427-450.
⑤ New Urban Agenda [R/OL]. United Nations, 2016-10-20.
⑥ World Population Ageing 2019 [R/OL]. United Nations, 2019.
⑦ Global Age-friendly Cities: A Guide [R/OL]. World Health Organization, 2007-10-05.
⑧ The Global Network for Age-friendly Cities and Communities [R/OL]. World Health Organization, 2018-02-15.

而城市环境可能尤其缺少这些条件,因为城市的设计通常不是作为主要由老龄人口构成的群体的居住中心。[①]

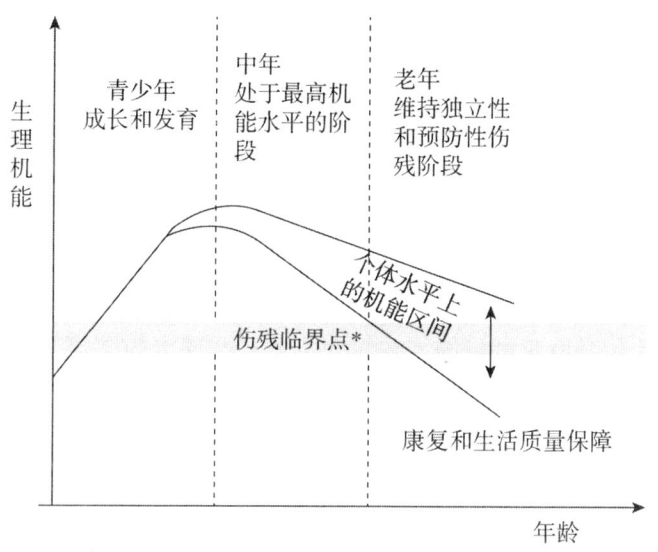

图 2-2 个体生命过程中生理机能的变化

日益庞大的老龄人口群体因身体机能的下降,需要更加便捷完善的生活设施、健康医疗服务及综合性的社会支持,因而,在老龄化和城市化交汇的趋势下,积极发现并消除城市环境中的老龄化障碍增进老龄人口健康在发达国家和发展中国家都日益成为一个重点问题,适合老年人需求的基础设施及服务配套供给在城市的可持续发展规划中越来越重要。在城市化和老龄化两大全球人口发展趋势交汇的背景下,如何积极推动老年友好型城市和社区建设,创建关爱老年人的支持性环境以提升更大老龄人口群体的生活质量和身心健康,成为各国政府面临的一项重要长期的挑战,世界各国应采取积极关爱老人城市行动计划推动公共政策改革,以满足老龄人口的需求,增进其健康和福祉。

三、世界卫生组织全球"老年友好型城市和社区"计划的提出

基于全球人口老龄化和城市化交汇的趋势,2005 年世界卫生组织(WHO)首次提出建设全球"老年友好型城市和社区"(Age-Friendly Cities

---

① Measuring the Age-friendliness of Cities: A Guide to Using Core Indicators [R/OL]. World Health Organization, 2015-02-16.

and Communities，AFCC）计划，该计划认为老年友好型城市和社区应当更多地考虑老年人的需求和能力，使城市及社区的设施和服务更具可及性。其后，根据在全球22个国家33个城市开展的老年友好城市项目的调查结果，世界卫生组织于2007年整理发布《全球老年友好型城市指南》，该指南指出城市环境影响老年生活中的健康、参与和安全，促进城市向老年友好型发展，以充分发掘老年人的潜能，将使人类社会更加和谐，老年友好型城市计划将在日益老龄化和城市化的世界里，成为提高城市生活质量和促进城市繁荣最有效的途径之一。[①] 以"老年友好"为主题的城市和社区建设和发展机制能够从个人、家庭、社会等层面减少老年人的生活障碍提升其生活质量，有助于由此推动城市本身物质设施的完善与非物质社会环境的优化，实现社会与城市的高度和谐与高质量发展。

为更好地构建关爱老龄人口的环境，充分满足老龄人口促进自身健康和福祉的需求与选择，《全球老年友好型城市指南》建立了一套完整的老年友好型城市通用建设标准和评价体系，将支持积极老龄化的城市环境划分为物质环境和社会环境两大类，进一步将影响和决定城市生活中老龄人口健康和福祉的关键要素划分为八大建设主题，即室外空间和建筑、交通、住房、社会参与、尊重与社会包容、社区参与和就业、社区支持与健康服务、信息交流。八大建设主题下进一步细分为具体的老年友好型城市和社区的建设清单与特征标准；《全球老年友好型城市指南》形成了一套老年友好型城市和社区建设的共同框架及一套特征标准清单，世界各地的城市和社区均可以此为基础，改进公共政策和干预措施，加强基础设施和服务设施建设，创造关爱老龄人口的环境，并监测和评价城市和社区环境在关爱老年人程度方面的进展，并持续改进指标体系，动态推动政策的改进和完善，构建对老龄人口无障碍的实体环境和包容性的社会环境。

第二节 老年友好型社区的理论基础与内涵界定

一、老年友好型社区的理论基础：积极老龄化

为应对老龄化制定公共卫生行动框架，2002年世界卫生组织在《马德里

[①] Global Age-friendly Cities：A Guide [R/OL]. World Health Organization，2007-10-05.

政治宣言》和《马德里健康问题国际行动计划》① 政策文件的基础之上发布《积极老龄化：政策框架》，制定了世界卫生组织"积极老龄化"（Active Ageing）政策框架。② 世界卫生组织将"积极老龄化"定义为"为提高老年人的生活质量，尽可能优化其健康、社会参与和保障机会的过程"。相对于以往理论，"积极老龄化"的核心导向为实现老年人的自我价值，强调提高生命的质量，而不仅仅是延长生命的长度，其重要观点为"老年人始终是其家庭、所在社区和经济体的有益资源"，文件颂扬预期寿命的延长和老年人群体作为未来发展的强大资源的潜力，重视老年人的技能、经验、智慧以及他们的贡献，详细规划了一系列广泛的领域，以通过政策促进老年人做出贡献并确保他们的安全。③ 积极老龄化概念是在试图将各自独立的政策领域协调地结合为一体而出现的④，该定义强调了对多部门行动的需求，目标是确保"老年人始终是其家庭、所在社区和经济体的有益资源"⑤。此后，建立积极老龄化社会并开发老年资源逐渐成为各人口老龄化国家的一致观点。

世界卫生组织政策框架确定了"积极老龄化"的六大重要决定因素：经济、社会、自然、个人、行为、健康与社会服务（见图2-3）。个人、家庭、社会的各种相关因素会影响积极老龄化，而城市环境和服务的许多方面反映了这些因素，属于老年友好型城市和社区特征的一部分。因而，世界卫生组织在《全球老年友好型城市指南》中明确提出"积极老龄化"是老年友好型城市建设的理论基础，老年友好型城市和社区建设应当开展积极老龄化计划，通过优化健康条件、参与机会和保障等方面，促进老龄人口生活质量的提高。

---

① Political Declaration and Madrid International Plan of Action on Ageing [R/OL]. United Nations, 2002-04-08.
② Active Ageing: A Policy Framework [R/OL]. World Health Organization, 2002.
③ Global Age-friendly Cities: A Guide [R/OL]. World Health Organization, 2007-10-05.
④ WALKER A. A Strategy for Active Ageing [J]. International social security review, 2002, 55 (1): 121-139.
⑤ Active Ageing: A Policy Framework [R/OL]. World Health Organization, 2002.

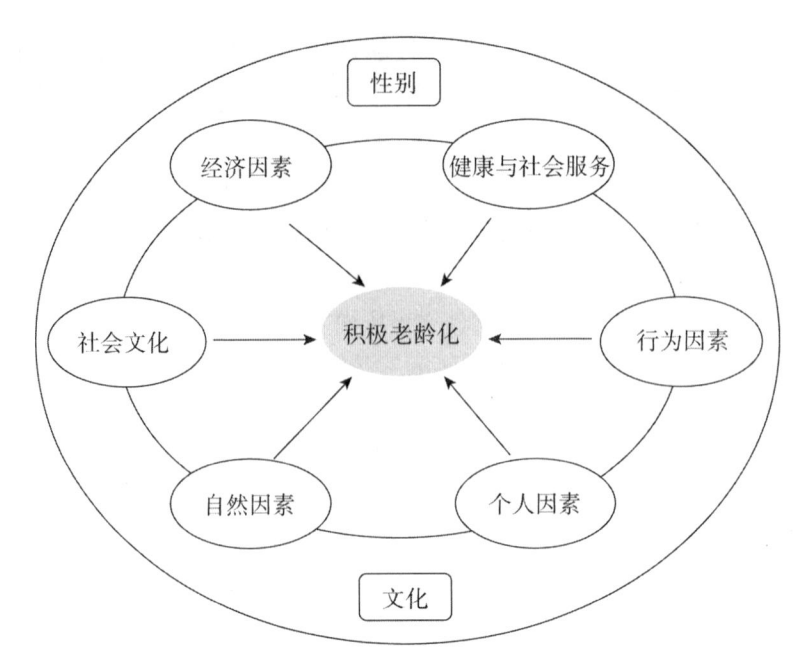

图 2-3　积极老龄化的影响因素

二、老年友好型社区的内涵界定与内涵拓展

(一) 老年友好型社区的内涵界定

"老年友好型社区"的内涵被世界卫生组织界定为：一个老年友好型社区应通过优化包容性和无障碍的城市及社区环境鼓励积极老龄化，以增强人们在老龄化过程中的平等性。实践中，一个老年友好型社区应使其设施和服务更具有可及性，并对老年人的不同需求和能力更具包容性。即老年友好型社区是关爱老龄人口的社区，是具有包容性的、无障碍的社区环境，可在健康、参与和安全性方面为所有人提供最佳机会，在老龄化的过程中确保其生活质量和尊严。更具体地说，在老年友好型社区中，各项政策、服务、环境和机构应通过以下方面支持和促进老年人的幸福生活：承认老年人群体存在范围广泛的能力和资源；预见和灵活地应对与老龄相关的需求和选择；尊重老年人的决定和选择的生活方式；保护最脆弱的老年人；促进老年人融入社区生活的所有领域并做出贡献。[①]

(二) 老年友好型社区的内涵拓展

"老年友好型社区"的内涵可以从以下两个维度进一步进行拓展：

---

① Global Age-friendly Cities: A Guide [R/OL]. World Health Organization, 2007-10-05.

一是老年友好型社区并不仅限于"老龄"友好。积极老龄化是一个终身的过程,老年期是每个人生命中必经的阶段,建设老年友好型社区可以提高老龄人口的生活质量,是对生命的尊重,也是对每个人未来生活的保障,因而可以说是"全龄友好"。

老年友好型社区建设过程中会减少社会中的各类物质障碍,建设更安全的生活环境,提供更方便的交通和符合通用设计标准的建筑物和场所,提供更多的服务与休闲设施,这些物质设施的改善不仅可以方便老年人,同样能够便利社会其他群体的生活。如包容性设计的无障碍建筑物和街道能够促进残疾人的机动性和独立性;安全的邻里环境可以使儿童、年轻女性和老人自信大胆地外出,去参加各类休闲体育活动和社会活动;可以促进对所有人的包容和积极的社会参与。同时,老年友好型社区建设中以人为本并更加一体化的综合性卫生健康体系的构建也将使所有人受益。① 当老年人拥有他们所需要的社区支持和健康服务时,相应的社会中的每个家庭就不会显示出过分的紧张和压力,整个社区都会从老年友好型公共政策的投资中直接受益,最终地方经济也会从保护老年消费者中受益。

因而,老年友好型社区将超越老年友好,可以对不同年龄段、不同智力和行为能力的居民均实现友好。如法国第戎的老年友好计划并不仅被视为一项老龄化倡议,并且是一个可以使不同年龄组受益的项目,第戎的老年友好计划的建设目标是"想象一个城市能够满足今天和明天年轻人和老年人的需求"②。"世界各地老年友好型城市和社区建设将成为世界各地的每个人实现一个更健康、更安全、更公平世界的关键"③。正如联合国《新城市议程》的共同愿景是"人人共享城市,即人人平等使用和享有城市和人类住区","改善所有人的生活质量"。④

二是老年友好型社区建设的范围并不仅限于"社区"。首先,这里"社区"的概念主要指城市中的社区。社区是构成城市的基础单元,老年友好型"城市"的建设和建成正是通过该城市中一个个老年友好型"社区"的建设

---

① Global Strategy and Action Plan on Ageing and Health [R/OL]. World Health Organization, 2017-01-02.
② Dijon Ville Amie des Aînés (DIVAA). Une démarche au service de la ville où il fait bon vieillir jusqu'au plus grand âge [R/OL]. Age-friendly World, 2016.
③ The Global Network for Age-friendly Cities and Communities [R/OL]. World Health Organization, 2018-02-15.
④ New Urban Agenda [R/OL]. United Nations, 2016-10-20.

和建成带动实现的,因而老年友好型社区(Age-Friendly Cities, AFC)计划又可称为"老年友好型城市和社区"计划。

城市是社会经济、文化和政治活动的中心,其发展水平与国家技术和经济社会发展密切相关,是新思想、产品和服务的温房,直接带动影响其他区域。有活力的城市群将使一个国家的整体人口(包括城市和农村)共同受益。因而,关爱老龄人口的社区和城市建设是老年友好型社会建设的"先行军",其建设的目标并不限于关注城市空间范围内老龄人口的福祉,其最终目的在于通过老年友好型城市和社区建设逐步探索实现社会积极老龄化的有效路径。一个关爱老龄人口的世界将由社区、城市和地区组成。[①] 随着理论与实践的发展,"老年友好"建设将由老年友好的"社区"和"社区群"范围带动拓展至整个"城市"范围,并逐步扩展至某一"区域"范围,由"城市"范围拓展至"乡村"地区的老年友好乡村建设,甚至是以老年友好为主题的国家社会建设和国际互助等,最终实现老年友好型社会的全面构建。

第三节 老年友好型社区建设理论的研究进展

一、联合国《2030年可持续发展议程》对老年友好型社区建设的促进

2015年在联合国第70届会议上决议通过《变革我们的世界:2030年可持续发展议程》(以下简称《2030年可持续发展议程》)[②],该议程是为人类、地球与繁荣制订的行动计划,共包括17个可持续发展目标和169个具体目标,这些发展目标是具有整体性的、不可分割的,采用统筹兼顾的方式,希望从经济、社会和环境三个方面实现可持续发展。作为一套综合性的全球可持续发展优先事项,《2030年可持续发展议程》目标将促使人们在2015年至2030年前得到全面执行,在那些对人类和地球至关重要的领域中采取行动,并帮助各国最大限度地推动和跟踪议程的执行工作进展,"绝不让任何一个人掉队"。

[①] The Global Network of Age-friendly Cities and Communities (GNAFCC), WHO. Membership in the Global Network of Age-friendly Cities and Communities [R/OL]. Age-friendly World, 2019-12.

[②] Transforming Our World: The 2030 Agenda for Sustainable Development [R/OL]. United Nations, 2015.

老龄化是与联合国《2030 年可持续发展议程》17 项发展目标中的 15 项相关的一个问题，人口老龄化趋势与以下目标特别相关①：

表 2-1　《2030 年可持续发展议程》中与老龄化相关的主要发展目标

	可持续发展目标
目标 1	在全世界消除一切形式的贫穷——包括对所有男人和女人
目标 2	消除饥饿，实现粮食安全，改善营养和促进可持续农业，包括老年人
目标 3	通过全民健康覆盖，包括经济风险保护，让不同年龄段的所有人都过上健康的生活，促进他们的福祉
目标 4	提供包容和公平的优质教育，让全民终身享有学习机会
目标 5	实现性别平等，增强所有妇女和女童的权能
目标 8	促进持久、包容性的可持续经济增长，促进充分的生产性就业，使人人有体面的工作
目标 10	减少国家内部和国家之间的不平等，在社会、政治和经济方面包容一切人，无论年龄大小
目标 11	建设包容、安全、有韧性的可持续城市和人类住区，让所有人，尤其是老年人，都有安全、包容、无障碍的绿色公共空间
目标 16	创建和平、包容的社会以促进可持续发展，让所有人都能诉诸司法，在各级建立有效、可问责和包容的机构

人口老龄化与"可持续发展目标"紧密关联，如果不考虑老年人的健康和福祉，很多公共卫生议程则变得毫无意义或者完全无法实现。② 因而，为与人口老龄化相关的经济和社会转变做好准备，对于确保在实现联合国《2030 年可持续发展议程》的可持续发展目标方面取得进展至关重要。③ 要实现这些雄心勃勃的目标，需要行动协调一致，以便老年人可以为可持续发展做出

---

① Global Strategy and Action Plan on Ageing and Health [R/OL]. World Health Organization, 2017-01-02.
② World Report on Ageing and Health [R/OL]. World Health Organization, 2015-09-29.
③ The Population Division of the Department of Economic and Social Affairs of the United Nations Secretariat. World Population Ageing 2019 [R/OL]. United Nations, 2019.

众多贡献，并确保不把他们排除在外。① 世界各国和地区已经进入不同的人口老龄化阶段，需要考虑到当前和未来人口动态的前瞻性政策和方案，以实现《2030年可持续发展议程》中阐述的可持续发展，并履行"不让任何一个人掉队"的承诺，建立能够长期持续的社会保护方案，以防止贫穷、减少不平等和促进老年人的社会包容，确保他们获得适合老龄人口的保健服务，确保老年人的福祉。因而，人口老龄化背景下，建设老年友好型社区是实现2030年可持续发展目标的客观要求，可持续发展目标也在客观上推动了世界各地老年友好型社区的建设进程。未来我国应积极参与全球及地区老龄问题治理，推动积极应对人口老龄化国家战略与落实《2030年可持续发展议程》相关目标之间的有效对接。

二、联合国《新城市议程》对老年友好型社区建设的促进

2016年联合国大会批准签署《新城市议程》。在这个城市化以空前的规模和速度迅猛发展的时代，基于联合国《2030年可持续发展议程》所提出的全球可持续发展结构框架，《新城市议程》代表了对更优良的、更可持续的未来的共同愿景——在那里，全体人民都享有平等的权利、机会及城市所提供的公共福利。《新城市议程》指出，"城市化是推动持久和包容型经济增长、社会和文化发展以及环境保护的积极力量，因此，我们需要利用城市化带来的机遇，发挥城市化促进实现变革型可持续发展的潜力"②。《新城市议程》如得到落实，将有助于《2030年可持续发展议程》的综合实施和本地化，也将推动实现可持续发展目标，"建设包容、安全、有韧性和可持续的城市和人类住区"。

关于人口老龄化和城市化两大趋势交汇的问题和挑战，《新城市议程》吸纳了一种全新的理解，即良性城市化与发展之间的相关性。《新城市议程》指出，"在这个临界点上，我们认识到，城市可以不再是今天世界所面临挑战的病因，它可以是解药。恰当的规划和良好的管理将使得城市化成为推动可持续发展强有力的工具"③。《新城市议程》承诺"适情解决老龄化人口对社会、经济和空间造成的影响，利用老龄化因素，将之作为创造新的体面就业岗位

---

① Global Strategy and Action Plan on Ageing and Health [R/OL]. World Health Organization, 2017-01-02.
② New Urban Agenda [R/OL]. United Nations, 2016-10-20.
③ New Urban Agenda [R/OL]. United Nations, 2016-10-20.

和持久、包容且可持续经济增长的机会，同时提高城市人口的生活质量"；"重申保证不让任何一个人掉队，并承诺促进平等分享城市化可以提供的机会和福利，使所有居民无论住在正规还是非正规住区都能过上体面、有尊严和有收获的生活，并能充分发挥各自的潜力"；"我们力求促进包容性，并确保今世后代的所有居民，不受任何歧视，都能居住和建设公正、安全、健康、便利、负担得起、有韧性和可持续的城市和人类住区"①。使城市更具有老年友好性对促进城市老年人生活幸福和保持城市繁荣都是必需的②。因而，联合国《新城市议程》的签署有助于构建安全、健康、便捷的城市环境，有助于促进老年友好型城市和社区建设，最终将有助于提升老龄人口的健康和福祉。

三、世界卫生组织"新健康老龄化框架"对老年友好型社区建设的促进

老年人以很多方式为社会做出贡献——对家庭、社区或是广义的社会。但是，随着年龄的增长，老年人获得人力和社会资源的多少以及可获得的机遇，都取决于一个重要的因素——他们的健康状况。如果人们在延长的生存时间内健康状态良好并生活在支持性的环境中，那么他们去做其认为有价值的事情的能力就会很少受限。但如果延长的生命中始终伴随着体力和脑力的严重衰退，就会对老年人和整个社会产生严重的负面影响。因此，我们要实现可持续发展，确保老年人尽可能好的健康状况是至关重要的。③ 世界上每个国家的每一个人都应该有机会健康长寿。

基于联合国的《2030 年可持续发展议程》，2016 年世界卫生组织发布《关于老龄化与健康全球报告》，该报告的出发点是尽管存在挑战，老龄化依然是一个有价值的过程，老年人对社会做出了很多重要的贡献，老年人群的存在对社会大有益处。报告认为健康是老年人能够完成他们认为重要的事情所具备的根本属性和整体属性。④ 健康老龄化是创造环境和机会，使人们能够做他们一生中珍视的事情，使每个人都可以经历健康的衰老。世界卫生组织强调健康老龄化作为公共卫生优先事项的重要性，并再次强调构建关爱老年

---

① New Urban Agenda [R/OL]. United Nations, 2016-10-20.
② Global Age-friendly Cities: A Guide [R/OL]. World Health Organization, 2007-10-05.
③ Global Strategy and Action Plan on Ageing and Health [R/OL]. World Health Organization, 2017-01-02.
④ World Report on Ageing and Health [R/OL]. World Health Organization, 2015-09-29.

人环境的重要性。①

在《关于老龄化与健康全球报告》中,世界卫生组织更新了"健康老龄化"(Healthy Ageing)的概念和行动框架,报告着重强调了健康的老龄化并不仅仅是指没有疾病,对大多数老年人来说,维持功能发挥是最为重要的。"健康老龄化"的新概念被界定为帮助人们"发展和维持老年健康所需的功能性能力发挥的过程"。其中,"功能性能力"(Functional Ability)被界定为"个体能够按照自身观念和偏好来生活和行动的健康相关因素","功能性能力"取决于个体的内在能力(Intrinsic Capacity)②、相关环境特征③以及这两方面之间的相互作用,即老年人能否完成自己认为重要的那些事情,不仅取决于其内在能力,还受特定时刻他们与所处环境之间相互作用的影响。例如,对于躯体活动受限的老年人,如果他们能够使用辅助器材并且居住在可供残疾人使用的公共交通设施附近,则他们仍然具有行动能力。而对于同样躯体活动受限的老年人,如果缺少有利环境,则可能面临很多困难。这种个体与环境之间的最终结合及其相互关系就被称为功能性能力发挥。④ "健康老龄化"的过程主张所有部门建立共同的目标:保持和促进老龄人口的功能发挥,以使其成为自己想要成为的人,做自己想要做的事,包括满足个人的基本需要,学习、成长和移动,建立和维护关系,为社会做出贡献。

健康老龄化是世界卫生组织 2015 年至 2030 年老龄化工作的重点。世界卫生组织的新健康老龄化公共卫生框架关注在整个生命历程中维持内在能力和功能发挥的目标。环境对我们的行为,我们面临的健康风险,我们获得优质健康和社会保健的机会以及老龄化带来的机会,对内在能力和功能发挥具有重大影响。一个关爱老年人的环境,能够通过对其机能与功能的提升,帮助老年人按照自我意志和价值观来生活和行动,能够生活在支持和维持自身内在能力和功能的环境中是健康老龄化的关键。⑤ 因而"构建关爱老年人的

---

① Global Strategy and Action Plan on Ageing and Health [R/OL]. World Health Organization, 2017-01-02.
② 内在能力,即个体在任何时候都能动用的全部体力和脑力的组合,内在能力的水平受到若干因素的影响,如疾病、伤害和与年龄相关的变化。内在能力下降,包括行动能力受损、营养不良、视力障碍和听力损失、认知障碍和抑郁症状。
③ 环境组成个体生活背景的所有外界因素,从微观到宏观层面包括家庭、社区和更广泛的社会,环境中包含很多因素,有建筑环境、人际关系、态度和价值观、卫生和社会政策、支持系统及其提供的服务。
④ World Report on Ageing and Health [R/OL]. World Health Organization, 2015-09-29.
⑤ World Report on Ageing and Health [R/OL]. World Health Organization, 2015-09-29.

环境"作为"健康老龄化"下一步行动的四项重点任务之一被优先予以纳入。"发展关爱老人的环境"将通过两种基本方式促进功能发挥：一是建立和保持内在能力，方法包括降低健康风险，鼓励健康行为或减少相关障碍，或提供卫生保健服务；二是促进更好的功能发挥，即缩小其在当前能力水平下所能完成的任务和生活在有利环境下所能完成的任务之间的差距。

世界卫生组织指出《积极老龄化：政策框架》确认了积极老龄化对老年人健康的重要性。[①] 但是，文件中缺少为了达到目标而进行系统性改变的具体细节。《关于老龄化与健康全球报告》可以被视作《马德里政治宣言》及《马德里老龄问题国际行动计划》和世界卫生组织在《积极老龄化：政策框架》中确认的卫生优先领域赋予的实质内容。然而，考虑到该任务的重要性、截至目前相关行动的匮乏及促进全球公共卫生响应的需求，世界卫生组织建议采取"双轨制"，即同时关注健康老龄化和积极老龄化政策。因而，世界卫生组织的新"健康老龄化"操作框架以"积极老龄化"框架为基础，着重于创造有利于老年人的环境，使老年人能够在整个生命过程中建设和保持对其健康至关重要的能力，从而促进健康和积极的老年生活。"健康老龄化"与"积极老龄化"一样，强调加强跨多个部门共同采取行动，并使老年人能够继续成为其家庭、社区和经济的一种资源。[②]"健康老龄化""积极老龄化"共同构成老年友好型社区建设的理论基础。提倡健康老龄化和积极老龄化的城市或社区，通过建设关爱老年人的环境，使老龄人口建立和维持贯穿整个生命周期的内在能力，并使个体在能力范围内获得更好的功能发挥。[③]

以联合国《2030年可持续发展议程》和世界卫生组织《关于老龄化与健康全球报告》为基础，2016年世界卫生组织会员国通过了《关于老龄化和健康全球战略和行动计划》。本战略概述了一个协调全球行动的公共卫生行动框架，并强调了健康老龄化作为一项公共卫生重点的重要性以及会员国致力于做出可持续和基于证据的公共卫生反应的必要性，力图应对限制老年人健康的法律、社会和机构障碍，并确保国家和非国家行为者履行他们尊重、保护和满足这些权益的法定义务。战略的愿景是构建每个人都可以健康长寿的世界。在这个世界中，整个生命过程中都将促进人体的功能，老年人能够享受平等的权利和机会，生活中不因年龄而受到歧视。老年人特别需要有良好方

---

① Active Ageing: A Policy Framework [R/OL]. World Health Organization, 2002.
② World Report on Ageing and Health [R/OL]. World Health Organization, 2015-09-29.
③ World Report on Ageing and Health [R/OL]. World Health Organization, 2015-09-29.

便的生活环境以弥补由于社会和自身生理变化所带来的不便,因而"发展关爱老人的环境"成为《关于老龄化和健康全球战略和行动计划》的五大全球战略目标之一。帮助各地的城市和社区实现其老年友好性是实现可持续发展目标和全球战略的关键。①

---

① The Global Network for Age-friendly Cities and Communities [R/OL]. World Health Organization,2018-02-15.

第三章

老年友好型社区的构建主体与评价指标体系

第一节 老年友好型社区的构建主体

老年友好型社区是各国推动积极老龄化和健康老龄化的重要战略决策，其建设具有社会性、长期性、复杂性的特点，政府是建设的主导力量，同时需要企业、家庭、社区及其他利益相关者等多元社会力量共同参与通力合作，且依据不同的角色定位，承担相应的主体责任，共同致力于提升社区的老年友好程度。

一、政府在老年友好型社区构建中的主导性作用

人口老龄化背景下建设老年友好型社区是各国探索如何更好地利用老年资源、解决养老问题并促进经济社会与城市可持续发展的有效途径。政府是社会事务的管理者，是公共政策的制定者，主导着政策的完善与监督，在老年友好型社区建设过程中，作为主导性建设力量，中央政府和地方政府应主要从以下方面发挥其在政策制定、完善和监督等方面的主导性作用：

一是从宏观政策层面明确建设老年友好型社区的战略意义，政府的承诺以及实现这些承诺所需要的正式政策、法规和财政支持是成功建设老年友好型社区的基础。因而，政府需要将构建老年友好型社区建设纳入国家战略和城市发展规划，将老年友好型社区建设融入各类公共政策，构建本土化的老年友好型社区评价指标体系，依据指标体系建设清单进行投资建设完善物质环境和社会环境，有计划、按步骤地推进老年友好型社区建设。

二是制定相关激励政策，引导鼓励企业、家庭、社区及其他利益相关者等合力参与老年友好型社区建设，如积极开展政企合作，鼓励各类企业开发老年产品提供养老和健康服务，向吸纳老龄人口再就业的企业给予减税降费等激励政策（见表3-1）；调动并充分发挥社区和家庭在老年友好型社区建设中的积极作用，向提供居家养老服务的社区和家庭照护者提供资金补贴，充分发挥社区和家庭的支持性作用、参与性作用。

三是为保障企业所提供的老年友好服务的质量，政府应设立各类服务的执行标准和人员培训要求，如为防止养老企业、健康服务企业过度商业化，有必要加强对企业提供的养老服务和健康服务的监管；为保证长期照护服务的质量，政府应对照护工作者和照护机构的资质进行许可与认证，并针对关键问题，制定并发布照护服务规范或指南，对照护者进行培训和支持，并对照护机构的照护质量进行监测评估；对城市规划者如城市设计师和建筑师进行老龄化相关培训，引起他们对老年人需求的关注以加强城市和社区中各类设施的通用性设计。

四是向老龄人口提供包括养老和医疗等在内的社会保障体系，保障老龄人口的财务安全和健康医疗服务的可得性，尤其要关注贫困、失能失智、高龄女性老龄人口等脆弱老龄人口群体，向其提供转移支付、非缴费型养老保障补充及可得性、可负担的健康医疗服务。为满足长期照护服务的需求，建立一个由政府资助并监管的以人为本整合性的长期照护服务体系，实现长期照护体系的可及性和公平性。

五是制定消除年龄歧视的政策和相关法律制度，保护老龄人口不会受到基于年龄的歧视，包括平等参与各类社会活动，特别是不受歧视地平等参与志愿性服务和再就业。同时政府还应充分发挥主导性作用积极与社会机构合作，为提升老龄人口的再就业技能提供培训和终身学习的机会。

六是由政府牵头建立系统、有效的公共信息传播体系，通过多渠道加强信息传播保持信息畅通，增强信息和服务的可及性，在确保老龄人口信息的广泛获取方面发挥关键性作用。同时，在老年友好的信息交流体系构建过程中，政府还应注重调动发挥社区在信息传播体系中的重要中介作用。

七是由政府牵头与高等院校等研究机构合作开展关于健康老龄化相关研究，主要包括有关老年疾病的预防、老年护理领域的研究及养老和健康服务领域的技术创新等，以提升老年人的生活质量并保持其生活的独立性，促进健康老龄化。

八是对老年友好型社区建设的进展进行监督指导和定期评估。在老年友好型社区建设过程中，政府应根据相关建设标准对参与创建的社区加强指导检查，帮助其顺利地推进创建工作，并结合评价体系定期对社区的老年友好建设进展情况展开评估，促进其反思和改进，保障创建质量。

九是加强与世界卫生组织及其附属机构、其他跨国城市网络合作伙伴之间的广泛沟通与合作，寻求技术支持和帮助，促进本地区所属社区与全球老年友好型示范城市和社区之间进行信息共享和经验交流，推动本地区更多的社区成为世界卫生组织全球老年友好型城市和社区的网络会员。

表3-1 示范地区政企合作与加强企业服务监管示例

	示范地区与建设示例
政企合作	・秘鲁米拉弗洛雷斯：有超过62家公司参与政府推出的"市长福利卡"项目，向老年人提供就餐、医疗保健、娱乐、个人护理等服务 ・日本秋田：在市政府面向老龄人口推行的乘坐公共汽车时收取优惠的单一费用即"一枚硬币"计划基础上，推行政企合作的"老年友好型合作伙伴计划"，向任何有合作关系的商店和浴室出示"一枚硬币"证书的老年人提供折扣和免费饮料；大量注册为老年友好型合作伙伴的私营机构，与政府机构之间的公私合作还包括安装更多的公共长椅、促进老年人就业以及在办公室和社区安装自动体外除颤器等 ・澳大利亚梅尔维尔：政府与该市最大的区域购物中心AMP Garden City建立合作伙伴关系，以支持其打造成为一个老年友好的购物中心，在购物中心设计和建造时融入大量适合老年人和阿尔兹海默病的元素致力于为老年人提供便利；并建立有利于老年人的商业网络（MAFAB），梅尔维尔市政府与MAFAB商业网络共同设计资源为当地企业提供支持，使其服务更易接近和方便老年人
政府鼓励企业提供老年友好服务	・墨西哥：法律规定商家必须优先为老年人服务 ・波特兰：政府专门制定老年人服务指南 ・西班牙巴斯克地区：制定《商店和餐馆友好型企业指南》，当地400多家企业参加研讨会并签署老年友好服务承诺

资料来源：根据Age-friendly World网站资料整理

二、社区在老年友好型社区构建中的支持性作用

社区作为老年友好型社区建设的依托者和支持者，在老年友好型社区的建设过程中主要可发挥如下支持性作用：

一是社区是老年友好健康服务体系的紧密依托者和支持者，社区层面的支持有效嵌入综合性的健康养老服务体系，可帮助更多的老龄人口实现有品质的居家就地养老。

二是在政府的主导下，社区可帮助老龄人口实现再就业和参与志愿性社会服务，包括建立老龄人口专业技能信息档案系统，向老龄人口提供多样化的公益性和社区服务类志愿服务及再就业需求信息等。

三是建立老龄人口社区活动中心，利用社区资源，通过亲密的家庭、邻里关系增进社区成员之间的沟通和联系，帮助老龄人口建立社交网络，并通过组织各类社区活动致力于提升老年人的社会关系质量，从而增强其社会参与度和融入感，建设具有高度社会凝聚力和高参与度的社区环境，满足老龄人口的社会需求。

四是积极发挥社区在老年友好的信息交流服务体系中的信息中介作用，包括利用社区中心、社区医务室和保健诊所、社区公告栏海报、社区网站、社区热线电话、老年人便民服务指南、报纸、传单等在内的各类社区信息服务网络，充当政府、企业与老年人之间的信息中介和服务中介，帮助老龄人口通过多种方式和渠道及时获取相关信息。

五是从社区层面加强与世界老年友好型城市和社区网络附属机构的沟通与合作，以获得各类支持和指导，如附属机构可根据每个社区的具体情况，为希望加入世界卫生组织全球老年友好型城市和社区网络的社区提供关键流程和成功因素方面的指导、培训和额外支持。社区还应积极加强与国际、国内老年友好型社区之间跨社区的经验分享与学习合作。

三、企业和家庭在老年友好型社区构建中的参与性作用

（一）企业在老年友好型社区构建中的参与性作用

企业是社会经济生活中重要的微观主体，在老年友好型社区构建过程中主要可发挥如下作用：

一是围绕政府政策积极研发老龄产品，发展老龄产业，在获得自身经济利益的同时承担社会责任。老龄人口对于产品与服务有着不同于其他群体的需求，企业需要基于老龄人口需求积极研发并提供专业的产品与服务，提升服务的精准度和满意度。

二是通过主动投资、政企合作、公私合营等方式加强与政府公共部门之间的密切合作，积极参与老年友好型社区建设项目的投资、技术创新和产品研发等。

三是积极提供就业岗位吸纳老龄人口参与再就业，为年老的职工提供所需的工作条件，并对其进行业务培训，帮助老龄人口实现再就业。

四是服务行业企业雇主和公共场所负责人应在其服务场所内为老龄人口提供无障碍的便利设施和服务，培训并保障其员工向老龄人口提供友善的、及时到位的服务。

五是企业也是构成老年友好的信息交流渠道的重要组成部分，应积极利用其服务设施和服务场所向老龄人口提供相关服务信息。

表 3-2 示范地区企业向老龄人口提供老年友好型服务示例

示范地区	服务示例
加拿大舍布鲁克	商业区免费为附近老年人提供送货上门服务
智利科特	在市长和地方政府的一项表彰计划激励下，企业努力提升对老年人的尊重和良好待遇，并增加老年人获得服务的机会，如改进大字标牌，并将产品放置在其可接近的位置等
爱尔兰基尔肯尼	老龄化业务论坛与旅游公司、商会及当地企业合作，在商店、餐馆和旅游景点提供老年友好的补贴和服务；与老年人论坛和护理协会合作，根据通道、卧室和房间干湿度等确定老年友好型酒店，酒店为老年人提供折扣优惠
法国贝桑松	自治住宅餐厅对自治住宅的居民和该地区的老年人开放，提供午餐及午后的文化休闲游戏、郊游等活动，减少老年人的孤立感
澳大利亚梅尔维尔	咖啡厅欢迎痴呆症患者顾客，咖啡厅旨在为痴呆症患者及其护理者提供一个安全的支持性的空间，让他们可以在这里会面和社交。所有员工都接受了痴呆症意识方面的培训，能够提供包容性的服务氛围，而且这种趋势已经在更多的咖啡厅等服务机构流行起来
英国曼彻斯特	开展"坐下来"运动（Take a Seat Campaign），这是一项低成本的活动，旨在提高人们的意识，使其认识到由于商店和其他公共场所没有足够的座位老年人出门行动可能会遇到困难。通过在橱窗上贴上"我们对老年人友好"的贴纸，参与活动的商店可以让老年人知道他们是受欢迎的，如果他们需要休息，商店会随时为他们提供椅子

资料来源：根据 Age-friendly World 网站资料整理

(二) 家庭在老年友好型社区建设中的参与性作用

家庭是老年友好型社区的基础单元,在家中养老是绝大多数老年人的基本意愿。相比其他养老模式,与家人共同生活在一起有助于从情感上照顾老年人,熟悉的家庭环境也能够提升老年人精神上的安全感和幸福感,因而,家庭养老有助于向老龄人口提供精神关爱。从各国养老实践来看,家庭养老模式占据主要地位,是最基本的养老模式。

在老年友好型社区建设过程中,应积极发挥家庭养老的基础作用,这是积极应对人口老龄化的重要力量源泉,也是顺应广大老年人意愿的必然选择。家庭支持是老年人养老保障和生活照料的重要来源,但在家庭结构小型化、社会观念转变等影响下,家庭养老受到冲击。在此背景下,更应在家庭养老意识方面注重培养家庭成员尊老、爱老的意识,努力营造养老、孝老、敬老的家庭环境,提升养老责任感,使老龄人口能够感受到家庭养老的亲情感;加强代际交流互动,满足老龄人口的家庭亲情需要,提升家庭凝聚力与归属感,满足老龄人口的身心发展需求。为更好地发挥家庭养老的基础作用提高家庭养老的质量,政府有必要积极采取措施支持家庭承担养老功能,如在社区配置必要的养老服务设施,向家庭提供适老化改造服务,为家庭成员提供行动指南和基本的养老服务知识培训等,以帮助家庭成员更好地承担老龄人口的家庭护理责任。

四、老龄人口及老龄组织在老年友好型社区构建中的主体性作用

老年友好型社区建设涵盖多个方面,与老年人的生活息息相关。Buffel 领导的城市老龄化研究小组对英国曼彻斯特、日本秋田、美国波特兰以及中国香港等城市进行了专题研究,研究认为社会与公共政策需要充分重视老年人,让老年人更积极地参与城市的社会经济生活将是今后城市发展的一项关键任务。[1] 要认识到老年人不仅是被动的服务接受者,城市老年友好化的受益者,更应是起关键作用的建设者和推动者。[2]

让老龄人口作为积极的主体参与到老年友好型社区的建设过程中来,有助于听取并更好地了解老龄人口的需求和偏好,以使老年友好型社区建设能

---

[1] BUFFEL T, PHILLIPSON C, SCHARF T. Ageing in Urban Environments: Developing Age-friendly Cities [J]. Critical Social Policy, 2012, 32 (4): 597-617.

[2] LUI C W, EVERINGHAM J A, WARBURTON J, et al. What Makes a Community Age-friendly: A Review of International Literature [J]. Australasian Journal on Ageing, 2009, 28 (3): 116-121.

够更好地提供适合老龄人口需求、效率更高的老年友好型服务；而且，老年人以多种方式参与社会并做出贡献，扮演着有意义的社会角色，包括作为指导者、照护者、艺术家、消费者、创新者、企业家和劳动队伍的成员，老年人在社会中所发挥的作用是他们受到尊重和认同的重要因素。因而，这种社会参与有利于提高老龄人口自我价值实现的成就感，进而增进老龄人口的健康和福祉。

老人们的能力和生活经验必须被社会所认可，相关政策和项目应该根据老年人的能力，积极创造机会使老年人能够尽可能长期地作为社区中的积极成员，为社区做出贡献。应该把一些文化水平高、经验丰富和专业知识强的老人放在权威性的位置。将老年人视为领导者，而不是咨询活动的被动参与者。① 世界各地积极采取措施吸引老年人在社区变革过程中作为积极的参与者在原地共同建设他们的社区（见表3-3）。

表3-3 示范地区鼓励并注重充分发挥老龄人口积极社会参与的政策措施

示范地区	政策措施
西班牙巴斯克地区	鼓励老龄人口参与到老年友好项目设计建设的全过程
澳大利亚梅尔维尔	让老年居民参与，与护理人员、企业和服务提供商共同协商研究制定老年人服务指南
中国香港	鼓励老年人提出他们的关注并倡导改变，包括与当地政府部门谈判，并向媒体报道，以提高公众对老龄人口群体的关注意识
日本秋田	实施"关爱老年人方案"，其主要目标之一是建立一个社会，使老年人不再被视为需要支持的人，而是支持社会的人，让老年人希望利用他们的经验、知识和技能成为更积极的公民
韩国首尔	每年定期对老年人的生活状况进行大规模调查，并设立老年人监测小组，强调老年人的直接参与，开展建设老年友好型社区项目并鼓励老龄人口参与其中

---

① MCGARRY P, MORRIS J. A Great Place to Grow Older: A Case Study of How Manchester is Developing an Age-friendly City [J]. Working With Older People, 2011, 15 (1): 38-46.

续表

示范地区	政策措施
英格兰曼彻斯特	老年合作研究所开展了一项老年关爱城市的研究——"与老年人共同研究、而非仅仅研究老年人"。其中采纳了老龄居民的观点、经验及知识。该项目对南曼彻斯特3个社区的目标人群展开研究,整个研究过程老龄居民充当了合作研究者的角色,对于城市设计、市政重建、社区参与、政策实施等提出了一系列建议和新的课题

资料来源：根据 Age-friendly World 网站资料整理

重视老年人作用的发挥，一个有效的途径是建立老年人组织。很多国家都建立了老龄组织，老龄组织是多功能的，可以开展内容广泛的活动，得到适当的发展和资助的老龄组织在老年友好型社区的建设过程中可以发挥以下作用：

一是促进老年人参与社区决策帮助老年人获得相关资源，确保老年人积极参与公共政策和社区发展的讨论。[1] 如与政府机构进行紧密沟通保证社区成员获得应有的服务，包括退休金和医疗保障等。

二是在社区中招募、培训和管理家庭照护志愿者，向有需要的同辈人提供照护服务与支持，特别是向有照护依赖的老年人提供社区关怀。

三是为成员定期组织健康体检，开展健康教育和定期的体育锻炼，传播健康生活知识以预防和管理非传染性疾病。

四是将老龄志愿者组织起来向社会公众宣传老年人的权利，增进社会对老龄人口的尊重与社会包容。

五是开展社会和文化活动以促进老龄人口的社会参与，还包括在紧急情况下，发现并帮助面临与外界隔离和孤独风险的老年人。

六是以现金、食物和劳动的形式为社区中最需要帮助的脆弱群体提供社会支持。

七是确保老年人有机会不断发展和维持他们所需要的技能，发挥信息中介作用，帮助有意愿的老龄人口实现再就业和参与志愿性服务，提升自我价值感。

---

[1] WILLIS M, DALZIEL R. LinkAge Plus: Capacity Building: Enabling and Empowering Older People as Independent and Active Citizens [R/OL]. GOV. UK, 2009.

八是动员相关资源和劳动力改进和维修老年人的住所,并在易发生灾害的地区确保可能遇到危险的老年人有指定的紧急联系人,以便在危难的时候帮助他们。

可以说,老年人组织将有效利用老年群体的固有资源,对老年人及其所在的社区发展可发挥的重要贡献。世界各地高度重视并支持老年人组织的发展,并注重其积极作用的发挥(见表3-4)。

表3-4 示范地区鼓励并注重充分发挥老龄组织参与建设的措施

示范地区	政策措施
爱尔兰都柏林	该市5个行政区均成立了老年人委员会,以代表老年人群体参与该市老年友好相关倡议的决策过程,支持最边缘化老年群体的社会参与
澳大利亚堪培拉	成立各类老年人组织,如老年理事会致力于保护和促进老年人的福祉并提供一系列服务;独立退休人员协会为增进所有退休人员的福利而积极努力;举办老年人娱乐活动,成立各类老年人俱乐部
越南多城市	在多地设有代际俱乐部组织支持当地民间组织的发展并加强他们的能力,使其能够参与社区发展的过程,代表社区成员的利益与国家和地方政府对话,解决社区老人的需求,包括提供卫生保健信息与服务,增强老年人积极参与社区生活的能力等
美国鲍登汉姆	老龄化咨询委员会倡导增加老龄人口社交活动及服务获取的可及性;建设老年人和其他社区成员可以聚集在一起进行活动的中心场所;每年为老年人提供超过1000小时的直接服务,使得老年人可以免费参加几乎所有由委员会赞助的活动,并组织实地考察
比利时桑布维尔	设立老年人顾问,其工作者全职致力于协调所有有利于老年人的倡议;成立老年人咨询委员会,由22名老年公民组成,讨论与老年人相关的健康与环境、流动与安全、通信媒体、体育休闲、社会和代际联系等问题,并提出项目建议

续表

示范地区	政策措施
西班牙巴斯克地区	通过每个参与城市宣传的小组实现"爱护老年人方案"，宣传小组的目的包括传播项目；促进不同老年人群体的参与；参与行动计划的设计，与市议会行政部门合作；制定行动实施方案；评估过程和结果。由于这种直接接触，老年人得到了更多的参与机会，以老年人为主导创建感兴趣的社区，特别是在大多数农村市镇
英国曼彻斯特	重视老年人（Valuing Older People，VOP）计划，老年居民与由委员会领导的法定机构、自愿的独立的社区团体机构等建立伙伴关系支持各种倡议，共同致力于提高曼彻斯特老年人的生活质量

资料来源：根据 Age-friendly World 网站资料整理

五、其他利益相关者在老年友好型社区构建中的合力作用

《新城市议程》指出，"我们鼓励所有相关利益攸关方，包括地方政府、私营部门和民间社会、妇女、青年组织、残疾人组织、土著人民、专业人员、学术机构、工会、雇主组织、移民社团和文化社团，有效参与和协作确定城市经济发展机会，发现并解决现有和新出现的挑战"①。老年友好型社区建设不仅涉及政府、社区、企业、家庭、老年人及老年人组织，还包括其他各类社会力量和利益相关者，包括但不限于国际机构、非政府组织、民间社团、志愿团体、慈善基金会、老龄研究协会、学术机构与老龄化专家、社会服务机构、护理人员等，这些机构和个人可在提供志愿性服务、财务支持、专业研究咨询等方面发挥重要作用共同致力于老年友好型社区建设。关爱老人行动的领导机构或协调机构可以是地方政府，但必须认识到包括民间社会和私立部门在内的非政府部门可起到重要的作用，常常会填补政府干预措施的空白或强化这些干预措施。② 因而，政府应将各类社会力量和利益攸关方团结在一起密切合作共同致力于老年友好型社区规划和建设，共同营造有利于老年人的环境，相关示例见表3-5。

---

① New Urban Agenda [R/OL]. United Nations, 2016-10-20.
② Measuring the Age-friendliness of Cities: A Guide to Using Core Indicators [R/OL]. World Health Organization, 2015-02-16.

表 3-5 示范地区鼓励多元社会力量共同参与老年友好型社区建设示例

示范地区	建设示例
法国第戎	为确保当地居民在制定有利于老年人的社区环境政策方面发挥核心作用，各种利益相关者共同参与制定和实施当地的老龄化倡议，包括开发创新平台提供参与机制的"老年观察站"，该平台汇集了民选官员、当地居民和街道代表、机构合作伙伴、专家学者等
日本秋田	将确保私营企业、行政组织和公民之间的合作作为老年友好型社区建设的优先事项，这也是推动秋田市老年友好型社区建设计划成功的主要因素之一①
中国香港	加强与大学和学院的合作：为更好地对辖区内不同地区的老龄服务水平进行基线评估，与香港中文大学、香港理工大学、香港大学及岭南大学四所大学的老龄研究中心合作，为每个地区制订三年行动计划，确定方向和行动
澳大利亚梅尔维尔	与大学和研究人员合作每年举办一次健康老龄化博览会，吸引老年人和利益相关者的积极参与
智利科特	很多不同的组织共同为老年友好城市建设发挥作用：邻里委员会联盟负责筹集和分配资金和后勤资源；红十字会促进提升老年人的自理能力；Loncoche 狮子俱乐部帮助低收入老年人建立老年人社区卫生网络以有助于改善老年人的健康状况
墨西哥瓜达拉哈拉	公民理事会及其代表老年人的管理委员会、政府技术委员会及各类专家、学者和专业人士等广泛的利益相关者共同参与关爱老年人运动

---

① Case Study: The Age-friendly Programme in Akita City [R/OL]. World Health Organization. https://extranet.who.int/agefriendlyworld/resources/age_friendly_case-studies/akita-city/.

续表

示范地区	建设示例
新西兰新普利茅斯	新普利茅斯区议会、积极老龄化信托基金、老年研究协会、地区卫生局、残疾信息中心信托基金和新普利茅斯残疾安全基金会等机构共同致力于老年友好型社区建设
荷兰阿姆斯特丹	社区及城市老年咨询委员会，与政府、志愿者组织、私人组织、市民组织、大学等共同致力于老年友好环境建设
比利时布鲁塞尔	研究小组、市议会、高级咨询委员会、地方社会服务机构和其他利益相关者之间密切合作共同开展老龄化研究项目，在城市政府一级，优先将老龄化因素纳入政策，以确保满足所有年龄段的需要；在区域政府一级，设立合作项目以发展新形式的通信护理，特别是在社区层面的社会网络；社区组织和非营利组织提供筹资、沟通和后勤服务支持；老年人也参与到项目的各个阶段，同时吸引其他利益相关者的广泛参与
加拿大蒙特利尔	市政府与各地非政府组织、社区组织、私营企业及学术机构积极开展合作，如学术机构与警察系统下属的研究机构联合启动了一项干预措施研究项目，旨在建立和实施一套针对虐待老年人的警方干预措施，项目涵盖预防、发现、干预、随访及调查等方面。这一模式强调了跨部门合作（具体包含警方、受害者帮助中心、社区组织、公共卫生与社会服务机构、公共监护人、法庭）对于解决虐待老人问题的重要作用

资料来源：根据 Age-friendly World 网站资料整理

综上所述，老年友好型社区的建设主体主要包括政府、社区、企业、家庭、老年人、老龄组织及其他利益相关者等。一方面，各参与主体应发挥的作用和角色定位存在差异；另一方面，所有的参与主体之间应通力协作打造老龄社会治理共同体，共同实现增进老龄人口健康和福祉的愿景（见图3-1）。

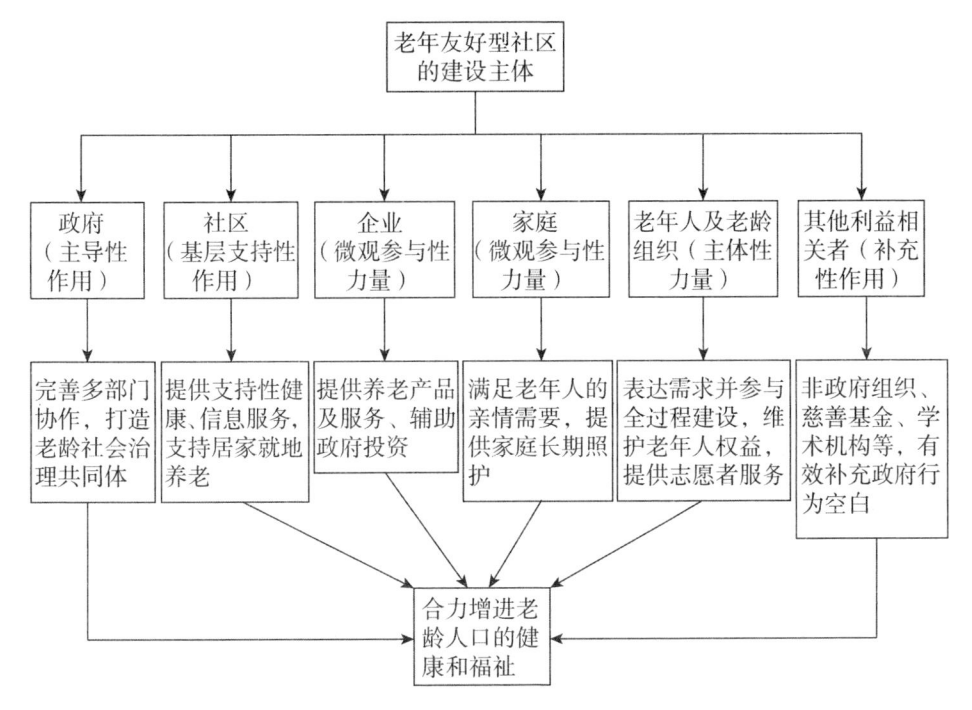

图 3-1 老年友好型社区的建设主体及其主要作用

第二节 老年友好型社区建设的评价指标体系

环境可以通过多种形式对老年人的健康和福祉产生影响，老年友好型社区建设的本质是对关爱老龄人口环境的建设，通过老年友好的外在环境支持帮助老龄人口建立保持其内在能力并促进更好的功能发挥以实现健康老龄化。因而，构建关爱老龄人口的环境是健康老龄化战略的重要优先事项之一。但老年友好型社区环境建设因素众多，不仅涉及老年友好的物质环境建设，同时还涉及老年友好的社会环境建设，因而可持续的老年友好型社区建设是一项长期工程，系统性的有关环境建设标准和评价指标体系是老年友好型社区建设的指南针，也是定期展开建设进展评估并推动下一步建设改进的得力工具。目前国际社会关于老年友好型社区的建设标准和评价指标体系主要包括世界卫生组织、欧盟和联合国国际助老会等国际组织所构建的指标体系。

一、世界卫生组织关于老年友好型社区的评价指标体系

（一）世界卫生组织的老年友好型社区建设清单和特征标准

世界卫生组织是全球老年友好型城市和社区计划的提出者，同时其构建的老年友好型社区评价指标体系也是当前全球应用最为广泛的老年友好型社区建设标准。2006年，世界卫生组织在其所覆盖的世界六个区域（非洲、美洲、东地中海、欧洲、东南亚和西太平洋）中选取了22个国家的33个城市开展了一项老年友好城市和社区项目的调查，以收集老年人、照护者及服务提供者的看法和意见。根据调查结果，2007年世界卫生组织发布了《全球老年友好型城市指南》，在该指南中，世界卫生组织给出了老年友好型城市和社区建设的共同框架及关爱老年人环境构建的建设清单和特征标准。[①] 世界卫生组织的老年友好型城市和社区建设框架中考虑到老龄人口生活的主要领域、人类老龄化的过程及对老龄人口健康和福祉起决定性作用的因素，认为物质环境和社会环境两大类因素对于充分满足老龄人口促进自身健康和福祉的需求与选择都是至关重要的。因而，世界卫生组织将老年友好型社区建设内容分为物质环境建设和社会环境建设两大类，并进一步细分为八大建设主题，即室外空间和建筑、交通、住房、社会参与、尊重与社会包容、社区参与和就业、社区支持与健康服务、信息交流。其中物质环境建设因素主要包括室外空间和建筑、交通、住房三大主题方面，社会环境建设主要包括社会参与、尊重与社会包容、社区参与和就业三大主题内容，老年友好的社会环境建设与物质环境建设是紧密相关的，如可及性的公共交通和无障碍的建筑等均对老龄人口的社会参与和社交网络的形成具有重大影响。因而，在老年友好的社会环境构建过程中，要依托老年友好的物质环境建设，二者不可分割，共同构成老年友好型环境。除此之外，社区支持与健康服务、信息交流两大建设主题同时涉及物质环境建设和社会环境建设。这八大建设主题下又进一步细分为多项具体的建设清单和特征标准（见表3-6）。

[①] Global Age-friendly Cities: A Guide [R/OL]. World Health Organization, 2007-10-05.

表 3-6 世界卫生组织关于老年友好型社区的建设清单与特征标准

分类	建设主题	建设清单与特征标准
物质环境	室外空间和建筑	环境、绿化带和走道、户外休息区、人行道、马路、交通、自行车车道、安全性、服务、建筑物、公共卫生间
	交通	可支付性、可靠性和频次、目的地、老年友好的交通工具、专门性服务、爱心座位、交通司机、安全性和舒适性、公交站点、信息、社区交通、计程车、马路、司机的驾驶能力、停车场
	住房	承受能力、必需服务、房屋设计、房屋改造、房屋维护、老年适宜性、社交需要、房屋选择、居住环境
社会环境	尊重与社会包容	尊老的内涵、公众的尊老意识、跨代和家庭交流、公众教育、社区性因素、经济性因素
	社会参与	活动的可参与性、活动的可承受性、活动的覆盖范围、设施和配置、活动的关注及推广、杜绝孤立、促进社区一体化
	社区参与和就业	志愿者的选择、职业选择、培训、再就业、社区参与、价值贡献
物质环境与社会环境	信息交流	信息提供、口头交流、书面信息、普通话、自动化交流和设施、计算机和因特网
	社区支持与健康服务	服务的可及性、提供服务、志愿支持、紧急预案和照顾

资料来源：根据世界卫生组织《全球老年友好型城市指南》整理[①]

世界卫生组织的这套老年友好型城市和社区建设标准体系确定了一套关爱老龄人口社区建设的总体战略框架，为世界各地的社区开展老年友好建设

---

① Global Age-friendly Cities: A Guide [R/OL]. World Health Organization, 2007-10-05.

提供了一个起点，可以指导帮助世界各地的社区从老龄人口需求角度出发采用有条理的方法选定指标，制定一套与当地相关且与外部可比的老年友好型社区建设指标，以指导本地的老年友好型社区建设。因而，世界卫生组织所构建的老年友好型社区建设标准和指标体系是作为一项服务，是面向就此问题寻求指导并有意提高自己所用指标在全球可比性的地方政府和市政府等提供的一种技术指导。①

同时，世界卫生组织的老年友好型城市和社区建设标准和指标体系也有助于城市和社区进行老年友好建设的整体评估和战略监测，认清其老年友好建设的进展和现状，从而确定在哪些方面需要进一步探索提升城市和社区的老年友好程度，因而，世界卫生组织的老年友好型城市和社区建设标准也是老年友好型社区进行自我评估和规划发展蓝图的工具。

（二）世界卫生组织老年友好型社区指标集挑选框架与核心指标

2015年，世界卫生组织根据《全球老年友好型城市指南》及指南发布近十年时间里全球范围内老年友好城市和社区建设的实践，发布了《衡量城市关爱老年人的程度：核心指标使用指南》②，认为关爱老龄人口的核心指标包括无障碍的实体环境和包容性的社会环境，并给出了"老年友好型城市指标集的挑选框架"，该框架指出干预措施的侧重点是创建关爱老人的环境，主要包括"投入—产出—结果—影响"四个方面，其框架的整体思路为老年友好型城市建设中通过政府等特定机构的资源"投入"，进而采用一系列旨在改变实体环境和社会环境的政策、服务或规划，以"产出"的形式促进有助于改进关爱老年人的相关干预措施，实现改善实体环境和社会环境的"结果"，关爱老年人城市的干预措施及衡量工作的短期至中期的重点是作为健康重要决定因素的社会环境和实体环境实现的不断改变，进而在较长远的时间内，试图和预计通过多种间接途径推动改进老龄人口和社会整体人口的健康与福祉产生"影响"效应。同时，在《衡量城市关爱老年人的程度：核心指标使用指南》中，世界卫生组织指出指标集的选取涉及多方面的原则，但其中公平性是核心原则，而且公平性是贯穿老年友好型城市指标集挑选框架的始终，要在投入、产出、结果和影响的分布情况方面确保公平性。（见图3-2）

---

① Measuring the Age-friendliness of Cities: A Guide to Using Core Indicators [R/OL]. World Health Organization, 2015-02-16.

② Measuring the Age-friendliness of Cities: A Guide to Using Core Indicators [R/OL]. World Health Organization, 2015-02-16.

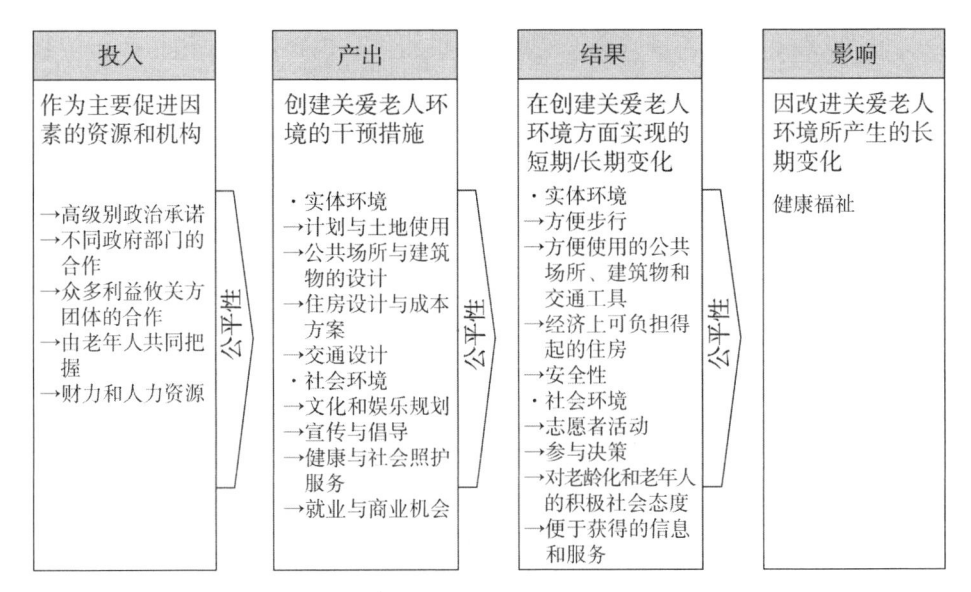

第三章 老年友好型社区的构建主体与评价指标体系

投入	产出	结果	影响
作为主要促进因素的资源和机构	创建关爱老人环境的干预措施	在创建关爱老人环境方面实现的短期/长期变化	因改进关爱老人环境所产生的长期变化
→高级别政治承诺 →不同政府部门的合作 →众多利益攸关方团体的合作 →由老年人共同把握 →财力和人力资源	·实体环境 →计划与土地使用 →公共场所与建筑物的设计 →住房设计与成本方案 →交通设计 ·社会环境 →文化和娱乐规划 →宣传与倡导 →健康与社会照护服务 →就业与商业机会	·实体环境 →方便步行 →方便使用的公共场所、建筑物和交通工具 →经济上可负担得起的住房 →安全性 ·社会环境 →志愿者活动 →参与决策 →对老龄化和老年人的积极社会态度 →便于获得的信息和服务	健康福祉

（各栏之间标注："公平性"）

图 3-2 世界卫生组织关于老年友好型城市指标集的挑选框架

世界卫生组织在"老年友好型城市指标集的挑选框架"基础上，在指南中进一步给出了一套老年友好型城市建设的核心指标，即能充分满足当地关爱老人社区行动主要目标的相对简约的一套核心指标，主要包括无障碍的实体环境和包容性的社会环境两方面，除了核心指标，世界卫生组织还提出了一套补充指标（见表 3-7）。

表 3-7 世界卫生组织衡量社区关爱老年人程度的核心指标和补充指标

核心指标		补充指标
无障碍的实体环境	包容性的社会环境	
·居住区步行方便程度 ·方便使用的公共场所和建筑物 ·公交车辆方便使用 ·公交车站方便使用 ·住房可负担程度	·对待老年人的积极社会态度 ·参与志愿者活动 ·从事有偿就业 ·参与社会文化活动 ·参与当地决策 ·信息的可得性 ·社会和卫生服务的可得性 ·经济保障 ·生活质量	·可利用的优先停车位 ·住房的方便使用程度 ·参与空闲时间团体性体育活动 ·参与终身学习 ·上网 ·公共安全 ·应急防备

资料来源：根据世界卫生组织《衡量城市关爱老年人的程度：核心指标使用指南》整理①

---

① Measuring the Age-friendliness of Cities: A Guide to Using Core Indicators [R/OL]. World Health Organization, 2015-02-16.

61

世界卫生组织《衡量城市关爱老年人的程度：核心指标使用指南》中具体核心指标的选取与2007年在《全球老年友好型城市指南》给出的老年友好型城市和社区指标体系的八大主题方面并不能做到完全相符或对应，但是，世界卫生组织指出这些核心指标仍然尊重最初的概念，体现最初的主要概念和原则。世界卫生组织希望选取最主要和尽可能少的一套指标，通过这套有限的指标显示关爱老人城市和社区的概况，可用于对一个城市和社区关爱老人的程度进行总结性的评估，监测和评价关爱老人社区环境，并为城市和社区提供广泛的战略指导，核心指标选取和界定主要遵循"公平性、可及性和包容性"原则。除核心指标，世界卫生组织认为额外的补充性指标集有助于在较低的决策和实施层面上监测各项活动，可以用于对关爱老人的程度进行更广泛的评估。[1]

二、其他全球性老年友好评价指标体系

除世界卫生组织以外，国际社会还有包括欧盟、联合国等在内的其他组织也对老年友好相关理论与建设标准进行了丰富，构建了老年友好评价指标体系。

（一）欧盟的"积极老龄化指数"

欧盟成员国的整体社会经济发展水平较高，但其成员国的人口老龄化问题由来已久且日趋严重。为帮助各成员国应对人口老龄化挑战及其对社会的消极影响，2012年开始欧盟启动了"积极老龄化指数"（Active Aging Index）项目，该项目为构建积极老龄化指数对包含欧盟27个国家的积极老龄化建设情况进行了定性与定量分析。积极老龄化指数是衡量各国老年人积极健康老龄化潜力的工具，可以用来测量老年人独立生活、参与经济和社会活动的程度，以及他们积极面对变老的能力，以促进老年人在老龄化社会中发挥更大的自主权和更积极的作用。积极老龄化指数由22个单独指标构成，这些指标涉及四大领域：就业、社会参与、独立健康和安全的生活、积极老龄化环境和能力，每个领域都反映了积极老龄化的不同方面（见表3-8）。在报告中，积极老龄化指数还提供了按性别划分的细分结果，以突出显示男性和女性积极老龄化的差异。[2]

---

[1] Measuring the Age-friendliness of Cities: A Guide to Using Core Indicators [R/OL]. World Health Organization, 2015-02-16.

[2] Active Ageing Index 2012 Concept, Methodology and Final Results [R/OL]. European Centre Vienna, 2013.

欧盟 2013 年和 2015 年发布的前两期研究报告《积极老龄化指数 2012：概念、方法和最终结果》和《积极老龄化指数 2014》显示欧盟国家整体积极老龄化指数得分并不高，说明其在积极老龄化方面待提升的空间很大。但经过几年的建设发展，欧盟发布的《2018 年积极老龄化指数分析报告》显示，自 2008 年以来，欧盟大多数国家的总体积极老龄化指数（AAI）得分有所提高。

表 3-8　欧盟"积极老龄化"指数指标体系

四大领域	22 个指标
就业	55~59 岁人口的就业率
	60~64 岁人口的就业率
	65~69 岁人口的就业率
	70~74 岁人口的就业率
社会参与	志愿活动
	照顾孩子和孙子孙女
	照顾老年人
	政治参与
独立、健康和安全的生活	体育锻炼
	医疗健康服务的可得性
	独立生活
	财务安全（三个指标）
	人身安全
	终身学习
积极老龄化环境和能力	55 岁时的剩余预期寿命
	55 岁时预期健康寿命的比例
	精神健康
	信息通信技术的使用
	社会联系
	教育成就

资料来源：根据 European Centre for Social Welfare Policy and Research 网站报告内容整理

(二) 联合国国际助老会的"全球老年观察指数"

联合国曾发起一项"全球老年观察指数"的全球调查,该调查涉及 91 个国家,在 2013 年国际老年日,联合国国际助老会根据该项调查结果整理发布了《全球老年生活观察指数 2013》。全球老年观察指数(Global Age Watch Index)是用来衡量各国在保障其老龄人口福利方面表现的综合指数,涵盖各国老年人的收入保障情况、健康状况、教育和工作情况、社会环境四大因素,并选取 13 个具体项目作为细分指标(见表 3-9)①。但全球老年观察指数存在一些缺点,在指标分类中未区别性别因素,并且由于资料的不可得性,遗漏了一些重要指标,如教育及培训程度、政治参与程度、老年人绝对贫困水平等。②

从全球老年观察指数的排名结果来看,西欧、北美地区国家排名靠前。其中瑞典排名第一,其老龄人口的生活质量最高,排名第二和第三的国家分别是挪威和德国,中国排名第 35 位。调查结果表明,财富并不是衡量各国老龄人口生活质量的唯一因素,如斯里兰卡等一些欠发达国家的老龄人口生活质量却优于经济更发达的俄罗斯等国家。

表 3-9 联合国国际助老会"全球老年观察指数"指标体系

四大因素	13 个细分指标
收入保障情况	养老金覆盖面
	老龄贫困率
	老龄人口的相对福利水平
	人均 GDP
健康状况	60 岁时的期望寿命
	60 岁时健康期望寿命
	心灵福祉
教育和工作情况	老龄人口的受雇情况
	老龄人口的教育水平

---

① Global Age Watch Index 2013: Insight Report [R/OL]. Helpage International, 2013.
② 刘晓. 国际助老会发布《全球老年生活观察指数 2013》[EB/OL]. 原创力文档, 2017-07-29.

续表

四大因素	13个细分指标
社会环境	社会关系
	人身安全
	公民自由
	对交通工具的使用

资料来源：根据Helpage International网站《全球老年生活观察指数2013》报告整理

从以上研究可以看出，国际社会对老年友好评价指标体系所选取的主要领域具有相似之处，但指标影响因素的选取各有侧重，细分指标也存在差异。世界卫生组织是老年友好型城市和社区计划的提出者，对其概念内涵、建设清单及评价标准的说明最为全面，其构建的老年友好型城市和社区的八大建设主题从物质环境与社会环境基本覆盖了老年人的所有需求；欧盟提出的积极老龄化指数将评价体系范围缩小，主要集中于研究社会环境，从老年人独立生活、参与经济和社会活动的程度等社会环境因素评估各国积极老龄化建设的潜力；联合国国际助老会主导的全球老年观察指数，同样将指标的侧重点放在社会环境层面的老年人需求，以衡量各国对老龄人口生活福利的保障程度。

第四章

老年友好型社区建设的国内外经验探索

第一节 世界卫生组织全球老年友好型城市和社区网络的建立与发展

2005年，世界卫生组织首次提出建设全球老年友好型城市计划；2007年，世界卫生组织通过发布《全球老年友好型城市指南》构建了老年友好型城市和社区的建设框架和建设标准清单，为各国建立老年友好的物质环境和社会环境提供了指导和帮助，世界多个国家和地区的城市和社区以《全球老年友好型城市指南》为基本框架，根据实际情况进行调整与创新积极开展老年友好型社区建设实践。

为帮助广大城市和社区更加关爱老年人并促进其相互支持和学习，2010年世界卫生组织成立了全球老年友好型城市和社区网络（Global Network of Age-friendly Cities and Communities，GNAFCC），该网络旨在通过以下方式支持会员的老年友好程度：通过展示可以做什么和如何做来激发改变；连接世界各地的城市和社区，促进信息、知识和经验的交流；支持城市和社区找到适当的创新和基于证据的解决方案。该网络将共同承诺更加关爱老年人的城市和社区联系在一起，以支持希望将理想转变为现实的各市级政府，并使老年人参与这一过程，最大化他们在地方水平获得福祉的机会。参与网络的各城市和社区成员承诺：与老年人和其他多部门的利益相关方合作；评估所在城市关爱老年人的程度，确定行动优先领域；根据评估结果，开展以循证为基础的涵盖多领域的计划和政策的制定，改变城市和社区的结构和服务，增加服务的可及性，满足需求多样且能力不同的老年人的需要。

加入该网络中的城市或社区的老年友好建设需要以五年为一个建设周期，

制定建设目标、行动计划与相关指标,并接受世界卫生组织的评估。其中前两年为规划期,制订建设计划确定测评指标,第三至五年为执行评估期,执行建设计划并于第五年接受世界卫生组织的评估,而后动态改进规划并进入下一个五年建设周期(见图4-1)。

阶段1:规划(第1~2年)
- 使老年人参与进程的所有阶段
- 评估城市或社区的老龄友好性
- 制订建设计划
- 确定主要指标

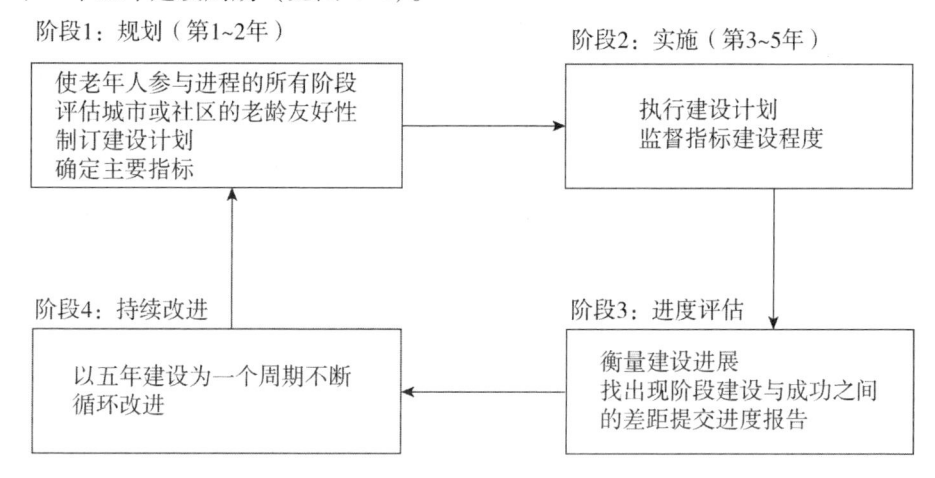

阶段2:实施(第3~5年)
- 执行建设计划
- 监督指标建设程度

阶段3:进度评估
- 衡量建设进展
- 找出现阶段建设与成功之间的差距提交进度报告

阶段4:持续改进
- 以五年建设为一个周期不断循环改进

图4-1 世界卫生组织全球老年友好型城市和社区网络规划框架[①]

世界卫生组织还在其网站上建立了展示世界各地有关老年友好型建设项目的数据库,介绍世界各地的老年友好型示范城市或社区的建设案例,希望能够促进会员城市的信息、知识和经验交流,也希望激发其他城市与社区的变革,并为城市和社区找到合适的"老年友好型"发展方向提供支持。

在世界卫生组织成立全球老年友好型城市和社区网络后,全球各地的老年友好型城市和社区进一步加强了社区间的经验学习和交流。可以说,经过十多年的良好发展,"老年友好型城市和社区"已不再仅仅是一个框架和概念,而是变成了各国积极开展建设的实践,全球正逐步加快老年友好型城市和社区建设的步伐,推动积极老龄化和健康老龄化的实现。目前,世界卫生组织全球老年友好型城市和社区网络已覆盖51个国家和地区的1542个城市和社区,覆盖全球超过3.2亿人口。[②] 老年友好型城市和社区建设正在帮助越来越多的老龄人口享受老年生活,老年友好型城市和社区建设相关理论和实践在国际上也得到了极大的丰富。建设老年友好型城市和社区已成为国际社会应对前所未有的人口老龄化问题、实现老龄化背景下推动城市化进程与可

---

① 资料来源:根据世界卫生组织网站资料整理。
② 数据来源:Age-friendly Worlding 网站。

持续发展目标及实现对老年友好的美好愿景的重要举措。①

第二节 老年友好型社区的物质环境建设

"一个人的年龄并不会影响他在一个终身居住的社区拥有高质量生活的机会,这个社区应有良好的公共交通,经济实惠的住房,一系列便利的服务和便利设施以及良好的物理环境。"② 联合国《新城市议程》指出,"我们承诺增进人人不受歧视地平等取用负担得起、基本的、有形社会基础设施的机会"③。老年友好型社区应充分考虑老龄人口的需求和能力,加强物质环境建设,使得城市设施及服务更具可及性、便利性及居住的安全和舒适性。按照世界卫生组织的老年友好型社区建设标准和指标体系,老年友好的物质环境建设主要包括室外空间和建筑、交通、住房三大建设主题。这些作为社区物理环境的重要方面,对个人出行、安全、社会治安、健康行为和社会参与都具有重大影响。良好的物质环境建设旨在消除环境中的物理障碍,使生活空间更适合老年人,满足其基本生活需求,是老年友好型社区建设的基础。

一、老年友好型社区的"室外空间和建筑"

联合国《新城市议程》指出,"我们承诺促进安全、包容、便利、绿色和优质的公共空间,包括街道、人行道和自行车道、广场、滨水区、花园和公园,这些公共空间是促进广大民众之间和各种文化之间的社会互动和包容、人们的健康与福祉、经济交流、文化表达和对话的多功能区,其设计和管理旨在确保人类发展,建设和平、包容和参与型的社会,促进共处、相互联系和社会包容"④。Rantakokko 等的研究表明增强城市室外环境的无障碍性有助于提升老龄人口的生活质量。⑤

---

① World Report on Ageing and Health [R/OL]. World Health Organization, 2015-09-29.
② MCGARRY P, MORRIS J. A Great Place to Grow Older: A Case Study of How Manchester is Developing an Age-friendly City [J]. Working With Older People, 2011, 15 (1): 38-46.
③ New Urban Agenda [R/OL]. United Nations, 2016-10-20.
④ New Urban Agenda [R/OL]. United Nations, 2016-10-20.
⑤ RANTAKOKKO M, LWARSSON S, KAUPPINEN M, et al. Quality of Life and Barriers in the Urban Outdoor Environment in Old Age [J]. Journal of the American Geriatrics Society, 2010, 58 (11): 2154-2159.

（一）世界卫生组织的相关建设标准

世界卫生组织《全球老年友好型城市指南》关于"室外空间和建筑"主题的建设清单如下：

- 公共场合是清洁干净且和谐愉快的。
- 绿地和室外座位数在数量上应该是充足的、维护很好且安全的。
- 人行道有很好的维护，行人道和障碍物有合理布局和隔离。
- 人行道不能太滑，宽度要足够适合轮椅通过，公路有明显的标志。
- 人行横道数量要足够，对不同层次的人和各种类型的残疾人要安全，人行横道应防滑，有明显的视听信号和足够的交叉时间。
- 驾驶员应该在十字路口和人行横道上给行人让路。
- 自行车道应与人行道和其他步行道路分开。
- 户外安全要有好的街道照明、警察巡逻和社区教育加以促进和保障。
- 应该为老年人提供特殊的消费服务安排，诸如分开排队或安排分开服务的柜台。
- 建筑物的室内室外应有合理的布局设计，要有足够的座位数和马桶，方便易行的电梯、坡道、栏杆、楼梯以及防滑地面。
- 室内室外的公共厕所数量要足够，干净清洁、维护良好、方便舒适。

表4-1 世界卫生组织老年友好型社区关于"室外空间和建筑"的特征标准

	特征标准
环境	·市容整洁，设立强制执行条例限制噪声的级别及公共场所难闻或有害气体的释放
绿化带和走道	·有安全的、维护良好的绿化带，提供随处可见的小亭子、卫生间和供人们休息的座椅 ·走道上没有障碍物，路面平整，附近有公共卫生间且易于到达
户外休息区	·在室外尤其是公园、车站、公共场所，隔一定距离就应放置供人们休息的座椅，这些椅子要完好地保持并经常检查以确保安全
人行道	·人行道要经常保养，路面平整、防滑、足够宽，有延续到马路上的低斜坡以方便轮椅的通行 ·人行道上没有障碍物（如小商贩、车辆、树、动物排泄物、积雪），行人具有优先使用权

续表

	特征标准
马路	・马路有充足的防滑及规则排列的人行横道线以确保行人过马路时的安全 ・马路应该有合理的物理结构规划，如交通岛、天桥、地下隧道来帮助行人穿过拥挤的马路 ・十字路口处的信号灯应有充足的时间来保证老年人从容通过，并且应同时具有视觉信号和听觉信号
交通	・严格遵守交通规则，机动车司机要为行人让路
自行车车道	・有单独的自行车车道
安全性	・在所有开放场地或者室内，公共安全是要优先确保的问题。可以通过减少自然灾害的危险，建立好的街道照明系统，加强警察巡逻，强制执行相关法律，为社区和居民的主动防护提供帮助等方式来确保公共安全
服务	・所提供服务应尽量集中于老年人居住的地方，以方便老年人随时得到服务（如楼宇的第一层） ・有专门针对老人安排的客户服务，如单独的队列或者服务柜台
建筑物	・建筑物应方便出入，并具备下列设施：电梯、坡道、随处可见的指示牌、有扶手的楼梯、不高不陡的座椅、防滑地板、配备舒适座椅的休息区及数量足够的卫生间
公共卫生间	・干净、维护良好、方便各种行动能力不同的老人到达，有明显的指示牌并方便老年人找寻

（二）全球示范社区的相关建设措施

根据世界卫生组织《全球老年友好型城市指南》，全球老年友好型示范城市和社区积极采取建设措施提升室外空间和建筑的无障碍性及对老龄人口的友好性（见表4-2）

表4-2 全球示范地区老年友好型"室外空间和建筑"的建设措施

	示范地区与建设措施
环境	·加拿大渥太华：积极改善户外环境，使老年人能够保持健康
户外休息区	·美国鲍登汉姆：增加户外休息区 ·法国第戎、加拿大渥太华、美国纽约：市中心提供更多的长椅、增加街道上的公共座位数量 ·摩尔多瓦科比利亚：翻新公园设施以更好地满足老龄人口需求 ·爱尔兰基尔肯尼：积极提高城市的舒适度，特别是考虑到老年人的需求，在多地对适合老年人的座位、照明系统及无障碍设施进行总体改进
人行道	·瑞士沃韦：市中心道路采取低坡度设计 ·法国第戎：降低人行道路缘以保障老龄人口的步行安全 ·俄罗斯伏尔加格勒：发展城市基础设施，包括安装扶手、坡道、声音信号等 ·冰岛雷克雅未克：改进人行道和加热人行道系统、改善道路装饰和休息设施等 ·新西兰新普利茅斯：改善人行横道、铁路道口，新建人行道将郊区的超市和其他服务连接 ·美国波特兰：改善行人通道以适应盲人低视觉能力所需要的触觉标记 ·加拿大渥太华：重新规划人行道以消除绊倒的风险，创建无障碍的行人信号和倒计时计时器
马路	·波多黎各马亚圭斯和美国波特兰：在十字路口划分出防滑带 ·俄罗斯伏尔加格勒：同时使用听觉交通信号和视觉交通信号 ·智利科特：修建有更多公共照明、交通信号灯的行人友好型道路 ·美国纽约：交通局"老年人道路安全"项目制定措施加强老年行人在城市特定地区的安全，对危险路口进行重新设计以避免导致老年人严重意外伤害和死亡的交通事故 ·加拿大渥太华：调整繁忙路口信号灯的交叉时间，改进街道公交车站使其更方便车辆通行

续表

	示范地区与建设措施
安全性	·乌拉圭蒙得维的亚：改善公共空间的照明系统 ·瑞士日内瓦和加拿大舍布鲁克：在居民区装置监视器 ·阿根廷拉普拉塔：改善城市照明，安装安全摄像头，在社区老年人外出时，必要情况下提供警力确保社区步行老年人的安全 ·印度南新德里：在 Sangam Vihar 的六个区内实施方便老年人与社区警官联络的项目。让老年人与当地警官见面，获得印有全部街区巡警电话的卡片，并帮助老龄人练习致电地方警官；警署设立登记册记录参加项目的老人以便在老人致电时能够快速进行识别；此外，警官还会关注独居老人并定期到访
建筑物	·英国利物浦、斯洛文尼亚维伦耶：更改建筑物设计以便于坐轮椅的老年人使用 ·英国利物浦、摩尔多瓦科比利亚：为公共建筑提供坡道和栏杆 ·俄罗斯伏尔加格勒：在行政大楼入口处安装带有盲文的标牌 ·日本秋田：多代市政大厅提供市政服务，也是防灾中心和市民进行聚集和社交活动的场所。市政大厅内提供各种老年友好的辅助设施，在接待处提供礼宾服务、易读标识、清晰的路线标记，服务前台提供助听装置、大堂提供助行器，并在等候区椅子上安装棍棒架，提供可借用的轮椅和手推车，为避免在有冰雪的情况下发生滑动专门设置加热的轮椅通道，并提供残疾人停车场
公共卫生间	·法国第戎：市中心提供更多的公共卫生间 ·澳大利亚堪培拉：提供国家卫生间地图服务

资料来源：根据 Age-friendly World 网站资料整理

除此之外，还有很多老年友好型示范城市和社区开展了综合性的特色项目用于提升室外空间和建筑的老年友好程度（见表4-3）。

表 4-3 全球示范地区老年友好型"室外空间和建筑"的特色性建设措施

示范地区	特色性建设措施
伊朗德黑兰	·改进各类道路、公共和私人场所基础设施设计以避免可能危及老年人健康的事故 ·实施最优化设计的监督标准，以改进人行道、道路、公共和私人场所的设计，改进公共汽车站和地铁站、城市终点站、公园、城市卫生设施以及商业和住宅建筑中的基础设施，并增加公共座椅和长凳的数量，以减少可能危及老年人健康的事故
加拿大渥太华	·使用新的无障碍评价工具对 32 项城市设施进行评级，以提高室外空间和建筑设施对老年人的可及性
法国贝桑松	·社区间无障碍委员会发布现有建筑环境、道路、公共空间和交通的无障碍状况年度报告，推动提升本地区公共设施的无障碍性
斯里兰卡 Wellawaya 镇	·实施"老年人和失能者友好型城市"项目：通过修建坡道、铺设触感路面、安装无障碍卫生间设施等确保公共设施对老年人的可及性
新加坡	·政府提供"可及性基金"用于支持公共部门和私营机构改进现有结构以促进这些场所对老年人和失能者的可及性。例如，资金支持在老建筑中建造或整修电梯，或安装坐轮椅老人可以使用的卫生间设施。在 1990 年之前，建造的建筑中办公的企业填写一份简单的申请，审核通过后即可获得该基金的支持进行设施改造。政府也会利用该基金确保 2016 年以后建成的所有公共空间和必要设施的可及性。政府培训产品设计者、服务提供者及城市规划者以增强其敏感性，提高其所设计提供的产品、服务和建筑环境的可及性

资料来源：根据 Age-friendly World 网站资料整理

二、老年友好型社区的"交通"

联合国《新城市议程》指出，"我们将向所有人提供安全、顾及年龄和促进性别平等、负担得起、便利和可持续的城市出行和陆海交通系统，使人们能够切实参与城市和人类住区的社会和经济活动，为此我们将把交通和出行计划纳入总体城市和地域规划";"大幅增加便利、安全、高效、负担得起和可持续的公共交通基础设施";"我们将采取措施改善道路安全,将其纳入可持续的出行和交通基础设施的规划和设计。配合提高认识举措,我们将促进道路安全行动十年呼吁的安全系统办法,特别关注所有妇女和女童、儿童和青年、老年人、残疾人和弱势群体的需求"。①

交通包括基础设施、装置以及为城市所有交通方式提供的服务,方便快捷、价格合理的公共交通是影响积极老龄化行动的一个关键因素,符合方便使用(例如包容性设计)标准的公共交通设施有利于老龄人口在城市和社区中的自由活动,尤其影响到社区公民参与度和社区卫生服务的可及性。

(一)世界卫生组织的相关建设标准

世界卫生组织《全球老年友好型城市指南》关于"交通"主题的建设清单如下:

· 公共交通费用是合理的、明细清晰并且负担得起。
· 公共交通包括晚上、周末和节假日都方便可靠、快速不拥挤。
· 城市交通四通八达,各种服务方便可及、线路标记清楚、交通工具便利。
· 交通工具清洁干净,有良好的维护、可使用、不过度拥挤、有尊老专座。
· 有便于残疾人的特殊交通工具。
· 驾驶员应该将车停在指定地点和便于乘客上下车的路边,等到乘客坐稳后才启动车辆。
· 交通停靠点和停靠站位置要适宜,可使用、安全、清洁、采光好、标示清晰、有充足的座位和防护设施。
· 有能为用户提供有关路线、时刻表和其他特殊需要设备的完整和实用的信息。
· 在公共交通受限的地方,有其他交通服务可提供。
· 出租车是可用和能负担的,司机是彬彬有礼和乐于助人的。
· 道路有良好的维护,有健全的排水设施并且采光良好。
· 道路布局要合理,要避免障碍物阻碍驾驶员的视野。
· 交通标示和十字路口(标示)要清晰可见且布局合理。
· 所有驾驶员要进行驾驶培训和再教育培训。
· 停车和减速区是安全的,数量上要足够且位置适宜。
· 对有特殊需求的人,要有可用的和体现爱心的专用的停车和减速区。

---

① New Urban Agenda [R/OL]. United Nations,2016-10-20.

表4-4 世界卫生组织老年友好型社区关于"交通"的特征标准

	特征标准
可支付性	・所有的老人都能支付得起公共交通费用 ・按照公示的价格收取交通费用，没有违规收费
可靠性和频次	・公共交通的安全和时间都应该是可靠的，即使在晚上和周末，市民也能享受方便的交通服务
目的地	・公共交通路线的安排应该考虑老年人常去的地方，比如医院、保健中心、公园、购物中心、银行和咨询中心 ・所有的地区都应该安排充足的而且是直达的交通路线，方便老人到达市郊和相邻的城市 ・各交通站点之间有直达公共交通工具
老年友好的交通工具	・交通工具是方便出入的，上下车的门要低，台阶不能太高，椅子要宽敞不能太低 ・交通工具应保持清洁而且要经常保养 ・交通工具要标明牌号和沿路各站点的名称
专门性服务	・要专门为残疾人提供方便其行动的服务
爱心座位	・公共交通服务应提供爱心座位，而且其他乘客要主动让座位给老年人和残疾人
交通司机	・司机应该有礼貌，严格遵守交通规则，在指定的停靠点停车，在发动车辆之前要等老年人坐稳，停车时应紧靠站台，方便老年人上下车，从而保证人身安全
安全性和舒适性	・公共交通要严厉打击犯罪、保持交通畅通
公交站点	・沿路公交站点应紧靠老年人的居住地，提供爱心座位和遮雨篷，而且要干净安全、灯光明亮 ・车站要方便出入，出入口处要有坡道、自动扶梯、电梯、高度合适的站台、公共厕所和醒目的路标 ・公交站点要设置在方便到达的地点 ・车站人员要待人礼貌周全且乐于助人

续表

	特征标准
信息	·应该提供足够的信息教会老人怎样使用公共交通工具并了解可以服务的范围 ·时间表是清晰的，而且很容易得到 ·时间表要清楚地标明残疾人可以搭乘的公交线路
社区交通	·为老年人提供包括志愿者司机和接送班车的社区交通服务，方便他们参加特殊的活动和到达目的地
计程车	·为低收入老年人提供优惠或津贴，以使老年人可以支付得起交通费用 ·计程车应舒适、方便出入，有足够的空间放置轮椅或拐杖 ·计程车司机应有礼貌且乐于助人
马路	·马路应该定期保养、路面宽敞、光线充足，有设计合理的安全保护设施，十字路口有清晰的信号灯和标志，统一醒目的路标，下水道要安全地掩盖起来 ·合理控制车流 ·清除路面上所有妨碍司机视野的障碍物 ·严格执行交通规则，教育司机要遵守交通规则
司机的驾驶能力	·向司机提供不断更新的驾驶课程并加以促进
停车场	·低价的停车场 ·距离居住地和车站近的停车场优先让给老年人和残疾人，并且要做好监控工作 ·距离居住地的临时上下停车位优先让给老年人和残疾人

(二) 全球示范社区的相关建设措施

根据世界卫生组织《全球老年友好型城市指南》，全球老年友好型示范城市和社区应积极采取各类建设措施向老龄人口提供老年友好的交通环境，包括老年友好的交通工具和公共交通服务，增加交通网络的可及性、便利性和可负担性，以更好地满足老龄人口整个出行链条的交通出行需求（见表4-5）。

表 4-5 全球示范地区老年友好型"交通"的建设措施

	建设措施
可支付性	·澳大利亚堪培拉、墨西哥梅里达、波兰奥斯特罗夫·维尔科波尔斯基：为老年人提供免费的公共交通服务 ·乌拉圭蒙得维的亚：向退休人员提供乘坐公共交通的车票补贴 ·瑞士日内瓦：除为老年人提供免费或优惠的公共交通服务之外，还为陪同老年人出行的年轻人提供免费的交通服务 ·日本秋田：实施"一枚硬币"计划，老年人可以以优惠合理的价格乘坐公交车，旨在鼓励老年人积极出门参与社交活动
目的地	·瑞士沃韦、乌拉圭蒙得维的亚：改善公共交通规划，提供更为广泛覆盖的公共交通网络 ·斯洛文尼亚维伦耶：针对老年人提供免费交通计划，可连通医疗保健、公共服务机构、购物中心等 ·斯里兰卡 Wellawaya 镇：加强宗教场所（如清真寺和佛教寺庙）公共服务机构，如警察局、社区医疗中心等的交通可及性
老年友好的交通工具	·印度乌代浦：使用低门公交车 ·葡萄牙波尔图：无障碍交通网络由适宜老年人乘坐的车辆组成，设有老年友好的视听信息系统 ·马来西亚太平："中型电动巴士"项目，使用老年人和残疾人友好型客车以使通勤者所受的震动降低到最小
专门性服务	·智利瓦尔迪维亚：老年人优先停车，并提供专人停车服务 ·瑞士日内瓦：在车站和机场向老年人提供出行协助服务
爱心座位	·中国香港、乌拉圭蒙得维的亚：提供、增加公共交通中优先座位的数量
交通司机	·加拿大舍布鲁克：开展司机培训计划以提升对老年乘客的服务水平
公交站点	·美国纽约：重新优化设计公交候车亭 ·法国第戎：提升电车站台的使用便利和安全程度 ·瑞士日内瓦：公交站台被抬高，公交车的门被改造得更低以方便老年人上下车
信息	·澳大利亚堪培拉：建有老年人安全出行的专门网站 ·英国谢菲尔德："Better Journeys"项目旨在帮助老年人充分利用公共交通，提供地图、公共交通时间表、安全步行和骑行路线等信息 ·瑞士日内瓦：有专门网站页面为老年人提供可供选择的自行车骑行路线、电动骑行课程以及相关协会活动的信息

续表

	建设措施
社区交通	·澳大利亚堪培拉：社区运输协调中心汇集服务需求信息并向有特殊需求的老年人提供交通运输服务 ·美国波多黎各庞塞：社区免费接送老年人去看病 ·加拿大波蒂奇拉普雷里：社区志愿者司机和食品杂货店向老龄人口提供购物班车 ·英国曼彻斯特：使社区交通更加便利和灵活，提供响应需求的服务，如"Ring and Ride"是一种由志愿者司机为行动不便的老年人提供的负担得起的上门汽车服务，是一个完全无障碍的"门到门"（door to door）交通服务方案，使人们能够满足约会，拜访朋友、家人，去医院、商店等需求
计程车	·美国华盛顿特区：整合拼车公司增加无障碍出租车 ·澳大利亚梅尔维尔：政府提供面向老年人的计程车津贴计划
马路	·加拿大萨尼赤：老人们开车时能看到前方醒目的标志 ·日本东京：城市道路上有清楚的交通指示和标志
司机的驾驶能力	·加拿大汉密尔顿、法国南特：为老年人举办交通安全讲习班普及交通法规 ·日本秋田：推广带有自动刹车的安全车型，加强对司机认知能力的检查 ·瑞士日内瓦：向老龄人口培训安全驾驶技巧，对75岁以上司机实施强制体检 ·日本姬路：当老年人更新驾照时，传授他们一些特别的安全驾驶知识
停车场	·爱尔兰唐道克：老年人可以免费停车 ·俄罗斯伏尔加格勒：提供残障人士专用停车位 ·加拿大波蒂奇拉普雷里、爱尔兰卡洛：为老年人建造空间宽敞的老年友好型停车场 ·美国鲍登汉姆：为残疾人停车位提供清晰标志，并使残疾人停车位设置在靠近活动场地的下客区，以方便其参与社会活动

资料来源：根据 https://extranet.who.int/agefriendlyworld/network/ 网站资料整理

除此之外，还有很多老年友好示范社区开展了综合性的特色项目用于提升交通设施和服务环境的老年友好程度（见表4-6）。

表4-6 全球示范地区老年友好型"交通"的特色性建设措施

示范地区	特色性建设措施
美国鲍登汉姆	为不再具备驾驶能力的居民提供交通替代方案
加拿大温尼伯	为使包括农村地区在内的所有地区的交通方式对老年人变得更加经济和可及,"便捷交通"项目为公共交通不便或无法自驾的老年人提供专门的交通服务
加拿大多伦多	市交通委员会为老年人提供旅行费用优惠、专属交通方式选择、旅行培训计划;许多非营利性机构为老年人提供去医疗服务机构或其他地点的接送服务
澳大利亚梅尔维尔	通过让儿童志愿者清洗车站公共设施的方法引起社会关注,以减少故意破坏车站公共设施的不良行为
肯尼亚内罗毕	实施米丘基法改善交通的拥挤状况,法规确保应有的座位承载能力,不允许超载

资料来源：根据 Age-friendly World 网站资料整理

三、老年友好型社区的"住房"

联合国《新城市议程》指出，"我们将支持有效利用公共资源建设负担得起和可持续的住房"；"我们承诺推动国家、国家以下和地方各级的住房政策，这些政策应能为逐步实现人人享有适当生活水准权所含的适当住房权提供支持"；"我们承诺刺激各类适当住房选择的供给，向社会不同收入群体成员供应安全、负担得起的便利住房，同时考虑到边缘化群体、无家可归者和处境脆弱者的社会经济和文化融合问题，防止隔离"；"使人人平等享有有形的社会基础设施及基本服务，平等享有适当和负担得起的住房"。[①]

获得可负担的住房，并提供住房的通用设计改造和日常维护服务，使住所在其设计、结构和位置选择等方面确保老龄人口的安全及独立生活，实现老龄人口老有所居是老年友好型社区建设的重要内容之一。

（一）世界卫生组织的相关建设标准

世界卫生组织《全球老年友好型城市指南》关于"住房"主题的建设清单如下：

· 在一些地区有可用的、充足的和负担起的住房，这些住房是安全和位

---

① New Urban Agenda [R/OL]. United Nations, 2016-10-20.

于各种服务性机构附近和社区休息处。

·有充足和价廉的家庭服务。

·住房结构合理并能够提供针对气候变化的安全、舒适的设施。

·房内空间和水平面适宜在各个房间和通道自由活动。

·房屋装潢价廉，考虑到老年人的需求。

·公共和商业租住用房是清洁卫生、维护良好和安全的。

·对于体质虚弱和伤残的老人要有充足和负担得起的住房并能够提供各种适宜的服务。

表4-7 世界卫生组织老年友好型社区关于"住房"的特征标准

	特征标准
承受能力	·为所有老年人提供可负担的住所
必需服务	·提供的必需服务，应在所有人的可承担范围之内
房屋设计	·住所选用适当的材料且结构合理 ·有足够的空间使老人活动自由 ·根据环境条件，采用适当的装备（如合适的空调或暖气设备） ·适合老人的住所拥有平坦的表面、足够轮椅通过的走廊、设计合理的浴室、卫生间和厨房
房屋改建	·对老年人的住所进行必要的改建 ·住所的改建是可承受的 ·相关设备是可用的 ·有为房屋改建提供的经济援助 ·对于如何改造成满足老年人需求的房屋有一个恰当的理解
房屋维护	·维护费用对于老年人来说是支付得起的 ·有适当合格的和可靠的服务提供者从事维护工作 ·政府提供的民众房屋、租用住所及公共区域能得到很好的维护
老年适宜性	·房屋建筑在离服务和设施近的地方 ·有可承担的服务提供给老人们使得他们可以在家中安度晚年 ·老人们都很清楚地被告知了可提供的服务来帮助他们颐养天年
社交	·房屋的设计方便老人们继续参与社交活动

续表

	特征标准
房屋选择	・能提供经济适用的房屋供老人选择，尤其是脆弱或残疾的老年人 ・老人们都很清楚地被告知了可行的房屋选择 ・当地有充足的和老人们可承担的专门的房屋提供 ・在敬老院有一些合适的服务，比较好的环境以及相关活动 ・老人们的房屋融入周围集体环境当中
居住环境	・住所不是过分拥挤的 ・老人在他们的居住环境中感觉舒适 ・住所不是建在有可能遭受自然灾害的地方 ・老人在他们居住的环境中感觉安全 ・提供用于房屋安全措施的财政支持

（二）全球示范社区的相关建设措施

根据世界卫生组织《全球老年友好型城市指南》，全球老年友好型示范社区积极采取建设措施向老龄人口提供老年友好的住房环境，主要包括向有需要的老龄人口提供基本住房，为老龄人口住房提供维护修缮和无障碍改造服务，降低老龄人口的住房支出负担保障住房需求的可负担性，并提供其他创新性的老年友好住房计划使其能够在适宜的环境中安度晚年（见表4-8）。

表4-8 全球示范地区老年友好型"住房"的建设措施

	建设措施
承受能力	・英国伦敦：政府向有需要的老龄人口提供免费或廉价的住房 ・葡萄牙波尔图、美国鲍登汉姆、智利瓦尔迪维亚：为老年人提供安置性住房、支持性住房、公寓庇护所等 ・日本姬路：向老龄人口提供经济适用房或给了个人住所补助金 ・爱尔兰卡洛："记忆问题"计划帮助患有阿尔茨海默病的老年人获得长期住所 ・约旦安曼：对老年人的住所征收较低的税额
必需服务	・土耳其伊斯坦布尔：向老年人供应优质水 ・巴西里约热内卢：提高向老人们提供的供水、公共卫生和电力服务水平

续表

	建设措施
房屋设计	· 美国波特兰：建立无障碍住房（无阶梯入口、宽阔的大厅和门） · 加拿大萨尼赤：建筑者在建筑计划设计中加入老年友好设计元素，如较低位置的电灯开关，能够为适应升降椅而变换的楼梯等 · 加拿大哈利法克斯：即使一些廉价住房也是老年友好型设计的，设有通路斜坡、电梯、停车场、健身设施及宽大的门廊等
房屋改建、维护	· 日本姬路、爱尔兰唐道克：提供房屋改建的财政援助 · 瑞典哥德堡：为老年人的浴室进行翻新，并改善房屋入口和室外环境 · 葡萄牙波尔图：为老年人提供房屋重建和维护服务 · 摩尔多瓦科比利亚：修复房屋数据库，安装房屋烟雾探测器 · 加拿大萨尼赤：向老人们提供免费的房屋安全检修 · 美国鲍登汉姆：为老年人提供负担得起的房屋维修和房屋改造服务 · 英国利物浦：出台《终身房屋标准》，使房屋易以最小的成本终身使用，并提供额外的住房护理服务
老年适宜性	· 墨西哥城：城市规划中规定全部房屋的1%必须建造为适宜老年人居住的 · 法国南特：为适应人口老龄化需求在社区开设老年人援助之家 · 美国华盛顿特区：开展"Safe at Home"计划改善房屋的宜居性以帮助老年人就地养老 · 澳大利亚班龙尔：宜居住宅计划旨在完善住宅的基本和其他易于实现的功能，提高住宅的宜居性，满足老年人不断变化的需求 · 以色列耶路撒冷：老年人社会服务部在多个疗养院提供咨询、支持和安置、暂托、家庭护理和补贴服务；在多个社区提供支持，使老年人可以继续独立生活在自己的家中，同时满足他们的特殊需求
社交	· 澳大利亚南澳州："银色花园"是老年居民及其合作者的社区花园，提供公共设施，如开放空间、庭院、操场和花园，创造丰富的社区环境，加强设施共享，促进老龄人口之间的相互了解和社会交往。社区花园中包含很多老年友好的设计元素，如平滑、宽阔的道路（供使用步行架或轮椅的人进入）等。社区花园有助于老龄人口改善身心健康，南澳大利亚有50多个社区花园。

续表

	建设措施
房屋选择	·阿根廷布宜诺斯艾利斯：为不同需求的老年人提供精准服务，如住房经济援助，建设专门的老年人住房等 ·加拿大温尼伯：提供住房经济援助，提供老年人负担得起的公寓楼和多代同堂房屋 ·丹麦埃斯比约市：建设适于老年人居住的生活住房，为有特殊需求的老年人提供住房 ·挪威奥斯陆：增加住房选择建造更多的住宅护理院，设有24小时的人员配置、咖啡馆、各种保健服务和活动 ·尼加拉瓜：法律规定老年人或有老年人的家庭可优先参加社会住房项目 ·韩国首尔：推行"舒适的居住环境"计划，加强基础福利设施建设，为老年人营造多种舒适的居住选择，如小型老年福利中心、老年护理设施、日间/夜间照料中心等，并提供老年住房 ·美国华盛顿：为多人口大家庭、老人帮忙抚养孩子的多代同堂家庭提供经济适用房
居住环境	·瑞士日内瓦：房屋通常设有专门通往公寓楼的安全通道 ·中国上海：设有当地安全巡逻队 ·日本姬路：公寓内设有应急电话和监控设备以保证老人们的安全

资料来源：根据 Age-friendly World 网站资料整理

除此之外，还有很多老年友好型示范城市和社区开展了综合性的特色项目用于提升住房设施的老年友好程度（见表4-9）：

表4-9 全球示范地区老年友好型"住房"的特色性建设措施

示范地区	特色性建设措施
加拿大汉密尔顿	老年人咨询委员会制定《汉密尔顿老年人住房选择指南》，向老年人提供住房出租、改建等相关信息和技巧
澳大利亚堪培拉	推行"家庭安全计划""邻里互助计划""老年人住房和可负担租金计划"等旨在提高老年人住房的安全性，提供更多的住房选择与建议，增强住房的可负担性

续表

示范地区	特色性建设措施
阿联酋沙迦	集成房屋解决方案：由官方支付老年人住房费用，并提供房屋设计维修、设施更换等服务
法国贝桑松	建立残疾人和老年人无障碍住房供应识别系统；"自治住宅项目"为那些不能或不想住在自己家里的独立老年人提供住房服务，使其可以在特别的、安全的环境中宁静地生活
加拿大多伦多	推行"住房共享计划"，将55岁以上老年人住房中的空余房间租给有租房需求的大中学生，以陪伴或做简单家务的前提为学生减免租金，以促进代际互动；向老年人提供住房补贴、支持性住房、长期护理院、庇护所、老年人专用住房等；帮助老年人改善或维护房屋；为低收入老年人买房提供资金资助，物业费、水电费减免等

资料来源：根据 Age-friendly World 网站资料整理

第三节 老年友好型社区的社会环境建设

老龄人口的健康包括身体和心理两方面的健康。老年友好型社区不仅是一个具有一定范围空间服务的场所，也应具有方便和尊重老年人社会参与和贡献的机会和环境。需要营造一个将各类物质环境设施和社会服务相互融合、相互促进的环境以支持人们健康地老去。[①] 提供机会促进老年人的社会参与，建立社交网络和促进其在家庭、社会及更广阔领域内发挥有意义的作用，会使老年人获得价值感、归属感和依恋感。因而，老年友好型社区建设不仅要关注满足老龄人口居住、出行等日常生活需求的物质环境，还需要积极构建老年友好的社会环境，满足老龄人口的社会需求。老年友好的社会环境主要包括社会参与、尊重与社会包容、社区参与和就业三个方面的建设主题。其中，社会参与涉及老年人对文化、体育、兴趣学习等各类社会性活动参与和融入的环境；尊重和包容涉及他人和社区对老年人的态度、行为和舆论环境；

---

① LUI C W, EVERINGHAM J A, WARBURTON J, et al. What Makes a Community Age-friendly: A Review of International Literature [J]. Australasian Journal on Ageing, 2009, 28 (3): 116-121.

社区参与和就业反映的是提供给老龄人口的工作机会（包括有偿就业和无偿的志愿性活动），这与社会环境和经济因素均相关。老年友好社会环境的三个方面均会对老龄人口的社会参与度和心理健康产生重要影响。

一、老年友好型社区的"社会参与"

《新城市议程》指出要"确保为所有人提供安全和平等的公众参与渠道"①。参与社会活动是老年人积极进行社会参与和融入的表现。在生活中，社会参与和社会支持与良好的健康状态紧密相连。社会关系是"健康老龄化"的重要组成部分，因为积极的社会关系可以产生资源，如信任和社会支持。较强的社交网络可以增加老年人的寿命并提高生活质量，防止功能衰退、增强复原力。② 老年人常常发现保持各种关系对他们的福祉是最重要的，随着人们的变老，他们会越来越认识到这一能力的重要性。③ 因此，促进老年人的参与必须是社会经济发展的一个核心目标，确保他们能够参与并受益于这些过程是至关重要的。"促进老年人的参与"也成为世界卫生组织新健康老龄化行动框架中第二大战略目标"发展关爱老人的环境"的重要子目标之一。④ 因而，老年友好型社区建设应通过提供社交活动的物理场所、设施和信息，向老龄人口提供感兴趣的爱好培训和丰富多彩且更贴近其生活的社交活动，创造社交互动的机会以加强老年人与社会的联系。

（一）世界卫生组织的相关建设标准

世界卫生组织《全球老年友好型城市指南》关于"社会参与"主题的建设清单如下：

· 活动地点的位置要适宜、可及、采光良好、乘坐交通工具易于到达。
· 举办各种活动要适合老年人的时间安排。
· 工作和活动能独自参加或结伴参加。
· 活动和各种开支是能负担得起的，并没有任何隐藏或额外的消费。
· 对于老年人的活动，提供的信息应详细，如交通工具的选择。

---

① New Urban Agenda [R/OL]. United Nations, 2016-10-20.
② HOLT-LUNSTAD J, SMITH T B, LAYTON J B. Social Relationships and Mortality Risk: A Meta-Analytic Review [J]. PLoS Medicine, 2010, 7 (7): e1000316.
③ CARSTENSEN L L. The Influence of a Sense of Time on Human Development [J]. Science, 2006, 312 (5782): 1913-1915.
④ Global Strategy and Action Plan on Ageing and Health [R/OL]. World Health Organization, 2017-01-02.

- 提供丰富多彩的活动来吸引不同年龄层次和类型的老年人参与。
- 当地有为老年人提供的各种各样的活动场所，如娱乐中心、学校、图书馆、社区活动中心和公园。
- 有让人人（包括被社会边缘化的人群）参与社会活动的良好氛围。

表4-10 世界卫生组织老年友好型社区关于"社会参与"的特征标准

	特征标准
活动的可参与性	·活动地点在老人们的邻近范围内，方便到达，并且有合适的交通工具 ·老人可以选择带一个同伴或者他们的保健员一同参加 ·活动时间方便老人 ·参加活动的条件是开放的（比如，不需要一定是会员），进入方式必须是快速、一步到位的，不需要老人排很长时间的队，比如买票
活动的可承受性	·活动或者当地有吸引力的节目与活动必须是老人们能承担的，没有隐藏的或者额外的费用（比如交通费） ·自发组织要得到政府或个人的资助以保证活动的费用老人们可以负担
活动的覆盖范围	·提供丰富多样的活动来吸引有着各种潜在兴趣的老人 ·鼓励不同年龄段和不同文化背景的人参与到集体活动中来
设施和配置	·在各种团体机构设有包括老人的聚会场所和设施，比如坐落在社区附近，公园或花园里的娱乐中心、学校、图书馆、集体中心 ·装备了可供残疾人或那些需要照顾的老人使用的设备
活动的关注及推广	·活动均很好地通知到了老人，包括活动的信息、可参与性及交通方式的选择
杜绝孤立	·发出个人的邀请以促进活动的进行和增加参与度 ·活动容易完成，不需要特殊的技能（包括读写能力） ·在邮件簿和电话簿上，有未参加活动的成员名单，除非这个成员要求删除
促进社区一体化	·提供不同年龄和爱好的人共享的集体设施，促使人们相互交流 ·社区活动室开展各类活动促进邻居之间的熟悉和交流

（二）全球示范社区的相关建设措施

为满足老龄人口的社会参与需求，全球老年友好型示范城市和社区面向老龄人口积极开展各类贴近其生活的丰富多彩的社会活动（见表4-11）。

表4-11　全球示范地区面向老龄人口开展的社会参与活动示例

	示范地区与各类社会参与活动
丰富多彩的文化、体育活动	·爱尔兰卡洛：与地方体育组织合作为老年人组织丰富多彩的体育活动；向老年人开放图书馆，并提供广泛的服务、课程和活动 ·中国香港、英国曼彻斯特：组织社区老年人参与郊游聚会、太极拳、舞蹈、冰壶和水中有氧运动等 ·日本秋田：举办"老年人电影节"，促进老年人外出参与社交 ·瑞士日内瓦：举办老年人感兴趣的会议和辩论；组织参观博物馆或艺术展览，城市游览或郊游；为老年人组织舞会 ·美国纽约："高级游泳计划"鼓励老年人进行社交活动和锻炼身体 ·比利时布鲁塞尔：组织舞蹈之夜活动、老年人奥运会体育竞技活动 ·澳大利亚梅尔维尔：为提高男性的社会参与度，有一个名叫"男人密室"的场所为各年龄组的男性提供各类活动
兴趣小组、终身学习活动	·斯洛文尼亚维伦耶：为老年人提供计算机知识教育机会 ·俄罗斯图伊马济：组织象棋俱乐部、历史研究会及老年人俱乐部 ·瑞士日内瓦：提供免费或付费的艺术、外语、烹饪或IT等课程 ·西班牙巴伦西亚、法国南特、乌拉圭蒙得维的亚：为老年人提供体操和水上运动、舞蹈等兴趣课程学习服务 ·加拿大多伦多：面向老年人提供免费且高质量的线上活动，包括语言课程、读书俱乐部、健身和瑜伽、讨论小组、舞蹈等 ·澳大利亚马其顿山脉：为老年人提供服务的各种俱乐部和团体定期提供社交和分享营养餐的机会，致力于终身学习 ·中国香港：为促进老年人终身学习，一项名为"长者学院"的计划旨在为受教育水平较低的老龄人口提供到学校或大学校园学习的机会，全港约有125所长者书院及7所大专院校提供各类课程 ·英国谢菲尔德、澳大利亚堪培拉：面向50岁及以上的人及老年人进行金融信息教育和宣传服务，并鼓励其参与金融体验课程 ·美国华盛顿特区：由金融证券公司人员向老年人提供金融诈骗高级安全培训

续表

	示范地区与各类社会参与活动
经验分享、个人才华展示活动	·中国香港大埔区：组织老年人庆祝节日，撰写社区老年人的生活故事 ·加拿大汉密尔顿：通过"衰老画像计划"分享当地老年人的故事 ·葡萄牙波尔图、瑞典哥德堡、瑞士日内瓦：支持老年人参与社会活动并发挥价值，如分享自身知识与经验 ·秘鲁米拉弗洛雷斯："我很好，看着我"项目为有才华的老年人提供自我展示机会
参政、议政、社会决策参与活动	·巴西雅瓜里乌纳：举办老年人市政会议 ·德国拉德福尔姆瓦尔德：通过举办老年人活动为政府决策提出建议 ·英国伦敦：促进老年人为伦敦发展做出积极贡献

资料来源：根据 Age-friendly World 网站资料整理

积极养老氛围应该包括向老年人群体传递健康生活的有关知识，并鼓励其选择积极的生活方式，积极参与各类社会活动。根据世界卫生组织《全球老年友好型城市指南》，全球老年友好型示范社区积极采取建设措施为老龄人口创造积极社会参与的老年友好社会环境（见表4-12）。

表4-12 全球示范地区鼓励老龄人口社会参与的建设措施

	示范地区与建设措施
活动的可参与性	·澳大利亚墨尔本和梅尔维尔：为老年人参与活动提供交通便利 ·美国波特兰、利比亚黎波里：提供对老年人来说非常方便的社交活动场所和社交活动时间 ·波多黎各马亚圭斯：在各个时段组织一系列适合老年人的活动且负责交通接送 ·瑞士日内瓦：为老年人在图书馆阅读提供专门设施；为老年人旅行提供陪同、交通、住宿等帮助 ·法国第戎：由专业人士和志愿者接送参与活动的老年人到附近的餐馆，进行团体社交聚餐活动以实现社交互动，餐馆是根据可及性和可负担性选择的

续表

	示范地区与建设措施
活动的可承受性	・墨西哥城：提供免费或廉价的文化活动 ・加拿大多伦多：为60岁以上老年人参与娱乐活动提供50%的费用优惠 ・波兰奥斯特罗夫·维尔科波尔斯基：推行"奥斯特罗夫高级卡"项目，通过创建和开发针对不同产品和服务、文化和娱乐的折扣系统来增强老年人对社交活动的参与 ・瑞士日内瓦：老年人可以以优惠的价格观看戏剧、音乐会或电影 ・比利时布鲁塞尔：提供体育卡使老年人可以较低的费用参加会员服务处组织的活动 ・英国谢菲尔德："Start Up"项目面向50岁及以上人群开展活动并提供资金等支持
活动的覆盖范围	・加拿大渥太华：组织2000多名老年人参加一项名为"更强、更平衡"的健身计划 ・英国曼彻斯特：推行"曼彻斯特老年人友好文化计划"汇集全市19个文化组织（如博物馆、管弦乐团、剧院、参与式艺术组织），为老年人接触艺术和文化提供渠道 ・以色列耶路撒冷：老年人社会文化部为老年人提供多达56个社交俱乐部和活动中心 ・英国谢菲尔德："Sparks"项目通过制作本地和全市范围内的活动计划，吸引老年人融入各类休闲和文化活动 ・瑞士日内瓦：建立"老年人城市"设施，为老年人提供社交、学习和获取各种广泛信息的空间。"老年人城市"提供多种活动，包括研讨会、辩论、文化远足等，组织各类培训课程和实践研习班，议题包括计算机技术、创意艺术等，"老年人城市"这一设施每年的使用者约25,000人，且欢迎各代人加入

续表

	示范地区与建设措施
设施和配置	・加拿大多伦多：在全市范围内设有老年人活动中心 ・日本秋田、比利时桑布维尔、加拿大汉密尔顿、伊朗德黑兰：设立老龄活动中心，提供专为老年人设计的社交场所、户外健身场所、体育和休闲设施 ・德国拉德福尔姆瓦尔德：建设公民中心，向有需要者提供开放式的多代会议和咨询中心、社区厨房、服装店等 ・墨西哥梅里达：市议会开办老年人综合中心，改善并丰富居住在城市西部的老年人的生活，开展职业、娱乐、体育、数字包容及创业活动等 ・秘鲁米拉弗洛雷斯：推行"长期的青年之家"项目，主要为老年人兴趣学习、休闲娱乐、生产、体育等活动提供场所 ・德国拉德福尔姆瓦尔德：将已有设施和场所向老年人开放，老年人可以免费进入美术馆、图书馆、社交活动中心和公共社区中心，使老年人更容易接触到文化、艺术 ・波兰奥斯特罗夫·维尔科波尔斯基：大学规划出专门场地供老年人使用并提供各类知识培训 ・韩国首尔：推行"充满活力的休闲文化"计划，将老年中心改造为开放式的居民空间，宗庙、塔谷公园、老人会馆等可作为代际互动和老年人交流的空间 ・智利科特：为老年人开设一个综合中心，提供一个免费的空间，可以喝咖啡、使用洗手间设施、浏览互联网、避难或休息。该项目之所以产生，是因为将老年人从农村地区引入城市的巴士服务每天只有一次往返，该新购物中心可以使老年人利用购物后等车回家的时间在那里参与社交活动

续表

	示范地区与建设措施
杜绝孤立	・澳大利亚墨尔本和中国上海：社区组织倡导去寻找老年人，到孤独的老年人家中去拜访他们并邀请他们参加社会活动 ・加拿大汉密尔顿：实施"社会隔离影响计划"，联系并支持社会孤立或处于危险中的老年人；并设有老年人风险社区合作组织 ・葡萄牙波尔图：连续监控、联系并支持社会孤立或处于危险中的老年人以减少被孤立老年人的数量 ・澳大利亚堪培拉：推行"老年人虐待预防计划" ・阿根廷布宜诺斯艾利斯：实施保护计划，促进老年人与社会融合，并保护老年人免受社会虐待和边缘化 ・英国曼彻斯特：非营利社区组织为居住在曼彻斯特北部的老年人提供一日游巴士，目的是减少老年人的孤独和社会孤立 ・英国谢菲尔德："The Ripple Effect"项目是一项丧亲服务，为失去亲人的人们提供情感和实际支持
促进社区一体化	・土耳其卡迪科伊：社区设有用于老年人社交聚集的、活跃的老龄中心 ・法国第戎："老年人之家"为老年人提供一个相互联系、了解当地活动信息或参与文化或娱乐活动的中心场所

资料来源：根据 Age-friendly World 网站资料整理

二、老年友好型社区的"尊重与社会包容"

公众的态度和观念对老年人的情绪、心理健康和福祉具有重要性影响。而当前公众关于老年的相关知识和尊老知识普遍缺乏，社会针对老年人的恶性偏见和歧视普遍存在，认为老年人都非常虚弱、无法独立且令人觉得累赘。这毫无证据支持且将限制社会认识并释放老年人群潜在的和固有的社会及人力资源。这些负面认识影响了决策、公共政策的选择以及公众的观念和行为。[①] 公众对老龄人口的歧视和负面态度具有破坏性的后果，是发展老年友好

---

① Attitudes about Aging: A Global Perspective [R/OL]. Pew Research Center, 2014.

倡议的重要障碍。社会对老龄化认识的模式必须转变，可通过一系列的公众教育计划，强化尊重老年人的文化，改变市民的思维和态度，提高大众的老龄意识，营造积极的养老氛围。因而，构建尊重与包容的社会环境是老年友好型社区建设中重要的社会环境建设主题之一。

（一）世界卫生组织的相关建设标准

世界卫生组织《全球老年友好型城市指南》关于"尊重与社会包容"主题的建设清单如下：

·政府、志愿者和商业服务机构应该经常讨论老年人问题，以保证对他们的服务更好。

·对于所提供的公共性和商业性的服务或产品要适合老年人的需求和爱好。

·服务人员（保健员）彬彬有礼、乐于助人。

·老年人在媒体上是可见的，新闻媒体要多描述老人们积极向上而非墨守成规的公众形象。

·社区活动要吸引不同年龄阶层人群共同参加。

·老年人尤其需要家庭性的社区活动。

·学校应提供有关衰老和老年知识的学习机会和在学校教育活动中涉及的老年相关性知识教育。

·老人们应该被社区了解他们过去和现在的贡献。

·贫穷的老年人有机会享有公共的、志愿的和私人化的服务。

表4-13 世界卫生组织老年友好型社区关于"尊重与社会包容"的特征标准

	特征标准
尊老的内涵	·政府（公众）应该详细讨论老年人问题，对他们的服务和关注应该更好一些，尤其在无偿性服务和商业性服务上 ·对于所提供的公共性和商业性服务和产品要适合老年人的需求和爱好 ·多培养训练有素、彬彬有礼的服务人员为老人们提供各种服务
公众的尊老意识	·新闻媒体要多描述一些老人们积极向上而非墨守成规的公众形象

续表

	特征标准
跨代和家庭交流	·社会大环境、活动和工作是通过迎合不同年龄阶层人群的需求和选择标准去吸引所有人 ·老年人尤其需要家庭性的社区活动 ·通过定期举办多种涉及不同年龄阶层人的交流活动，使人们彼此互尊互爱，增进人们对老年人的了解，改善老年人的生活质量
公众教育	·在小学和中学课程里，设立有关老年知识的健康教育课 ·老人们能定期、主动地加入当地学校的各种活动中，与老师和学生多进行交流 ·老人们可以与不同年龄的人分享他们的知识、经验和专长
社区性因素	·社区在做出有关老年人问题的决定时，老人们应该完全参与进去 ·老人们应该被社区了解他们过去和现在的贡献 ·社区要充分发挥和巩固老年人的传帮带作用，鼓励老年人充当社区重要信息员、建议者、活动者和受益者
经济性因素	·向低收入老年人提供可以参与到公共性、无偿性以及一些私人化活动和服务中的机会

(二) 全球示范社区的相关建设措施

根据世界卫生组织《全球老年友好型城市指南》，全球示范城市和社区积极采取建设措施增强对老龄人口的尊重与社会包容，主要包括提高公众的尊老意识，构建尊老敬老的社会环境等（见表4-14）。

表 4-14　全球示范地区构建"尊重与社会包容"社会环境的建设措施

	示范地区与建设措施
尊老的内涵	·意大利乌迪内：编制《健康老龄化概况》，向居民介绍有关老年人健康和生活状况的概念与指标 ·古巴哈瓦那市革命广场区：建设老年人活动文化馆、街区文化走廊宣传健康老龄化 ·西班牙巴斯克地区：制定2015年至2020年巴斯克积极老龄化战略，提高社会意识，反对对老年人的负面成见 ·墨西哥城：对银行职员进行尊老行为培训，并且每个月月末要抽出一定时间专门为老龄人口提供服务 ·中国香港：2008年香港社会服务联会率先推广"爱老城市"概念，成立"爱老香港督导委员会"，其目标包括提高公众认识，通过咨询长者制定改善长者生活方案，并分享最佳做法和成功措施 ·英国曼彻斯特：启动老年人日——10月1日。为减少歧视，改变对老年人的负面形象和描述，努力"改变叙事，通过积极的老龄形象来颂扬老年人的宝贵作用和贡献" ·牙买加：老人们进行商业活动时，可以在指定的地方坐着等候相关人员为其提供服务 ·阿根廷拉普拉塔：进行选举投票活动时选票通常是送到老年人家中而不需要让老年人跑很远的路去投票站进行投票。另外，在许多教堂还给老人们提供耳机 ·牙买加和波多黎各的庞塞城：老人们在商业活动和公共场合都会接收到最优质的服务 ·墨西哥梅里达：在30个高级俱乐部活动中加强并巩固对老年人的理解和尊重意识

续表

	示范地区与建设措施
公众的尊老意识	·伊朗德黑兰：在国家或宗教节日举办和执行面向老年人的社会、文化方案，以提高老年人的地位 ·墨西哥瓜达拉哈拉：开展运动改变人们对老年人的看法，以减少偏见和歧视，强调需要包容和了解不同老年群体的需要 ·澳大利亚梅尔维尔：电视节目里尊老广告的例子很多，如在电视里展示一个年轻人和老年人忘年交的情节；通过报纸介绍当代老人们为社区所做的大量贡献；通过广告和海报宣传描绘老人们的生活；用现实主义方式去展示老年人的生活 ·日本姬路：一个叫《咨询老人》的节目被视为阐述尊老内涵的典范，节目主要讲述老人们的生活和工作经验，如园艺学知识或在学校里进行谈话教育等 ·古巴哈瓦那市革命广场区：开展公众意识运动，改善老年人的形象并减少老年歧视
公众教育	·智利科特：在学校里讨论积极老龄化问题，鼓励年轻人参加老年人的活动 ·印度乌代普尔：通过夏令营活动教育人们尊老的社会价值 ·加拿大萨尼赤、波多黎各庞塞：许多老年人被邀请参与学校教育相关活动
社区性因素	·摩尔多瓦科比利亚：开展青年和老年人共同参加的活动，推广"善待老年人社区"概念
经济性因素	·英国伦敦：开展减少生活贫困的伦敦老年人活动；每年举办免费的泛伦敦老年人文化节

资料来源：根据 Age-friendly World 网站资料整理

研究发现增加年轻人与老年人的接触可以减少负面观点、缓和激进观念。[①] 不同年代人之间共同活动的机会有助于丰富各个年龄段人们的经验。老

---

① ALLAN L J, JOHNSON J A. Undergraduate Attitudes toward the Elderly: The Role of Knowledge, Contact and Aging Anxiety [J]. Educational Gerontology, 2008, 35 (1): 1-14.

人们传授传统实践、知识及经验，而年轻人则可向老年人提供新的信息，帮助老年人适应快速发展变化的社会。与家人一起参与集体的休闲、社会、文化和精神活动，有助于老年人验证他们的能力，享受尊重并保持或建立互相帮助和关心的和谐代际关系。这些均构成了社会融合，是社会参与的关键。① 而且，代际之间更好的交流是应对歧视老年人的一种方式，促进代际交流和互动有助于消除老年群体的社会隔离和孤独感。

老年人渴望有融入社会的机会，并且在他们的社区、活动和家庭中与其他年代的人以及其他文化群体融为一体。鼓励代际关系，团结和相互支持应该是创建关爱老人的城市和社区的核心。② 老年友好型社区应促进社会关系——在当地的服务和活动中把所有年龄的人聚集在一起。③ 因而，促进代际交流和互动有助于增进社会的凝聚力，是创建对老龄人口尊重与社会包容的社会环境的重要内容，全球各地的示范城市和社区也积极组织各类代际交流活动促进代际互动增进代际沟通和了解，以帮助老龄人口更好地融入社会（见表4-15）。

表4-15　全球示范地区增进代际交流和互动的建设措施

示范地区	建设措施
瑞士沃韦	提供代际主题纪录片
肯尼亚内罗毕	老人们被邀请参与到传统舞蹈和传统手艺活动中，以使他们有机会把这些知识传授给年轻人
美国华盛顿特区	推行"社区代际园艺试点项目"，鼓励在学校花园、社区花园、私人后院或其他空间进行植物种植，并以此提供代际交流的空间和机会
巴西雅瓜里乌纳	举行老年运动会，开展老年人与市长、学生等社会群体间的交流活动

---

① Global Age-friendly Cities: A Guide [R/OL]. World Health Organization, 2007-10-05.
② The Global Network of Age-friendly Cities and Communities (GNAFCC), WHO. Membership in the Global Network of Age-friendly Cities and Communities [R/OL]. Age-friendly World, 2019-12.
③ Global Age-friendly Cities: A Guide [R/OL]. World Health Organization, 2007-10-05.

续表

示范地区	建设措施
智利科特	启动专门的地方教育计划促进学生与老年人之间的代际交流，2018年该项目正式纳入市教育年度计划。其中一项活动是由老一代成员分享他们在农业方面的经验和知识，解释种植和照料农作物的实践经验；学校定期组织学生到老年人长期护理机构，为身体和认知受损程度不同的老龄人阅读
中国香港	在香港城市大学老年人可旁听本科课程，享用大学图书馆资源，并由本科生担任校园生活向导；组织各类代际互动交流活动，如由非政府组织香港仔街坊福利会推行的代际活动的重点包括社区教育、代际学习、志愿者发展和促进文化遗产保护；组织老年人与小学生一起创作故事和游戏；老年人辅导中学生的家庭作业及一起组团游览香港景点等
比利时布鲁塞尔	推行旨在将年轻人和老年人的需求联系起来的干预措施，例如让老年人参与指导儿童的在校活动；建立代际网络交流平台，旨在交换信息、技能；组织代际教育和学习活动、社会和文化活动、旅行和远足、体育和健身活动
澳大利亚梅尔维尔、加拿大渥太华	让学生志愿者与社区中的老年人进行一对一配对，教他们如何使用智能手机技术和社交媒体
加利福尼亚州弗里蒙特	在企业资助下开展"高级笔友项目"：通过书信写作和参加高年级的课堂活动，将五、六年级学生与老年人联系起来，笔友们分享他们的生活故事、经历和愿望，并在年终庆祝会上实现面对面交流
日本秋田	代际公民团体成立世代友好俱乐部，俱乐部成员从20岁到80岁不等，旨在鼓励几代人之间的友谊促进代际交流，帮助老年人被视为有价值和知识渊博的个人

资料来源：根据 Age-friendly World 网站资料整理

三、老年友好型社区的"社区参与和就业"

老年人退休后并不意味着不再在社会和家庭中承担更多的角色，老年人的经验与知识能够使其为社会和家庭做出贡献。政府、社区、非营利机构等应鼓励并帮助老龄人口积极参与到各类志愿性服务和再就业岗位中，为社区和社会继续做出自己的贡献，同时保持自治和尊严。一个尊老型的社会应该能够通过一些有偿或无偿的工作为老人们提供继续为社会奉献的机会和选择。因而，鼓励老龄人口积极"社区参与和就业"也是老年友好型社区社会环境建设的主题之一。

（一）世界卫生组织的相关建设标准

世界卫生组织《全球老年友好型城市指南》关于"社区参与和就业"主题的建设清单如下：

· 对老年志愿者在培训、认知、指导和个人开支补偿方面有灵活的选择。
· 老年员工的才能能够被很好地发挥。
· 有针对老年人工作的一系列灵活和适宜的支付方式。
· 职员的雇用、留用、晋级和培训应禁止以年龄为唯一借口的歧视行为出现。
· 工作场所应适合残疾人的需求。
· 老年人自谋职业应该被支持和促进。
· 为老年工人提供退休后的再就业培训。
· 公共、私人和志愿机构的决策体系应鼓励和便于老年会员参与。

表4-16 世界卫生组织老年友好型社区关于"社区参与和就业"环境构建的特征标准

	特征标准
志愿者的选择	· 为老年志愿者参与再就业提供选择范围 · 建立良好的老年志愿者培训计划和工作环境 · 使工作岗位与老年人的技能和兴趣相适应 · 志愿组织应向老年志愿者提供充分支持，例如给他们提供交通工具或者报销交通、停车费
职业选择	· 在一定范围内为老年人提供工作机会 · 用政策和法律约束老年性歧视 · 退休是一种选择而非必须 · 用灵活的方式选择老年临时工和季工 · 有就业程序和专门服务机构为老年工人提供服务 · 工人组织（工会）支持老年人的灵活选择，如兼职和义工也要让更多的老年人参与进来 · 鼓励雇主雇佣更多的老年人

续表

	特征标准
培训	·为老年人提供培训机会，例如培训他们掌握新技术 ·工会为他们的就业提供培训
再就业	·为老年志愿者提供的就业机会和工资报酬应公开，适当提升工资待遇 ·工作地点交通便利 ·工作地点应满足残疾老年人的要求 ·参加志愿工作不用花钱 ·用赞助基金或减少保险开支来招募、留下或训练老年志愿者
社区参与	·顾问委员会、组织会议等都要包含老年人 ·支持老年人参与会议和民生事件（如给残疾者提供座位，给失聪者提供帮助，解决交通问题等） ·要使老年人自己为与其相关的政策、方针和计划制定做出贡献 ·鼓励老年人多融入社会
价值贡献	·老年人应得到尊重，他们的贡献应得到认可 ·雇主和公司应重视老年人的需求

（二）全球示范社区的相关建设措施

老年人最有可能因为希望帮助他人和保持活力而提供志愿服务。[1] 应该鼓励老人们建立提供志愿服务的自信。老年友好型社区建设应发展当地有关老年志愿性服务工作的基础设施，比如有志愿者中心和健全的志愿者组织，减轻老年人参与社会工作和志愿服务的障碍，为老龄人口提供适合的志愿服务机会，全球老年友好型示范城市和社区积极采取措施支持老龄人口参与志愿服务（见表4-17）。

---

[1] OKUN M A, SCHULTZ A. Age and Motives for Volunteering: Testing Hypotheses Derived from Socioemotional Selectivity Theory [J]. Psychology and Aging, 2003, 18 (2): 231-239.

表 4-17 全球示范地区鼓励老龄人口参与志愿服务的建设措施

	示范地区与建设措施
志愿服务项目	·利比亚黎波里：鼓励老人们在当地的选举过程中参与志愿服务 ·英国伦敦：促进伦敦老年人为伦敦的发展做出积极贡献 ·比利时布鲁塞尔：为志愿者开发一个门户网站，接受过急救培训的志愿者可以在老年人服务活动期间进行干预和实施必要的紧急救助 ·英国曼彻斯特：老年志愿者在全市各地担任文化大使，为他们的同龄人倡议、领导和规划活动 ·西班牙巴斯克地区：鼓励老龄人口参与到老年友好项目设计建设的全过程中 ·比利时布鲁塞尔：建立非正式的护理网络，特别是在贫困社区，当地志愿者轮流帮助老年人完成任务，例如开车去买杂货或取邮件。此外，对老年志愿者进行培训，让他们在自己的社区和弱势社区进行家居评估，以帮助这些老年人更安全地实现居家养老 ·澳大利亚班德龙尔：成立老年友好咨询委员会，可就有关老年人的问题向市议会提供建议；"Age-friendly Champions"志愿者计划使老年人可参与到改善老年人生活质量的项目中；"Think Tanks"计划的参与者为年长的社区成员，可参与交通或社区安全等特定主题论坛
志愿服务的支持性服务	·日本秋田：建立支持老年人参与志愿服务的系统，鼓励并帮助老年人注册成为会员 ·美国波特兰：利用现有的志愿机构清单为老人们寻找匹配的志愿机会 ·澳大利亚梅尔维尔和印度乌代普尔：建立老年人志愿者中心数据库或登记名册 ·英国伦敦、加拿大多伦多、澳大利亚堪培拉：支持老年人的志愿服务，为老年人提供多类志愿服务的机会

资料来源：根据 Age-friendly World 网站资料整理

志愿服务机会如果设计得当，那么对老年人及其所在的社区是双赢的。多数志愿者项目的实施不需要过高的成本，但可能在志愿者的健康和社会收益方面获得积极的回报。① 如以下特色性的老龄人口志愿服务项目都取得了较好的实施效果（见表 4-18）。

---

① A Guide for Population-based Approaches to Increasing Levels of Physical Activity：Implementation of the WHO Global Strategy on Diet, Physical Activity and Health [R/OL]. World Health Organization, 2007.

表 4-18 全球示范地区的特色性志愿服务项目

项目名称	项目特色
波兰奥斯特罗夫·维尔科波尔斯基："高级时间银行"项目	该计划的特色是老年人之间相互提供免费服务，人们通过该银行用自己的时间和服务交换其他人的服务，该计划较好地发挥了其在培养互惠关系和在社区中建立社会资源方面的作用①
南非开普敦卡雅利沙镇的"AgeWell实验"项目	该项目倡导社区对等支持工作的基本理念。为提高老龄人口的健康状况和生活质量，社区老龄居民作为对等支持人员得到相关培训后，两人一组对本社区的老年人提供上门服务，目标是促进社区陪伴与支持，增进集体融入感，并有助于发现老年人的卫生和社会需求。若发现有进一步的需求，志愿者将帮助老年人转诊至相关卫生保健机构或社会服务机构，这些对等支持人员是老龄居民与社区服务机构之间重要的沟通纽带
葡萄牙 Setúbal 社区"电话在5点响起"项目	该项目免费且仅要求参与者拥有电话，每天由社区志愿者充当的主持人将与4位老人进行连线。谈论的话题依时间或志愿者的专长而变化，包括时事、文化、健康和体育等。该项目还提供导览服务，当地风景名胜的图片会提前邮寄给参与者，主持人会带领大家进行虚拟参观和讨论。该项目为难以出行的老年人提供了在伙伴关系和精神激励方面的可靠资源
美国"老年人经验队"（Experience Corps）项目	该项目组织经过培训的老年志愿者进入公立小学，赋予他们有意义的角色，如帮助学校满足学生的需求提高儿童对读书和发掘好书的兴趣；提高儿童读写能力和解决问题的能力；提高儿童平和地进行游戏的能力；提高学校出勤率等。该项目于1996年在美国5个城市首先开展，现已扩展至17个城市且启发了国际上的类似项目，如日本的 REPRINTS 项目由 6~8 名老年人组成团队到幼儿园和小学为儿童读书。该项目证实其对老年人的健康具有积极效果。②

---

① CATTAN M. Mental Health And Well Being In Later Life [M]. Maidnhead: Open University Press, 2009.
② REBOK C W, CARLSON M C, GLASS T A, et al. Short-term Impact of Experience Corps Participation on Children and Schools: Results from a Pilot Randomized Trial [J]. Journal of Urban Health, 2004, 81 (1): 79-93.

续表

项目名称	项目特色
德国多代中心项目	自 2006 年起，德国政府建立了超过 450 个多代中心，为年轻人和老年人提供居住地周围代际交流的公共场所。约有 15,000 名志愿者参与了该项目，他们对中心的成功与否是至关重要的。志愿者为中心 60% 的服务提供帮助，有 20% 的活动完全由志愿者组织。活动包括准备制作餐食、为儿童读故事、指导年轻人进行职业选择等。每个中心都尽量适合当地社区的需求，如 Groß-Zimmern 多代中心设立了与痴呆症者相关的咨询服务，为家庭照护者提供支持性服务信息；其他中心还提供儿童看护或老年人照护服务，作为常规日间照护服务的补充，使年轻的父母能够相对轻松地继续工作和照顾亲人；Bielefeld 市的多代中心则由较年轻的新近退休者为年长的同伴提供志愿服务，进行简单维修，如换灯泡等，成为地方商家所提供服务的有益补充

资料来源：根据 Age-friendly World 网站资料整理

随着社会的发展，老龄人口的再就业需求不断增加，但可供老龄人口从事的工作较少，老龄人口就业存在着遭遇年龄歧视、工作技能不足、工资待遇无法保障等问题。但从老龄人口本身来讲，他们往往拥有丰富的知识、技能和人生阅历，老龄人口的这些优势能够提高全要素生产率，从而推动社会经济的发展。

"消除与年龄相关的歧视，包括就业中的年龄障碍，可以减少不平等、提高生产率和促进经济增长（可持续发展目标 8、10 和 16）。将老年人纳入社会保护方案，确保想工作的人获得就业机会是促进和保护老年人权利和尊严的一个关键的政策优先事项。"[1] 因而，除志愿性服务，各国政府还出台多种法律、政策支持以帮助老龄人口实现再就业（见表 4-19）。

---

[1] World Population Ageing 2019 [R/OL]. United Nations, 2019.

表 4-19　全球示范地区的再就业环境建设措施

	建设措施
职业选择	用政策和法律来约束针对老年人的歧视① ・美国：国家立法实施了反歧视法以对抗歧视，美国具备最强的反歧视法和实施举措，1967年《就业年龄歧视法案》禁止对40岁及以上者的就业歧视 ・荷兰：积极筛查招聘公告以预防年龄歧视② ・中国香港：推行"老有所为"计划，出台《老年就业稳定法》《老龄社会白皮书》等保障老年人劳动权益的法规 ・奥地利、保加利亚、法国、希腊、匈牙利、立陶宛、斯洛伐克：通过就业保护法案鼓励雇主聘用50岁以上的失业女性和55岁以上的失业男性
	向老年人提供工作机会 ・日本东京：养老机构积极雇佣老年看护人员 ・俄罗斯伏尔加格勒：成立老年人俱乐部，雇佣老年人服务于有需要的老龄人口 ・美国华盛顿特区：为50岁及以上居民提供另类就业途径，以追求第二或第三职业 ・泰国："大脑银行"建立机制评估老年人的知识和技能，为一系列组织提供具备相关经验和技能的退休劳动者信息，并促进他们的联系
	鼓励企业雇佣老龄人口 ・法国：政府为雇佣50岁以上失业者的雇主提供财政援助 ・美国波特兰：通过设立"老年友好型企业奖"等雇主奖项鼓励雇主雇佣更多老年人，鼓励企业致力于为老龄人口就业创造老年友好的环境

---

① 法律政策的颁布通常不在城市层面，而是在国家中央政府层面，因而，这里提及的通过政策和法律来约束老年性歧视通常是各国家和地区中央政府层面的行为。

② SONNET A, OLSEN H, MANFREDI T. Towards More Inclusive Ageing and Employment Policies: The Lessons from France, the Netherlands, Norway and Switzerland [J]. De Economist, 2014, 162 (4): 315-339.

续表

	建设措施
培训	·西班牙巴伦西亚：为老年人提供免费记忆研讨服务 ·英国伦敦：为50岁以上的人提供技能培训和就业计划 ·美国纽约：建立老年友好学院、老年人专属在线数据库，并提供免费教育计划等，鼓励老年人获得新的经验、技能和知识 ·以色列耶路撒冷：为60岁及以上居民建立就业援助中心，提供工作培训和退休后的求职帮助 ·英国怀特岛：开展老年友好辅导计划，旨在通过工作场所的导师支持，鼓励老年人获得新的经验、技能和知识
再就业	·美国波特兰：改善老年人作为消费者和工人的经济环境，包括促进再培训和探索新的职业选择的机会，并确保公共和私营部门的工作场所能够容纳不同年龄的人参与 ·美国华盛顿特区：增加提供无障碍设施、人员友好、产品和服务优质的老年友好型企业的数量 ·韩国首尔："定制工作"计划为老年人开发新的工作岗位，让中老年人尽可能找到适合自己能力的工作，支撑稳定独立的晚年生活，提升成就感 ·日本秋田：为那些在新领域创业或退休后的老年企业家提供"第二人生"指南 ·墨西哥坎昆、印度新德里等城市：为个体经营者提供资金支持，主要面向来自城市里的失业或低收入的老年人 ·英国谢菲尔德："Ageing Better with Working Win"项目关注老年人对于就业与社会价值、健康、社会参与的看法，并提供就业帮助
价值贡献	丹麦埃斯比约：将老年人视为资源，促进公司对老年人就业的友善 瑞士日内瓦：向优秀老年人员工发放奖励证书对其予以肯定和褒奖

资料来源：根据Age-friendly World网站资料整理

第四节　老年友好型社区的健康服务体系和信息交流体系建设

老年友好的健康服务体系和信息交流体系构建也是世界卫生组织老年友好型城市和社区建设的八大主题内容，而且这两大体系的建设同时涉及物质环境和社会环境构建。

一、老年友好型社区的"健康服务体系"

促进终身健康和预防保健，以保持个人最大的功能能力，可以改善健康和福祉。[1] 健康老龄化旨在改善整体人口的健康状况和福祉，可利用的、协调良好的卫生保健服务对老年人的健康状况和健康行为具有显著影响，而城市和社区可以直接影响健康，或通过影响机会、决定和行为的障碍或激励措施影响健康。[2] 因而，老年友好的健康服务体系是构建老年友好型社区建设的重要内容之一。老年友好型城市和社区建设应包括向老龄人口提供全民健康覆盖、可负担的卫生保健服务和长期照护，保障老龄健康服务的可得性、可负担性，以实现健康老龄化。

（一）世界卫生组织的相关建设标准

世界卫生组织《全球老年友好型城市指南》关于"社区支持与健康服务"主题的建设清单如下：

· 提供足量的卫生和社区支持性服务，来促进、维护和恢复健康。
· 提供的家庭保健服务包含卫生和个人保健（生活自理）以及家务管理。
· 卫生和社会服务机构位置要适宜，各种交通工具都能到达。
· 住宅的防护性设施和分配的老年人住房要位于各种服务性机构附近和社区休息处。
· 卫生和社区服务性设施要安全、可及。
· 对于老年人的卫生和社会服务有清晰明了和可及的信息提供。
· 服务的提供应协同合作、实施简单。
· 所有工作人员应是礼貌谦和、乐于助人和训练有素的，为老年人提供

---

[1] World Population Ageing 2019 [R/OL]. United Nations，2019.
[2] The Global Network for Age-friendly Cities and Communities [R/OL]. World Health Organization，2018-02-15.

各种服务。
- 使经济因素对卫生和社区支持服务的阻碍作用降到最小。
- 支持和鼓励所有年龄层次的人开展志愿性服务。
- 有充足和可及的墓地。
- 社区应急方案应考虑老年人的脆弱性和能力。

表4-20 世界卫生组织老年友好型社区关于"健康服务体系"的特征标准

	特征标准
服务的可及性	·卫生保健和社会服务在城市内均匀分布，交通便利，如有需要可乘坐各种交通工具及时到达 ·居住地的保健设施靠近服务和居住地，以方便居民利用 ·服务设施要保证安全，并且能够让有残疾的人群充分使用 ·为老年人提供的卫生保健和社会服务要及时、容易获得 ·提供个人服务时要协调社区相关机构 ·管理人员和服务人员对待老人要尊重和细心 ·经济条件对老年人获得卫生保健和社区支持服务的影响是很小的 ·有足够使用的墓地
提供服务	·为促进、保持和恢复健康提供足够的社区支持服务 ·提供的家庭护理服务包括卫生保健服务、个人生活自理和家政管理 ·所提供的卫生保健和社会服务要满足老年人的需求 ·服务人员要掌握相应技术和接受培训怎样与老人沟通、有效地为老年人服务
志愿支持	·要鼓励和支持志愿者在卫生保健和社区服务方面帮助老年人
紧急预案和照顾	·紧急预案要包括老年人，考虑老年人在准备和应对突发事件时的需求和能力

（二）全球示范社区的相关建设措施

建立关爱老年人环境的目标要求卫生体系从以疾病为基础的医疗模式向以老年人需求为核心的综合关怀模式转变。[1] 对于能力强而稳定的老年人，健康服务的目标应是使其尽可能长久地维持这个水平，支持性服务的重点转向早期干预、疾病预防，一系列的重要服务包括预防性检查、倡导提高能力的

---

[1] World Report on Ageing and Health [R/OL]. World Health Organization, 2015-09-29.

行为，如加强体育运动、通过营养指导加强饮食健康、提供伤害预防教育和精神卫生咨询等以减少健康风险。全球示范城市和社区在疾病预防和健康促进方面积极开展建设措施（见表4-21）。

表4-21 全球示范地区为老龄人口提供疾病预防和健康促进的支持性措施

	示范地区与政策措施
对老龄人口进行家访和疾病筛查	·德国拉德福尔姆瓦尔德：定期对老年人进行家访，促进老年人的疾病预防和早期发现 ·俄罗斯图伊马济：为老年人提供参加保健活动的补助 ·加拿大汉密尔顿：市医务人员服务中心提供家访、远程监护等服务措施 ·加拿大渥太华：向老年居民免费提供牙科筛查，举办预防跌倒讲习班 ·斯里兰卡韦拉瓦亚：老年人视力协会为有视力问题的老年人提供免费的老花镜、处方眼镜，提供适当的眼睛保健指导，并帮助需要进行白内障手术的老年人转院至眼科医院 ·俄罗斯莫斯科：向老年人提供有针对性的预防接种活动和免费眼睛检查服务 ·德国鲁尔：建立自我救助团体，即以健康和康复为目的而提供体育活动的组织，可定期上门向老年人提供健康检查服务
鼓励老龄人口积极参与体育锻炼，保持健康的生活方式	·比利时桑布维尔：开发专门为老年人设计的户外健身场所 ·西班牙巴伦西亚：在市政老年人中心建设免费生物健康公园 ·葡萄牙波尔图：鼓励老年城市居民进行体育锻炼 ·爱尔兰都柏林：在新冠疫情流行背景下，提供居家运动手册以提高居民活力和健康 ·越南Thanh Hoa省YenThang村：以社区为基础建立代际俱乐部，俱乐部鼓励老年人进行定期的体育活动，完成自我护理和采取健康检查 ·英国曼彻斯特：将鼓励体育锻炼和减少跌倒作为优先事项，包括健康检查、鼓励50岁以上的人低风险饮酒，以及增加对50岁以上人群的性健康、心理健康及工作健康的支持 ·美国加利福尼亚州弗里蒙特：非营利组织提供"起床动起来"（Get Up and Go）项目，这是一个在家锻炼的项目，将居家老年人与当地护理实习生配对，帮助老年人制订个性化的日常锻炼计划，提升老年人锻炼的动力。该计划增加了老年人的日常活动，降低了摔倒的风险

续表

	示范地区与政策措施
综合性支持措施	·美国鲍登汉姆：组织健康博览会，其中包括免费流感疫苗、平衡评估和血压检查，由志愿者提供健康零食的营养信息和食谱 ·墨西哥瓜达拉哈拉：开展"控制你的健康"计划，旨在鼓励老年人更健康的饮食和体育活动，并保持健康的认知功能；投资扩大和改善老年人综合护理中心，提供培训、互动和康复空间；建立新的保健中心，包括水疗、普通医学、眼科和营养领域，制定体育活动方案，并采购综合护理设备，改善绿地、体育和休闲中心 ·瑞士日内瓦：在老年人保持健康方面提供四方面帮助，"吃好"，由各类协会和讲习班提供老年健康饮食相关信息和建议；"体育锻炼"，提供许多活动包括体育课、电动自行车课或研讨会等；"锻炼记忆"，设有专门网站提供锻炼记忆力的技巧，以及在老年人出现严重记忆力问题时进行相关信息的咨询；"住房"，提供调整家庭设施的建议，为老年人提供预防摔倒的技巧，包括保持身体活动性、改善房屋设施布局、注意饮食、寻找专业人士的帮助等

资料来源：根据 Age-friendly World 网站资料整理

消除老年人获取卫生保健服务的障碍是所有国家卫生系统应对人口老龄化的一项重要措施。[①] 老年人面临的健康挑战并不都是慢性的，轻微的急性病或现有疾病的加重可能使老年人的健康状况迅速恶化。因此，身体衰弱的老年人尤其需要及时获得急救护理和专门的老年病护理。老年友好型示范城市和社区为满足老龄健康服务的可及性和紧急情况下的救助采取了各类建设措施（见表4-22）。

[①] World Report on Ageing and Health［R/OL］. World Health Organization，2015-09-29.

表4-22 全球示范地区满足健康服务的可及性及设立紧急预案的建设措施

	示范地区与建设措施
服务的可及性	・智利瓦尔迪维亚：建设老年医院 ・中国香港：设置老年友好的医院病房，对可能患有痴呆症体弱老年人加强护理满足其需求 ・阿联酋沙迦：通过"移动医疗诊所"为残疾人及行动不便的老年人提供上门服务 ・波兰奥斯特罗夫·维尔科波尔斯基：日间护理中心专门面向60岁以上居民提供服务，如护理、专业治疗、饮食、娱乐和文化服务、体育锻炼、图书馆服务等 ・挪威奥斯陆：建造护理院，设有24小时人员配置、咖啡馆及各类保健服务和活动 ・意大利乌迪内：绘制老年人在城市的分布图并与社区提供的卫生和社会服务相匹配（如全科医生、护理中心、公交车站），设计城市环境的"健康地图" ・加拿大多伦多：实施社区家庭辅助医疗项目，旨在改善患有慢性疾病或残疾老年人的健康状况 ・荷兰阿姆斯特丹：重视公共卫生主题的社区建设；"健康城市计划"使城市空间规划和公共卫生部门之间加强合作共同促进老龄服务的可得性 ・爱尔兰基尔肯尼：举行论坛以改善社区护理服务网络，并提高居民对家庭可用护埋服务的认识 ・英国谢菲尔德："Live Better, Get Connected"项目旨在将老年人与社区联系起来，使其发现并了解更多"家门口"的服务 ・澳大利亚堪培拉：卫生局提供老年护理和康复服务；红十字会提供社区护埋计划

续表

	示范地区与建设措施
设立紧急预案和照护	·波多黎各庞塞：社区免费接送老年人看病 ·加拿大渥太华：向老年居民分发应急准备工具包、烟雾警报器等 ·波兰奥斯特罗夫·维尔科波尔斯基："远程护理计划"使老年人可以在任何情况下获得帮助 ·爱尔兰都柏林："Message In A Bottle"项目鼓励人们将个人和医疗信息放置在瓶中并保存在冰箱里，以便在紧急情况下服务机构或人员能够获取信息

资料来源：根据Age-friendly World网站资料整理。

以社区为依托提供的健康支持服务是保持老龄人口健康和独立的关键。目前，社区支持的居家养老或社区养老是老龄人口主要的养老方式，而对于具有照护依赖的老年人，即在无他人协助下无法独立完成日常生活基本任务的情况下，需要向其提供长期照护服务，社区还需要对老龄人口居家就地养老提供支持性服务。示范城市和社区为满足老龄人口的长期护理需求和居家养老的支持性服务需求积极采取了各类建设措施（见表4-23）。

表4-23 全球示范地区向老龄人口提供家庭护理等支持性服务措施

	示范地区与建设措施
提供家庭护理服务	·摩尔多瓦科比利亚：社区雇佣社会工作者和医疗助理提供家庭护理服务 ·巴西雅瓜里乌纳：为卧床不起的老年人提供上门基本医疗保健，由专业团队为其提供长期护理服务 ·英国利物浦：整合社区护理团队，为患有长期疾病的老年人提供支持；建设"痴呆中心"为痴呆症患者和有护理需要的人提供护理服务 ·哥斯达黎加蒂巴斯：向有需要的老年人提供渐进式注意力培训和全面护理服务；提供个人卫生用品及技术帮助，如尿布、矫形床、手杖、助行器、轮椅等 ·挪威奥斯陆："老年人安全和多样化护理计划"使更多的老年人获得支持实现居家养老；增加更多的家庭护理员工

续表

	示范地区与建设措施
提供家庭护理服务	·瑞典哥德堡：提供数字家庭护理项目，对于居家养老的老年人来说，他们睡得不安稳，很容易被吵醒，或者不想接受私人探访，通过网络摄像头进行监控可以作为传统监管（个人探访）的一种补充。该项服务由哥德堡市家庭护理服务提供商提供，监护是在老年人自己选择的特定时间实时进行的，数字家庭护理让老年人可以自由选择最适合自己的监控方式——网络摄像头或个人访问，这加强了个人的赋权、独立性和福祉，并可以节约资源并将其再投资于家庭护理服务改善，数字家庭护理还通过减轻压力改善了家庭护理行业员工的工作条件
提供居家养老的支持性服务	·中国香港：房屋协会为长者设计开发适合他们居住的经济适用房屋，住房强调家庭安全、提供护理和支持、健康和福利，以更好地实现居家就地养老 ·英国曼彻斯特：注重住宅和环境的包容性设计，包括护理部门的辅助技术、设备和家庭改造，以及新的和翻新的社区空间和设施的共同设计 ·西班牙巴伦西亚：提供远程医疗服务和家庭帮助服务 ·冰岛雷克雅未克：对需要护理的老年人或其家人提供培训，以帮助其实现独立生活 ·法国第戎：关注家庭护理人员的状况满足其支持需要，提供看护人的休养措施 ·加拿大蒙特利尔：政府鼓励照护人员及经过培训的卫生保健专业人员到家庭中去提供兼职服务，并为此专门设置了相关免税待遇及资金支持，而为照护老年人的家庭成员也同样可以从中获取收益 ·澳大利亚联邦政府：推行《黄金机会计划》利用远程医疗、电子病历等信息技术为老年人提供日常生活护理，在实现家庭和社区养老的同时，提高老人们的生活质量 ·澳大利亚马其顿山脉：开展联邦家庭支持计划，支持老年人独立安全地生活在家中，并保持与社区的联系，已向600多个居民提供家庭护理、生活帮助和社区饮食服务

续表

	示范地区与建设措施
提供居家养老的支持性服务	·中国香港大埔区：开展"痴呆症支持者计划"，旨在提高公众对痴呆症的认识、理解，并希望招募大量支持者加入该计划。为响应世界阿尔茨海默病日，大埔痴呆症护理联网启动仪式于2017年9月21日举行，邀请了240余名本地领袖及利益相关者宣布分享建设痴呆症友好社区的使命。每月为痴呆症护理人员组织护理员咖啡馆和培训方案，以提高他们的自我效能，减轻护理负担 ·印度果阿：提供以社区为基础的干预措施支持痴呆症老年人的照护者，利用当地现有的卫生和人力资源为痴呆症患者的家庭成员提供支持和教育，包括提供有关痴呆症的基本信息，有哪些相关的非正常有害行为以及如何应对，可获得的政府服务等，还提供照护者如何帮助患者完成日常生活活动（ADLs），出现严重症状后如何转诊到普通医师或精神科专家处，以及非正式的支持小组信息等，这些干预措施有助于加强照护者的心理健康，降低其精神压力 ·新加坡：新加坡卫生部出资建立了一些面向痴呆症患者的日间照护中心。当地的"阿尔茨海默氏病协会"在一个城市建立了4个中心，并特地将这些中心设置在公共投资建设的住房附近。这些中心为痴呆症患者或存在其他问题的人如中风恢复期患者提供照护，每周5天（周一至周五），某些特定的中心周六也会运营，中心还为有需要的人提供交通服务①

资料来源：根据 Age-friendly World 网站资料整理

二、老年友好型社区的"信息交流体系"

信息是行使权利的关键，与城市生活所有方面有关的信息必须让每个人都及时知道，获得相关、及时有效的信息和满足个人需求对于积极老龄化是至关重要的。② 但因身体状况、听力、视力功能缺失或使用现代网络信息资源的能力限制可能导致老年人无法及时获取信息，面临信息获取障碍。因而，应关注每个老年人的信息可及性，建立良好的交流及信息发布渠道，让老龄人口能够有效地运用适合的渠道及时获取相关信息，不会因无法获得信息而

---

① Dementia Day Care: New Horizon Centres [R/OL]. Alzheimer's Disease Association, 2010.
② Global Age-friendly Cities: A Guide [R/OL]. World Health Organization, 2007-10-05.

被孤立或边缘化，同时能够利用各类信息实现积极健康的老龄化过程。因而，老年友好的信息交流体系也是老年友好型社区构建的重要内容。

（一）世界卫生组织的相关建设标准

世界卫生组织《全球老年友好型城市指南》关于"信息交流"主题的建设清单如下：

· 一个健全、有效的交流体系应能涉及社区所有年龄层次的居民。

· 保证信息资源规范、合理配置和提供一个资源整合、集中化的信息途径。

· 为老年人提供适宜的信息和感兴趣的广播信息。

· 促进适宜于老年人的口头交流。

· 被社会边缘化的人能够与值得信任的人进行面对面的信息交流。

· 要求提供的公共和商业性服务是友好的和面对面的服务。

· 印刷型知识信息，包括官方文体、电视字幕和文本的光学显示是大号印字以及主要观点用醒目的标题和黑体字型表达。

· 书面和口头交流用简单明了、熟悉的词，并尽量使用陈述（直叙）句。

· 电话应答服务提供的指导性说明应是慢速清楚，告诉打电话者在何时如何去重复信息。

· 电子设备如移动电话、收音机、电视和银行自动取款机、自动检票机上有大号按键和大号字体标示。

· 在公共场所，诸如政府办公室、社区中心和图书馆有许多供公众免费使用或价廉的可上网电脑。

表4-24 世界卫生组织老年友好型社区关于"信息交流体系"的特征标准

	特征标准
信息提供	· 一个基本的、普通的信息系统包括书写、广播媒体和电话，每个居民都可从中获利 · 政府或志愿者组织建立系统可靠的信息发布方式 · 把信息散发到老年人居住地附近、经常活动地和日常生活地 · 信息发布与一个被称为"一站式"信息中心的社区服务合作 · 通过定期的和针对性的媒体为老年人提供他们感兴趣的完整信息和广播

续表

	特征标准
口头交流	· 老年人更愿意通过口头交流来获得信息，例如通过公共会议、社区中心、协会和广播媒体，通过责任人逐个散发信息 · 处于社会孤立危险中的人从那些他们可信赖的、相互联系的人群中获得信息，例如志愿者通话员和访问员、家政工作者、理发师、门卫 · 根据需要，公共机构和公司人员提供友好的、人对人的服务
书面信息	· 书面信息（包括官方文件、电视上的文字和显示器说明）具有大号字体和简要的内容、清晰的标题和宽大的页面
普通话	· 书面交流和语言交流使用简短扼要的句子，简单熟悉的词汇
自动化交流和设施	· 电话应答服务能缓慢而又清楚地给出说明，告诉通话者如何获得信息 · 使用者可以选择与人通话，或者给某人留言让他回电话 · 电子设备，例如移动电话、广播、电视、银行和检票机，都要有大号按键和字体 · 银行、邮局和其他服务设施操作台的亮度要足够，高度要适用于不同的人群
计算机和因特网	· 在政府机构、社区中心和图书馆这样的公共地区，以免费的或几乎不收费的方式提供可使用的计算机和因特网 · 使用者可以通过精简的说明和个人帮助来使用

（二）全球示范地区的相关建设措施

获取及时相关的信息对于老龄人口保持各种社会关系是很重要的。信息应通过适合老龄人口需求的多元信息渠道进行提供，如根据经济发展水平，选择老年人较为熟悉的公共媒体，如广播、电视节目、专用报纸、杂志上的常规栏目、因特网、社区中心公告栏等。同时信息的提供应体现老年友好的模式和设计，加强信息与老年人的相关性，使信息适合特定老年人的需要。示范城市和社区为满足老龄人口的信息交流需求积极采取了各类建设措施（见表4-25）。

表 4-25 全球示范地区的信息交流体系建设措施

	示范地区与建设措施
通过适合老龄人口需求的多元信息渠道提供信息	·爱尔兰都柏林：发布城市老年友好交流指南，让城市中的服务提供商、企业、商店和更广泛的社区均成为向老年人服务和提供信息交流的渠道 ·澳大利亚班龙尔：成立编辑小组聚焦健康和积极老龄化等信息，发行老年友好的时事通信提供给老年人 ·瑞典哥德堡：发行介绍老年人房屋、社区、家庭问题代际会议等老年人感兴趣话题的杂志 ·澳大利亚堪培拉：提供老年人消费指南；为老年人提供法律援助、咨询等服务 ·美国波兰特：提供现场 24 小时的电话信息服务系统 ·土耳其伊斯坦布尔：主要通过电话这一老龄人口认为最有效的信息获取方式提供信息 ·肯尼亚内罗毕：由于收音机价格便宜，主要通过收音机向当地老年人提供信息 ·印度乌代浦：通过布告栏向低收入人群提供重要信息 ·俄罗斯图伊马济：将免费订阅的报纸通过前顾主发放给退休人员 ·加拿大萨尼赤：通过印刷家政服务指南为老年人提供家庭服务信息 ·摩尔多瓦科比利亚：通过组织社区会议定期分发信息传单 ·斯洛文尼亚维伦耶：建立网站供所有公民就城市问题发表评论或提出问题 ·比利时布鲁塞尔：为老年人开设七个会议场所，旨在促进老年人之间的会议，包括代际会议，并提供有关老年人需求的有针对性的信息 ·加拿大汉密尔顿：推行"老年人对等连接器项目"，培训老年志愿者为社区同龄人提供信息和推荐，以解决其信息获取障碍问题 ·澳大利亚马其顿山脉：为老年人提供社区计划和活动的参与机会，使其有机会在进行体育锻炼等社交活动的同时获取交流信息 ·冰岛雷克雅未克：成立长者理事会以促进老年人之间的信息交流 ·利比亚黎波里：由于私人企业开始关注老年服务市场，商业化经营的企业也被认为是老年人信息传递的一个潜在途径

续表

	示范地区与建设措施
建立政府信息发布系统	·加拿大汉密尔顿：制定《老年人社区资源综合指南》，在市政府网站上创建了一个包含有关社区、市政和省级服务以及对老年人进行支持的综合信息页面 ·日本姬路：建立一个完善的市政府信息发布系统，居民协会通过该系统将信息传递给负责人，负责人再将信息传递至每个家庭 ·瑞士日内瓦：市政府官网展示该城市为老年人提供的各类服务信息，涵盖老年人的空闲时间利用、健康、社会价值发挥、安全、出行、死亡、退休等各个方面，并在官网中链接了各类老年人所需要的有关信息及帮助网页 ·澳大利亚堪培拉：政府建立"我的老年护理门户"以提供老年护理的相关信息
建立一站式信息服务中心	·法国第戎：建立一站式信息服务体系——"老年人之家"，一个专门用来告知、引导和帮助任何需要支持的人解决老龄问题的空间，旨在成为所有社区的关键资源，包括老年人及其家庭和专业人士。居民可以亲自上门或打电话来询问问题，会见专业人士，了解更多的城市服务，参加各种文化休闲活动。"老年人之家"还为参与关爱老年运动的人们提供了一个见面和交流信息的物理场所 ·芬兰坦佩雷：Kotitori 老年人信息办公室设置一站式商店，提供家庭护理服务、管理支持服务，包括安全和保障、购物和短期家庭护理等

资料来源：根据 Age-friendly World 网站资料整理

现代信息技术的快速发展使计算机和因特网成为最方便快捷的信息获取方式，信息的获取不受时空限制。但老龄人口可能在通过计算机、智能手机、因特网等获取信息方面存在知识欠缺或技术障碍，为帮助老龄人口更充分地利用现代信息技术及时获取相关信息，各示范城市和社区也积极采取有效措施提供支持（见表4-26）。

表 4-26　全球示范地区帮助老龄人口使用计算机和因特网的支持措施

	示范地区与支持措施
鼓励并帮助老龄人口学习掌握现代信息技术	·阿根廷布宜诺斯艾利斯：实施数字包容计划，向老年人提供计算机课程学习现代通信技术，教授其使用电子产品，运用互联网和社交媒体增强沟通能力 ·比利时桑布维尔：为老年人提供跨代计算机课程、讨论会、信息展览等社会服务，建立志愿者网络，与学校联合举办老年人可参与的活动等 ·加拿大哈利法克斯：向老年人提供长期的因特网家庭教师，教师逐个帮助老年人，并且可在需要时去家中现场咨询 ·澳大利亚堪培拉：为老年人提供计算机服务，市公共图书馆为老年人提供计算机课程；成立澳大利亚老年人计算机俱乐部协会 ·古巴哈瓦那市革命广场区：建立老年人计算机俱乐部，举行老年人电脑竞赛
提供网络的可连接性、可访问性	·英国利物浦：增加城市5G互联网的可访问性 ·美国纽约：创造全州应用程序，帮助老年人连接到网络和信息服务

资料来源：根据 Age-friendly World 网站资料整理

老年友好的信息交流服务既与物质环境有关也与社会环境相关，老年友好的物质环境建设涉及信息与交流，如获得交通服务使用说明和时间表信息有助于满足老龄人口乘坐公共交通出行的需求，提供政府住房供给或房屋出租信息有助于满足老龄人口的住房需求；同时老年友好的社会环境建设也涉及信息交流，参与社会生活的能力不仅取决于活动的组织提供，也取决于是否有充分的交通方式、活动设备及知晓活动组织的相关信息。为保障老龄人口积极的社会参与也需要及时获取相关信息；老龄人口能否更多地参与到志愿服务和再就业中也依赖于相关需求信息的获取；老龄人口能否及时获得其所需要的卫生保健服务，也需要信息的可及性。缺乏足够的卫生保健相关信息是老龄人口获得卫生保健服务的重要障碍，因而，有必要向老龄人口及其护理者积极宣传当地的卫生保健服务和卫生保健系统。

第五节　我国上海市老年友好型社区的建设探索

一、上海市人口老龄化的现状与老年友好型社区建设的背景

上海市是我国最早进入人口老龄化的城市之一，在全国范围内老龄化程度位居前列。截至 2022 年年末，上海市户籍人口中 60 岁及以上老龄人口占总人口的比重高达 36.8%，而 65 岁及以上人口的比重也高达 28.2%，均远高于全国平均水平（见图 4-3）。

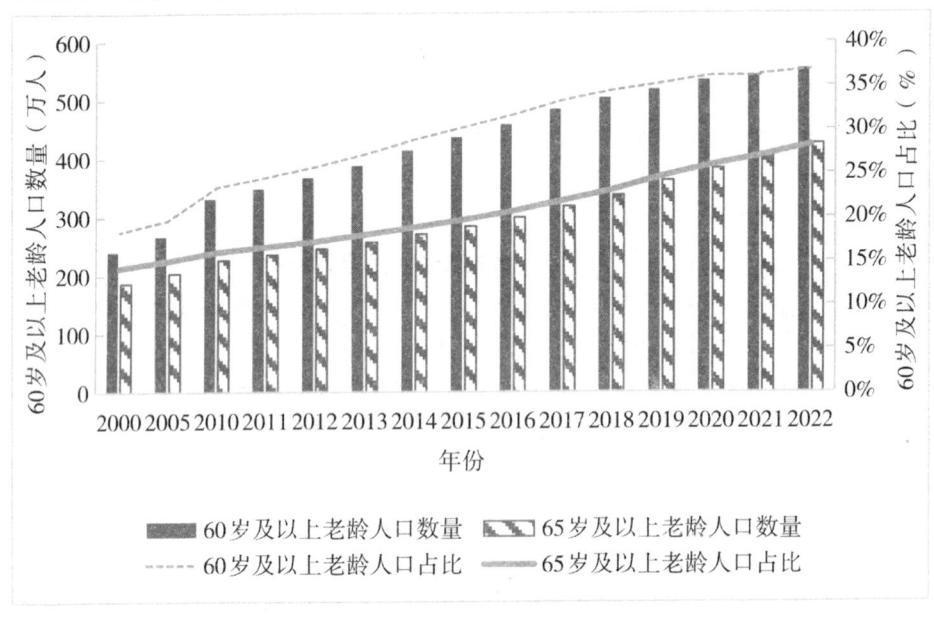

图 4-3　上海市户籍人口中老龄人口绝对数及比重

数据来源：根据《2022 年上海市老年人口和老龄事业监测统计信息》整理①

上海市人口老龄化的特点主要表现为老龄人口规模大，增长速度快，且户籍常住人口老龄化程度高于全市常住人口的平均水平。鉴于人口老龄化问题严重，上海市积极开展国际合作，借鉴国际经验开展老年友好型社区建设。

---

① 上海市老龄事业发展促进中心.2022 年上海市老年人口和老龄事业监测统计信息［R/OL］.上海市卫生健康委员会网站，2023-04-13

上海市是世界卫生组织《全球老年友好型城市指南》编制过程中所调查的33个城市之一，上海市静安区也是2014年12月至2015年3月世界卫生组织"关爱老人核心指标指南草案的试用地点"之一，上海市也是我国国内老年友好型社区建设的示范城市。为积极应对人口老龄化所带来的挑战，2009年，上海市黄浦区、杨浦区、长宁区成为我国建设老年友好型社区的第一批试点城区，第二年上海市浦东新区也成为试点城区，积极开展老年友好型城市和社区的建设实践。上海市老龄事业"十二五""十三五""十四五"规划都体现了创建适老宜居的社区环境，提升老年人幸福感的目标。上海市以"确保人人享有基本养老服务"为愿景，从物质及精神层面满足老龄人口多层次、多样化的需求。经过十余年的发展，上海市作为我国率先探索开展社会养老服务的城市之一，在老年友好型社区建设层面积累了丰富的经验。

二、上海市老年友好型社区的建设经验

上海市作为国内老年友好型社区建设的示范城市，一直积极致力于应对人口老龄化问题，不断提升城市"老年友好性"，其建设经验可总结为以下方面：

（一）发布地方性老年友好城市建设导则以指导本地区的建设工作

参考世界卫生组织编写的《全球老年友好型城市指南》，2013年上海市老龄工作委员会发布了《上海市老年友好城市建设导则（试行）》，主要内容包含老年友好型城市和社区在以下方面的建设标准：户外环境和设施、公共交通和出行、住房建设和安全、社会保障和援助、社会服务和健康、文化教育和休育、社会参与和奉献、社会尊重和优待等。上海市的老年友好城市建设是在借鉴世界卫生组织老年友好型社区八大建设主题的基础之上制定的，但其建设内容与世界卫生组织的建设主题并不完全相同，是充分考虑了我国和上海市本地实际基础上本土化的结果。上海市在推进老年友好型社区建设的过程中，为全方位认识老龄人口的真实需求，引入第三方专业机构对老年人的身体状况及基本养老服务需求等展开评估以完善老龄人口需求评估体系，使其老年友好型服务供给更好地满足其需求。因而，《上海市老年友好城市建设导则（试行）》是基于对本地老龄人口需求客观评估的基础制定的，而且该导则为试行版，在试行过程中会逐步修订完善。2015年3月9日，上海市正式发布了《上海市老年友好城市建设导则》，并于2015年6月1日起正式实施。《上海市老年友好城市建设导则》指出建设老年友好城市的宗旨是在城市建设、规划和发展中，通过政策、管理和引导，以积极的姿态发掘老年人和城市的潜能；通过社会服务、场所和设施支持，社区、企业、社会组织以及家庭和个人的参与，为老年人提供适宜的公共社会资源和人文环境；营造全社会尊重包容老年人的氛围，促进老年人全面融入社会，让老年人有更好的自主生活和社会参与机会，享有健康和尊严的老年生活。

2016年12月28日，《老年宜居社区建设细则》通过上海市质量技术监督局的审查批准后正式发布，2017年3月1日实施。《老年宜居社区建设细则》规定了老年宜居社区建设中有关基本建设、住房、公共设施、服务供给、生态环境、社会文明等基本内容。《老年宜居社区建设细则》的发布进一步推动了上海市老年友好城市和社区建设工作的制度化、规范化。

（二）将老年友好型社区建设纳入城市总体规划并细化建设目标

2018年1月，上海市政府发布了《上海市城市总体规划（2017—2035年）》报告，在完善公平共享、弹性包容的基本公共服务体系中，提出建设老年友好型社区以"应对老龄化的发展趋势，提高老年人生活质量，建设老年友好型社区和老年宜居社区"。而且在城市总体规划目标中提出了各项具体的老年友好型社区建设的量化目标，包括"建设和改造一批适老性住宅，提高社区适老性设施建设标准，重视适老性住宅的内部功能和细部设计，实现全市新增住宅适老性达标率达到100%；为老年人提供多层次交往与多样化生活，建立终身学习服务体系，提供老年人学习成长环境，至2035年，每万名老年人拥有的老年人休闲福利及学习机构数量达到28个左右"，这些量化指标有利于更好地指导推进上海市的老年友好型城市和社区建设进程。

（三）创新养老供给方式，为老龄人口实现就地养老提供支持

养老服务供给是老年友好型社区建设的重要方面，为了实现"人人享有基本养老服务"的愿景，上海市积极创新养老供给服务方式，即"优化形成以家庭自我照顾为基础、社区居家养老服务为依托、机构养老服务为支撑、医养相结合的养老服务格局，加强社区养老院、长者照护之家、日间照料中心、老年活动室等社区为老服务设施以及无障碍设施建设"。上海市通过以居家为基础，社区为依托，机构为支撑的发展框架，形成"9073"的养老服务格局，即90%的老年人由家庭养老，7%的老年人在社区居家养老，3%的老年人在养老机构生活。在中心城区，以社区养老功能为基础，推广嵌入式养老服务机构——"长者照护之家"，实现了"9073"养老格局的相互融合，以机构养老的形式为老龄人口提供短期住养，也能为居家养老的老龄人口提供专业化的服务和支撑。在其他地区，通过建立睦邻互助点，发挥就地养老的

环境优势，加强老年人之间的联系，进而推动老龄人口之间的互助式养老。

社区为老龄人口就地养老提供基本支持，上海市的社区托养服务主要包括两种主要类型，即"长者照护之家"和"社区老年人日间照护机构"。截至2022年年末，全市有长者照护之家共计217家，提供床位数6535张，社区老年人日间照护机构共计825家，月均服务人数1.54万人；全市有老年助餐服务场所1608家，日均服务10.1万人次；全市有社区养老服务组织共计288家，服务对象中获得政府养老服务补贴的老年人数为7.4万人；全市有社区综合为老服务中心共计428家，农村示范睦邻点共计3155个。[1]

（四）地方财政积极为家庭照护等长期照护需求提供支持

向有需求的老龄人口提供家庭照护服务是健康老龄化的重要内容，但照护服务会为家庭带来较大的负担，上海市政府将为家庭照护服务提供财政支持视为地方政府的职责，地方政府积极为长期照护提供融资及更多服务。与大多数中等收入国家相比，上海市对家庭照护的支持更加充分，开展了一系列广泛的家庭照护支持服务，上海市政府为60%的本地老年居民的家庭照护提供财政支持。[2] 上海市还开创性地为老年人提供家庭病床，费用主要由地方政府承担，个人仅承担少部分费用，截至2022年年末，全市共建有家庭病床5.80万张。上海市作为我国长期护理保险的试点城市，2022年全市60岁及以上老年人口接受护理服务的人数共计35.55万人，占老年人口的6.4%。上海市还积极发展老年医疗机构以满足老龄人口多样化的养老需求，截至2022年年末，上海市共有老年医疗机构（老年医院、老年护理院）96所，老年护理院床位2.66万张。[3]

（五）鼓励终身学习，积极为老龄人口提供老年教育机会

终身学习包括在生命各个阶段的学习，可以采取正规、非正规和非正式学习方式。学习不是年轻人的特权，应增强学习机会的包容性，使老年人能够通过终身学习持续发展新的知识和技能，保持自我意识、身份认同并感知生命的意义。而且终身学习是有助于劳动者保持称职和就业的关键要素，尤

---

[1] 上海市老龄事业发展促进中心.2022年上海市老年人口和老龄事业监测统计信息[R/OL].上海市卫生健康委员会网站，2023-04-13.
[2] WONG Y C, LEUNG L. Long-term care in China: Issues and prospects [J]. Journal of Gerontological Social Work, 2012, 55 (7): 570-586.
[3] 上海市老龄事业发展促进中心.2022年上海市老年人口和老龄事业监测统计信息[R/OL].上海市卫生健康委员会网站，2023-04-13.

其是老年劳动者。① 积极老龄化社会应向老龄人口提供终身学习的机会，进行老龄人口的人力资本投资进而向老龄人口提供继续为社会做贡献的机会。为满足老龄人口终身学习的需求，上海市积极为老龄人口提供老年学校，目前市级老年大学全市共计5所，2022年老年学员人数共计5.48万人；市级老年大学分校（系统校）和区级老年大学全市共计66所，老年学员人数共计16.55万人；街道、乡镇级老年学校全市共计218所，老年学员人数共计28.38万人；居、村委老年教学点全市共计6340个，老年学员人数共计47.32万人；市、区级老年大学和街镇级老年学校在线学习人数35.47万人。②

（六）鼓励发展各类老年社团帮助老龄人口维护保障公平权益

老年协会等老年人组织对于维护和保障老龄人口的公平权益，组织推动老龄人口的社会参与和社会决策，帮助老龄人口加强社会网络建设，资助最具脆弱性的老龄群体等均可发挥重要作用，因而作为重要的老年友好型社区建设力量，上海市积极推动各类老年社团的组建和发展壮大，以帮助老龄人口更好地实现积极健康老龄化。2022年上海市全市有区级老年协会8个，街道、乡镇级老年协会159个；全市有老年人体育协会共计173个，参加人数全年共计35.3万人；全市老年体育团队共计2.33万个，参加人数全年共计48.35万人；老年文艺团队共计1.43万个，参加人数全年共计25.80万人；老年志愿服务组织全市共计881家，在上海志愿者网实名注册的老年志愿者共计210.27万人。除此之外，还设有老年基金会组织，2022年年末市老年基金会净资产3.96亿元，2022年累计公益总支出1.47亿元，其中全年市级资助公益项目32项，支出3910.58万元。③

（七）规范养老服务工作，加强养老服务监管

为确保养老服务体系科学有效地运作，上海市完善了对养老服务行业的监管体系，其监管框架包括市场准入监管、行为监管以及行业自律等。为保障养老政策落实及养老供给服务到位，上海市不断充实监管力量，采取了完善信用监管以及促进监管信息化等举措。为规范养老服务工作，健全养老服

---

① SONNET A, OLSEN H, MANFREDI T. Towards More Inclusive Ageing and Employment Policies: The Lessons from France, the Netherlands, Norway and Switzerland [J]. De Economist, 2014, 162（4）: 315-339.

② 上海市老龄事业发展促进中心.2022年上海市老年人口和老龄事业监测统计信息 [R/OL].上海市卫生健康委员会网站, 2023-04-13.

③ 上海市老龄事业发展促进中心.2022年上海市老年人口和老龄事业监测统计信息 [R/OL].上海市卫生健康委员会网站, 2023-04-13.

务体系，满足老年人的养老服务需求，促进养老服务发展，上海市第十五届人民代表大会常务委员会第二十八次会议于 2020 年 12 月 30 日通过《上海市养老服务条例》，该条例自 2021 年 3 月 20 日起施行。《上海市养老服务条例》的颁布实施将有助于上海市养老服务体系的进一步完善和规范性发展。

第五章

我国老年友好型社区的构建路径

老年友好型社区是世界卫生组织为实现积极老龄化和健康老龄化提出的重要概念，也是各国探索如何更好地利用老年资源、解决养老问题并促进经济社会协调发展的有效途径，各个人口老龄化国家正积极开展并逐步推进建设计划。目前世界卫生组织主导的全球老年友好型城市和社区网络已覆盖全球51个国家，老年友好型城市和社区建设理论与实践在国际上都得到了极大丰富。我国于2020年12月正式提出要推进老年友好型社会建设，作为积极应对人口老龄化国家战略的重要举措之一，并在全国范围内推进老年友好型社区建设。但我国老年友好型社区建设工作开展较迟建设经验缺乏，我国在创建示范性老年友好型社区的过程中，应积极学习借鉴其他国家老年友好型示范社区的成功建设经验，并基于我国国情，在积极应对人口老龄化国家战略背景下逐步构建完善我国老年友好型社区建设机制，以在我国人口老龄化快速推进过程中通过一个个老年友好型社区的建设建成，以点带面带动我国老年友好型城市和乡村建设，并最终建成老年友好型社会，尊重更大群体老龄人口的自主权和尊严，实现健康老龄化，提升老龄人口的生活品质，增进其健康和福祉。

第一节 因地制宜构建"本土化"的老年友好型社区评价指标体系

老年友好型社区的建设因素众多，不仅涉及无障碍的物质环境建设，还包括老年友好的社会环境建设，因而，设计良好符合老龄人口需求的老年友好型社区建设指标体系可以更好地指导广大城市和社区开展关爱老龄人口行动，是老年友好型社区建设的指南针。指标体系还有助于衡量社区关爱老年人的程度，监测和评价社区环境在关爱老人程度方面的进展，进而指明未来改进的方向。

目前我国尚未形成一套完整的老年友好型社区建设的指标体系，因而，当前我国亟须构建一套老年友好型社区指标体系以更好地指导我国老年友好型社区建设工作。在借鉴国际社会主要老年友好社区评价指标体系的基础上，我国老年友好社区建设指标体系的构建须注意以下三个方面。

一、基于本地实际构建"本土化"的老年友好评价指标体系

国情是公共政策机制设计时的基本约束，各国家和地区经济体量、社会经济发展水平、社会制度等国情的差异导致公共服务供给和公共政策必然存在差异。世界卫生组织构建的老年友好型城市和社区的八大建设标准最为全面，基本涵盖了老年人口的所有需求，是世界老年友好型社区建设的通用标准，但正如《全球老年友好型城市指南》中所明确表述的"评价标准、核心特征并不是规范或完全指南，各国对老年友好型城市和社区的建设与评估应根据每个城市和社区的不同情况而确定。"[①] "指南中提出的指标并不是要作为应当严格坚守的一套强制性准则，而是可以根据需要进行调整的，以便创建对当地情况最有意义和相关的一套指标。"[②] 即指南给予了充分的灵活性允许并鼓励根据当地情况（例如社会文化背景、资源水平、需求和重点、特定目标以及该地区采用的干预措施）进行创新调整指标的选择，以便加强指南的可用性。因而，各国、各地区在制定相关公共政策时不能生搬硬套，而是应针对本地区的需求、愿望、不平等和老龄化的具体挑战，采用全系统方法，使指标体系涵盖老龄居民重要的服务、机会和社会需求。以地方优先为基础的地方性友好指标是实施"全球友好型城市"的第一步。[③] 虽然本土化的指标体系设计会导致衡量方面的差异并降低城市间、社区间的横向可比性，但世界卫生组织指出"城市间的比较是值得追求的，但不是当前的优先重点"[④]。

很多学者通过研究同样指出应将《全球老年友好型城市指南》总结的普遍性指标，结合具体实际本地化。如 Yu、Wong 和 Woo 在研究香港老年友好

---

① Global Age-friendly Cities: A Guide [R/OL]. World Health Organization, 2007-10-05.
② Measuring the Age-friendliness of Cities: A Guide to Using Core Indicators [R/OL]. World Health Organization, 2015-02-16.
③ ZAMAN A U, THORNTON K. Prioritization of Local Indicators for the Development of an Age-friendly City: A Community Perspective [J]. Urban Science, 2018, 2 (3): 51.
④ Measuring the Age-friendliness of Cities: A Guide to Using Core Indicators [R/OL]. World Health Organization, 2015-02-16.

型社区项目时，通过问卷调查发现邻里环境、社区意识会影响老年人自我评价的健康水平，根据城市规模及社区特点选取指标，才能更准确、更有意义地评价城市和社区的老年友好程度。[1] 英国学者 McGarry 描述了曼彻斯特在应对城市地区老年人增长的挑战时，结合《全球老年友好型城市指南》指标，细化了各项改善老年人生活质量的举措，如在社会参与方面提高老年人参与积极性并改善亲缘关系等[2]；Joy 研究认为老龄化是加拿大多伦多市的重要问题，但目前有关老年友好型城市和社区建设的政策并不一定有效，应将政策注入更多的灵活性，以适应本土化需求并与更多的政策相结合[3]。除建议将指标本地化以外，还有学者关注指标的优先性以及各指标之间的关系。如 Zaman 和 Thornton 在对南澳大利亚的芬利市 Unley 社区进行调查时，结合普遍指标与当地社区情况的调查，充分考虑当地情况确定选取了其老年友好型社区建设的 25 个优先指标。研究指出各国的优先行动不同且需要使相关行动符合各国的具体环境，但是促进老年人与其所处环境的相互适应是可以普遍实现的。[4] 我国学者王德文等也指出老龄友善城市建设不存在"金标准"，应积极探讨本土化指标。[5]

即使在同一个国家或地区内部也存在明显的区域差异，甚至同一个城市内部不同的社区在人口结构、居民特征、社区环境等方面也存在明显差异，因而，在结合本国实际建立本国老年友好型指标体系的基础之上，还可能有必要进一步结合城市及城市内部不同子区域、不同社区的特点进一步制订符合本城市或本社区的老年友好行动计划。如在中国香港老年友好型社区建设过程中，各地区以世界卫生组织《全球老年友好型城市指南》为基础，评估本地区的老年友好环境概况，积极制订并实施本地区的行动计划，如沙田区对世界卫生组织的八大建设主题设定了短期措施和长期行动计划，制订了

---

[1] YU R, WONG M, WOO J. Perceptions of Neighborhood Environment, Sense of Community, and Self-rated Health: An Age-friendly City Project in Hong Kong [J]. Journal of Urban Health, 2019, 96 (2): 276-288.

[2] MCGARRY P, MORRIS J. A Great Place to Grow Older: A Case Study of How Manchester is Developing An Age-friendly City [J]. Working With Older People, 2011, 15 (1): 38-46.

[3] JOY M. Problematizing the Age Friendly Cities and Communities Program in Toronto [J]. Journal of Aging Studies, 2018, 47: 49-56.

[4] ZAMAN A U, THORNTON K. Prioritization of Local Indicators for the Development of an Age-friendly City: A Community Perspective [J]. Urban Science, 2018, 2 (3): 51.

[5] 王德文, 马健囡, 王正联. 发达国家老龄友善城市建设轨迹及其借鉴意义 [J]. 公共行政评论, 2016, (4): 104-123, 208.

"沙田区老年友好行动计划"。

从各国实践可以看出，由于各国老龄人口比例、经济发展水平、城市发展程度、社会养老传统等不同，各国建设老年友好型社区措施的侧重存在差异。"由于所衡量的现象是高度复杂的并与背景有极密切关系的，但相关的科学还不成熟，因而，实践中需要允许对指标进行调整。"① 如世界卫生组织在《衡量城市关爱老年人的程度：核心指标使用指南》的制定过程中，允许各试点地区根据本地的独特条件在不同程度上对指标的选择、定义和数据收集方法等进行调整，如肯尼亚内罗毕的两个贫民窟 Korogocho 和 Viwandani，根据本地现实和指标的可得性对指标的界定进行了调整，以使指标更好地符合本地现实和特征（见表5-1）。此外，指标体系的"本土化"除包括"指标选取"的本土化，还包括"指标界定"的本土化，具体指标的定义和标准可选取本地标准，如世界卫生组织在《衡量城市关爱老年人的程度：核心指标使用指南》指出"可利用的优先停车位"对老年人的行动能力是很重要的，但停车位的宽度、标志等都应当采用被当地接受的优先停车标准。②

表5-1　肯尼亚内罗毕 Korogocho 和 Viwandani 贫民窟调整核心指标或替代方案案例

指标	目前定义	额外方面	替代方面
实体环境			
居住区步行方便程度	·居住区中具有达到被当地所接受标准的人行道的街道比例 ·认为其居住区适合步行（包括适合使用轮椅）的老年人比例	·车辆可以通行（以便在出现突发事件时及时提供运输）的街道/道路比例	

---

① Measuring the Age-friendliness of Cities: A Guide to Using Core Indicators [R/OL]. World Health Organization, 2015-02-16.
② Measuring the Age-friendliness of Cities: A Guide to Using Core Indicators [R/OL]. World Health Organization, 2015-02-16.

续表

指标	目前定义	额外方面	替代方面
公交车辆方便使用	·具有老年人或残疾人专用座位的公交车辆比例	·公交车辆驾驶员和售票员尊重/不欺负老年人的程度 ·公共交通的可负担性（票价）	
社会环境			
对待老年人的积极社会态度	·报告虐待老年人的案例数 ·认为在社区中感觉受到尊敬并被社会包容的老年人比例	·年轻人在家庭和社区层面上对老年人表示尊重的程度	
参与社会文化活动	·老年人在当地文化设施和活动报告的所有到访者中所占的比例 ·可自行决定每周至少参加一次社会文化活动的老年人比例		·在宗教活动和自助性团体中的参与程度
卫生和社会服务的可得性	·具有个人照护或辅助需求并正在接受正式的（公立/私立）上门服务的老年人数 ·通过使用正式的（公立/私立）服务在家庭环境中满足个人照护或辅助需求的老年人比例	·老年人获取基本的、优质的初级卫生保健服务满足其主要健康需求的程度（尤其慢性病管理）	

资料来源：根据世界卫生组织《衡量城市关爱老年人的程度：核心指标使用指南》整理[1]

---

[1] Measuring the Age-friendliness of Cities: A Guide to Using Core Indicators [R/OL]. World Health Organization, 2015-02-16.

世界卫生组织提出的老年友好环境建设的主要范围为城市，这是因为城市化进程使得城市覆盖了越来越多的老年人口，城市作为地区范围内的经济、文化、政治中心，拥有较好的基础设施以及经济基础，能够更好地为老年人提供所需的服务。但这也导致世界卫生组织老年友好型社区框架和指标体系存在局限性，即"根据世界卫生组织关爱老人城市的最初概念，制定核心指标时的侧重点是地方政府层面上的城市环境，这可能限制了在郊区和农村环境中、政府较高层面上或更广泛的地域范围内（例如区域、国家）调查相关问题的效用"；"虽然在制定核心指标的过程中努力收集低收入和中等收入地区的情况，但目前可得的大部分信息、经验和专门知识（例如文献、现有准则、良好做法、专家）都来自高收入国家。这可能会影响这些核心指标对资源较少环境的相关性和适当性"。[1] 世界卫生组织指出虽然《指南》主要针对城市环境，但也必须强调关爱农村老人生活环境的重要性。从现有老年友好型城市和社区建设的相关研究文献来看，大多数讨论的重点是城市，关于建设可持续发展和友好的社区几乎没有提及适合居住在农村或偏远地区的老年人，这也是当前在研究关爱老人社区文献领域的空白之一。[2] 现在世界上超过一半的人口生活在城市地区，关注城市是可以理解的。然而，有限的文献也表明更偏远地区或农村社区居民的需求存在不同，需要研究其老龄化途径和经验。[3]

而且，从老年友好型社区概念的内涵拓展来看，老年友好型城市和社区建设只是老年友好型社会建设的"先行军"，未来应基于老年友好型城市和社区的先行建设经验加强对老年友好型乡村的建设，最终实现老年友好型社会的建设，因而我国老年友好型社区建设是全国性的，既包括城市也包括农村地区。而且快速的城市化吸引了大量农村年轻劳动力，而绝大多数农村老龄人口留在原地，导致从比例上来看我国农村65岁及以上老龄人口占比高于城市，与城市人口相比我国农村人口老龄化严重程度更高，老年人占农村人口的比例更高。[4] 当前我国城乡区域层面呈现出"农村先老"的特征，第七次

---

[1] Measuring the Age-friendliness of Cities: A Guide to Using Core Indicators [R/OL]. World Health Organization, 2015-02-16.

[2] Age-friendly Rural and Remote Communities: A Guide [R/OL]. Federal Provincial Territorial Ministers Responsible for Seniors, 2007.

[3] JOSEPH A E, CLOUTIER-FISHER D. Ageing in Rural Communities: Vulnerable People in Vulnerable Places [M]. New York: Routledge, 2004.

[4] China Country Assessment Report on Ageing and Health [R/OL]. World Health Organization, 2015-02-16.

人口普查数据显示，我国城镇 65 岁及以上人口的占比为 11.11%，而乡村为 17.72%，城镇和乡村 60 岁及以上老龄人口的占比分别为 15.82% 和 23.81%。因而，我国农村地区老龄人口占比较大，而且农村地区往往存在更为严重的老年贫困问题，农村老龄人口更具脆弱性，因而，老年友好型乡村建设是构建我国老年友好型社会的重要组成部分，应予以重视。

我国在老年友好型指标体系的构建过程中，要充分考虑乡村环境和农村老龄人口的需求。"农村和城市居民的危险因素分布存在显著差异，农村居民危险因素的总流行率高于城市。特别是农村地区室内空气污染、老年人膳食纤维摄入不足和身体活动不足等危险因素的流行率要高于城市地区"；"一般来说，城市地区的老年人群体与农村地区的老年人群体相比，收入来源较为稳定，经济水平较高，尤其是随着城镇居民社会养老保险的普及和经济水平的不断提高，城市地区老年群体的需求逐渐从经济保障转向了精神层面的体恤"[1]。相对于城市老龄人口，我国乡村老龄人口对基本生活满足的需求较城市老龄人口更为迫切[2]，因而指标的优先项目可放在物质环境的改善上。注意到加拿大的情况包括许多农村和偏远社区，加拿大联邦和地方政府曾发起编制了一项"友好农村和偏远社区：指南"计划[3]，可用于在一些小的城镇和村庄研究老年友好社区的特点，我国老年友好的乡村建设指标体系构建可在参考该指南的基础上结合我国实际因地制宜构建本土化的老年友好型乡村建设指标体系，建立适合农村和偏远地区老年人的老年友好环境。

2021 年 6 月，我国国家卫生健康委（全国老龄办）制定了《全国示范性老年友好型社区评分细则（试行）》，给出了我国示范性老年友好型社区的建设领域及评估标准，且基于城市居民和农村居民需求的差异性，为区分城镇社区和农村社区给出了差异性的评分标准，这是我国对老年友好型社区建设指标体系的初步探索，未来我国应在示范性城乡老年友好型社区建设经验的不断总结思考的基础上进一步优化我国老年友好型城市社区和农村社区的建设指标体系。

因而在老年友好型社区建设过程中，应基于本地实践，建立本国、本区

---

[1] 清华大学互联网产业研究院. 智慧养老产业白皮书（2019）[R/OL]. 清华大学互联网产业研究院网站，2020-03-16.

[2] China Country Assessment Report on Ageing and Health [R/OL]. World Health Organization, 2015-02-16.

[3] Age-friendly Rural and Remote Communities: A Guide [R/OL] Federal/Provincial/Territorial Ministers Responsible for Seniors, 2007.

域的老年友好型社区评价指标体系。我国在老年友好型社区评价指标体系的构建过程中，应积极学习借鉴各国建设老年友好型社区的成功经验，但也应充分结合我国社会传统、社会制度、经济发展水平、城乡规划、人口规模及老龄化程度等具体国情因地制宜地进行创新，将世界卫生组织总结的普遍性指标结合我国具体实际实现本土化的创新设计。考虑到我国国内存在显著的区域差异、城乡差距，各级地方政府应在全国性老年友好建设评价指标体系的基础之上，结合本地实际积极研制地方性的老年友好型社区建设标准和行动计划。

二、基于建设的"侧重点"构建本土化的老年友好评价指标体系

指标体系的构建还应考虑到该指标所关注的老年友好型社区建设的关键领域，世界卫生组织指南中构建的老年友好型社区指标体系是关于物质环境和社会环境在内的关爱老年人的一套综合性的指标体系，但若指标设计的目的仅在于评价、建设或改善某一个或某几个特定的建设主题，则指标体系的选取应根据建设主题的侧重点选择。正如世界卫生组织说明的"本框架概述了为提高城市关爱老人的程度并最终改善老龄化城市人口的健康和福祉做出协调努力的不同阶段和方面。可以有多种战略性做法来选择一套指标，如果目的是要详细了解这一复杂现象的复杂动态，框架中描述的所有方面都可使用数量众多的指标汇编进行衡量；另一方面，如果目的是要侧重于框架的特定方面（例如，具体资源的使用、特定干预措施的实施和结果等），可选择该特定方面的多项指标，并排除与其他方面有关联的指标"。

欧盟的"积极老龄化指数"和联合国国际助老会的"全球老年观察指数"主要都是关注社会环境因素对老龄人口健康和福祉的影响，因而在指标选取方面均侧重反映老年友好的社会环境指标。而韩国学者 Lee 和 Kim 研究的侧重点为物质环境对老龄人口健康水平的影响，因而在其指标选取中以物理环境为重点，涉及四个领域的 52 个指标，以反映韩国 16 个城市和省份的老年人健康水平。[1] 再如西班牙巴斯克地区活跃老龄化指数（AAI）则是一种反映老年人在各国活跃和健康旅行方面积极老龄化水平的指标工具，用于衡量老年人的独立生活水平，参加有报酬的工作和社会活动的能力，以及他们

---

[1] LEE K H, KIM S. Development of Age-friendly City Indicators in South Korea: Focused on Measurable Indicators of Physical Environment [J]. Urban Design International, 2020, 25: 1-12.

积极老龄化的能力。再如，我国知名咨询企业赛迪顾问所编制的"城市积极养老指数"（City Active Aging Index）主要聚焦于城市养老产业发展方面的潜力，其评价维度包括政策环境、创新环境、基础设施环境、营商环境四大方面（见表5-2）。

表5-2 我国"城市积极养老指数"指标体系

一级指标	二级指标	指标说明
政策环境	政策总量	关注城市养老产业发展政策
	关注领域	
	政策层级	
创新发展	服务创新	关注养老服务内容
	支付创新	关注养老金融拓展
	宣传创新	关注养老品牌建设
基础设施建设	养老机构与养老院	关注城市养老容量
	医疗卫生	关注城市医疗基础
	文化教育	关注城市教育基础
营商环境	特色小镇	关注养老产业聚集
	项目引进	关注养老项目质量
	企业数量	关注养老行业体量

资料来源：赛迪顾问《2019年中国城市积极养老指数白皮书》

二、根据本区域经济社会发展"动态优化"老年友好指标体系

老年友好型社区建设是世界各国探索如何解决人口老龄化带来的社会问题、实现积极老龄化的有效措施，"关爱老人的环境是一个复杂、动态和多方位的概念，也与背景有高度的依赖性。此外，有关的知识和科学仍处在发展阶段，关爱老年人是一个动态的目标"[①]。首先，老年友好型社区指标体系框架的制定就是一个复杂的、动态的、反复的过程，以2015年世界卫生组织所

---

① Measuring the Age-friendliness of Cities: A Guide to Using Core Indicators [R/OL]. World Health Organization, 2015-02-16.

发布的《衡量城市关爱老年人的程度：核心指标使用指南》的制定过程为例，整个指标的制定过程历时3年之久，在制定核心指标时开展了广泛的协商论证，具体包括开展文献审评、专家协商会、初步试点调查、最终试点研究和同行广泛审评等复杂的过程，其中还包括2014年至2015年在12个国家中的15个社区对《指南》的早期草案进行了试点试用，而后再根据试点社区的反馈进行进一步的调整改进。

表5-3 老年友好型社区指标框架与核心指标的制定过程

时间	方法	目标	产物
2012年5~8月	审查文献和相关国际与国家指标清单	制定全球指标库	195项指标的总清单
2012年8月	第一次国际专家协商会	①明确指标领域 ②缩小指标库 ③制定试点研究方案	①61项指标短清单 ②新/调整的领域提案 ③试点研究方案
2013年5~12月	通过自我使用的问答卷对建议的指标进行试点调查	从使用者的角度评估建设的指标在技术上和实用性方面的可行性	①21项高级别指标的初步清单（即供第二次专家协商会使用的讨论材料） ②13项高级别指标的最终清单 ③关于核心指标的定性反馈和建议
2013年8~11月	文献审评	制定指标框架草案	指标框架草案
2013年9月	第二次国际专家协商会	调整指标框架并调整核心指标清单及核心指标定义	关于调整指标框架、核心指标及其定义的建议
2014年1~4月	①审查文献和迄今收到的建议 ②个别专家协商和同行审评	制定指标指南草案，包括指标框架和核心指标	①指标指南草案 ②经调整的指标框架 ③经调整的一套指标和定义

续表

时间	方法	目标	产物
2014年12月至2015年6月	①现场试用指南 ②在世界卫生组织总部召开试用地点会议	试点使用指标指南草案①	①改进指南和最后定稿的建议 ②关于指南整体可用性和用途的建议
2015年6~8月		最后确定指标指南的内容	最后的指标指南

资料来源：根据世界卫生组织《衡量城市关爱老年人的程度：核心指标使用指南》整理得到②

因而，从其建设目标与建设标准来看，老年友好型社区的建设标准和评价体系并不是一次性制定的，事物都是不断发展变化的，随着时代的发展，社会的老龄化问题会不断出现新的情况、新的问题。即使在指标框架和体系制定之后，仍有必要基于建设效果的监督和定期评估反馈机制，与时俱进随时代发展动态优化。对指南的内容，包括指标框架、指标及其定义，定期进行审查和修订；考虑政策环境和老龄人口需求的变化，以根据新的科学证据或实践准则以及用户的反馈意见，在将来按必要酌情修订指标体系持续改进政策措施，以使提供的指标符合最新情况和最先进的技术，并不断提高其效用。阶段性地动态调整指标体系才能更好地持续性推进环境的改善，更好地满足老龄人口需求，如在以往的评价体系中信息化是较小的方面，而随着互联网时代的到来，应该越来越重视信息技术在老年友好服务中的应用。而且，只有不断根据现实需求的变化持续对老年友好型社区评价指标体系进行动态优化，才能使评价指标体系更好地发挥其对老年友好型社区建设应有的监测和评估作用。

---

① 2014年至2015年，在世界卫生组织所涵盖区域范围内的12个国家的15个社区，对本指南的早期草案进行了试点试用。根据人口规模、城镇或农村环境、全球关爱老人城市和社区网络成员资格以及社会文化背景，选定了各种不同的试用地点。与最初的试点研究不同，要求试用地点审查本指南并尽可能努力为指南中包括的核心和补充指标收集并分析数据。

② Measuring the Age-friendliness of Cities: A Guide to Using Core Indicators [R/OL]. World Health Organization, 2015-02-16.

第二节 以满足老龄人口需求为基本出发点优化老年友好型社区环境

世界卫生组织指出"老年友好型社区应把老年人的需求和偏好作为形成关爱老年人环境的起始点,而不是只注意一种服务或采取供应方的立场,从而确保具体做法与当地人民相关"[1]。老年友好型社区环境建设需要以切实围绕和满足老龄人口需求为基本出发点。

一、以切实满足老龄人口需求为基本出发点的必要性

随着世界人口老龄化程度的不断加深,各国都加强了对老龄人口群体的关注,老年友好型城市和社区建设计划希望通过一系列的老年友好环境建设措施提升老龄人口的生活质量。但随着年龄的增长,老年人口的身体、心理方面都会发生较大的改变,老年人口对各类设施、服务、社会等需求自然也不同于年轻人,老龄人口的需求应得到家庭与社会的充分关注。

2012 年联合国出版的《二十一世纪人口老龄化:成就与挑战》中提到:"老年人强调需要获得收入保障、灵活的就业和社会参与机会、医疗服务、适于老年人的住房与交通、消除对老年人的歧视、暴力和虐待等,并且希望成为受尊重的社会成员。"[2] 联合国《2030 年可持续发展议程》明确表示:"各国应当采取积极措施以实现所有人的人权,尤其要关注社会老龄人口的需求。"[3] 世界卫生组织在《全球老年友好型城市指南》中指出:"一个老年友好型城市应当使它的设施和服务更具有可及性,更多地考虑老年人的需求和能力。"[4] 以医疗服务为例,建立以老年人为中心的综合性卫生保健服务的核心是要基于老年人的需求帮助老龄人口实现功能发挥和健康老龄化的目标,

---

[1] Global Strategy and Action Plan on Ageing and Health [R/OL]. World Health Organization, 2017-01-02.

[2] UNFPA, Help Age International. Ageing in the Twenty-First Century: A Celebration and a Challenge [M]. UNFPA and Help Age International, 2013: 15.

[3] Transforming Our World: The 2030 Agenda for Sustainable Development [R/OL]. United Nations, 2015.

[4] Global Age-friendly Cities: A Guide [R/OL]. World Health Organization, 2007-10-05.

因而,"使卫生体系适应老年人口的需求"也是世界卫生组织健康老龄化五大战略的重要战略目标之一。① 公共政策的最终目的是使人民生活质量(精神生活和物质生活)有所提高,精神生活上使人感到快乐、幸福,物质生活上使人感到富足。在城市规划过程中应重视老年人的需求②,只有深入了解并积极回应老龄群体的真实需求和偏好,才能更好地通过老年友好的公共政策提供老年服务供给,切实满足老龄人口的需求。

老年友好型社区建设应以尊重并服务于老龄人口为出发点,对当地的需要和优先事项做出更有利于老年人的反应,同时兼顾社会公平、经济效益等问题。在具体实践中,致力于满足"老龄人口需求"这一立足点应贯穿于老年友好型公共政策制定执行的全过程,如世界卫生组织编制的《全球老年友好型城市指南》是在调查了全球33个城市老龄人口的需求后,兼顾物质环境和非物质环境提出的。各城市和社区要基于本地本社区老龄人口需求本土化地制定老年友好指标体系;老年友好政策的执行过程中要始终立足于老龄人口需求,逐步完善建设标准和实施计划;老年友好政策的事后评估无论是评价体系的构建还是问卷调查的设计亦应立足于老龄人口的切身感受和需求。因而,在积极应对人口老龄化国家战略背景下,我国在老年友好型社区的建设过程中应坚持满足老年人需求和解决人口老龄化问题相结合,通过切实满足老龄人口需求努力实现老有所养、老有所医、老有所为、老有所学、老有所乐,让老年人共享改革发展成果、安享幸福晚年。

二、关注并满足老龄人口"多层次"的需求

马斯洛需求理论将人的需求层次按照由低到高划分为五类,即生理需求、安全需求、社会需求、尊重需求和自我实现需求。老年友好型社区建设过程中要切实关注老龄人口的多层次需求,并通过良好的物质环境和社会环境构建满足老龄人口多层次的需求。

(一) 通过老年友好环境建设满足老龄人口的基本生活和安全需求

世界卫生组织制定新健康老龄化框架的目标是为保持并促进老龄人口的内在能力和功能发挥,设法满足其目前和未来的需要。老年人无法满足自身的基本需求既是导致能力降低的原因也是其作用的结果,但是他们所在的环

---

① World Report on Ageing and Health [R/OL]. World Health Organization, 2015-09-29.
② 窦晓璐, 约翰·派努斯, 冯长春. 城市与积极老龄化: 老年友好城市建设的国际经验[J]. 国际城市规划, 2015, 30 (3): 117-123.

境也起到了关键性的作用。① 因而，老年友好型社区建设以满足老龄人口需求为基本出发点，首先应通过老年友好的外在环境建设满足老龄人口的基本生活需求以帮助老龄人口实现功能发挥和健康老龄化。

满足老龄人口最基本的能力和基本生活需求确保联合国《世界人权宣言》第 25 款所规定的适当的生活标准，包括老年人可以负担适当的饮食、服装、合适的住所、卫生保健和长期照护服务，还包括获得支持，减少因疾病、失能、丧偶或失去生活来源而产生的经济冲击的影响。② 经老年人确认的最重要的基本需求，除卫生保健和长期照护外，是合适的住房和个人和财务的安全。③ 确保老年人在适合其家庭规模的适宜地点居住，取暖费可负担，可以改善他们的健康状况，促进其与家庭内外的社会关系的改善。④ 获得适宜住所的权利包括有权获得安全和坚固的房屋及能够安静和有尊严地生活的社区。与老年人相关的获得适宜居所的权利包含一系列概念，如确保法律保障房屋的使用权，防止强制搬迁、骚扰和其他威胁；费用足以负担，相关支出不会损害或威胁使用者其他基本需求的满足；确保获得安全饮用水、适宜的卫生环境，烹饪、取暖及照明能源，充足的食物和废物处理设施；确保宜居性——确保人身安全、充足的空间、防止健康威胁和构造上的潜在危险，不处于污染或危险地区；确保可及性和可用性，如把能力衰退的情况纳入考虑范围；交通、购物、就业便利，以及获得卫生保健服务和使用其他公共设施的便利。⑤ 这些方面也是构成老年友好型物质环境构建的重要内容，老年友好型社区建设过程中首先需要特别考虑老年人的需求以确保建立无障碍的环境，包括可负担的住房、安全无障碍的公共空间和交通，消除各种障碍，制定可及性标准，满足老龄人口对于住房和个人安全的基本需求。除此之外，还需要

---

① NAUGHTON C, DRENNAN J, TREACY M P et al. Abuse and Neglect of Older People in Ireland-Report on the National Study of Elder Abuse and Neglect [R/OL]. Safeguarding Ireland, 2020.
② United Nations. The Universal Declaration of Human Rights [EB/OL]. United Nations, 1948.
③ BLAZER D G, SACHS-ERICSSON N, HYBELS C F. Perception of Unmet Basic Needs as a Predictor of Mortality among Community-dwelling Older Adults [J]. American Journal of Public Health, 2005, 95 (2): 299-304; World Development Report 2000/2001: Attacking Poverty [R/OL]. The World Bank, 2001.
④ THOMSON H, THOMAS S, SELLETROM E et al. Housing Improvements for Health and Associated Socio-economic Outcomes [EB/OL]. https://onlinelibrary.wiley.com/doi/epdf/10.4073/csr.2013.2.
⑤ The Office of the High Commissioner for Human Rights, United Nations. The Right to Adequate Housing [R/OL]. United Nations, 2014-05.

提供全面覆盖的可负担的综合性卫生保健服务等,保障老龄人口的财务安全,避免因病致贫风险,并通过社会养老保险金的受益或转移支付等财务支持避免老龄人口的贫困风险,满足老龄人口的基本生活需求和安全性需求。

(二) 构建尊重包容的社会环境满足老龄人口的社会需求

在满足老龄人口基本生活需求的基础上,在老年友好型社区建设过程中应从社会整体出发,营造积极的社会养老氛围,创造尊重包容的社会环境。"减少国家内部和国家之间的不平等,到 2030 年,增强所有人的权能,促进他们融入社会、经济和政治生活,而不论其年龄、性别、残疾与否、种族、族裔、出身、宗教信仰、经济地位或其他任何区别。"[1] 同时遵循积极老龄化的理念,不将老年人视为社会的问题或负担,而是将老龄化构建为一个积极的过程,强调老年人在社会中继续发挥的积极作用。[2] 并强调提高生命的质量,而不仅仅是延长生命的长度,向老年人群体传递积极健康的生活方式,关注并进一步满足老龄人口的社会需求,鼓励老龄人口积极参与社会活动,实现老龄人口的全面社会融入。老年人在社会发展过程中的参与可以有助于建设团结、和平、公平和安全的社会,把他们排除在这些过程之外,不但影响到他们的福祉和贡献,而且可能严重影响其他几代人的福祉和生产能力。例如,老年人可以对家庭、社区和社会做出诸多贡献,帮助朋友和邻居、指导同辈人和年轻人、照顾家庭成员和更广泛的社会,同时他们还是经济社会中的消费者、劳动者和志愿者。因此,促进老年人的参与必须是社会经济发展的一个核心目标,确保他们能够参与并受益于这些过程是至关重要的。[3] 对老年人积极参与和对其参与的关注是一种解药,可以消除老年是一段不可避免地从社会角色和关系中退缩的时期的观念,这一关于老龄化的新论述将政策讨论从经济或福利问题转向社会包容、参与和社区发展问题。[4]

当前我国仍存在对老龄人口的年龄歧视及将老龄人口视为社会负担的负面观念,不利于老龄人口社会参与和社会融入需求的实现,因而在我国老年友好型社区建设过程中,要持续营造养老孝老敬老的良好氛围,不断提高广

---

[1] Transforming Our World: The 2030 Agenda for Sustainable Development [R/OL]. United Nations, 2015.
[2] BIGGS S. Toward Critical Narrativity: Stories of Aging in Contemporary Social Policy [J]. Journal of Aging Studies, 2001, 15 (4): 89-102.
[3] World Report on Ageing and Health [R/OL]. World Health Organization, 2015-09-29.
[4] Audit Commission. Older People-Independence and Well-being [R/OL]. Audit Commission, 2004.

大民众的老龄化意识，政府应当运用线上线下多种宣传形式，在城乡范围内认真做好老年友好型社区创建的宣传和推广工作，向民众推广"积极老龄化"和"健康老龄化"理念，并号召不同社会群体共同参与到老年友好型社区的建设过程中，特别是通过组织代际活动加强不同年龄群体的交流和互动，让老龄人口更好地被社会所包容并融入其中。

在老年友好型社区的构建过程中，为创建尊重包容的社会环境，鼓励老龄人口更好地融入社会，还应积极组织各类活动丰富老年人的精神文化生活。包括鼓励社区自设老年教育学习点或与老年大学、教育机构和社会组织等合作，在社区设立老年教育学习点，方便老年人就近学习；有效整合乡村教育文化资源，发展农村社区的老年教育，以村民喜爱的形式开展适应老年人需求的教育活动；丰富老年教育内容和手段，积极开展老年人思想道德、科学普及、休闲娱乐、健康知识、艺术审美、智能生活、法律法规、家庭理财、代际沟通、生命尊严等方面的教育；鼓励老年人自主学习，支持建立不同类型的学习团队；组织多种形式的社区敬老爱老助老主题教育，加大对"敬老文明号"和"敬老爱老助老模范人物"的宣传；开展有利于促进代际互动、邻里互助的社区活动，增强不同代际间的文化融合和社会认同。

（三）通过老年友好环境建设满足老年人高层次的自我价值实现需求

美国学者 Flood 认为，成功的老龄化社会应当使得个人能够适应随着年龄增长而逐渐下降的生理机能的改变，同时能够经历精神世界的丰富并感知到生命的意义。[1] 在一项针对老年人的经典心理学实验中，疗养院的老人们被分成两组，一组被赠送一盆植物自行照顾，一组被告知床头会放一盆植物由护士定期照顾，一段时间后被赠送植物的老人呈现出更加活跃的精神状况和积极的生活态度。该项实验启示我们，在研究老龄人口需求时，不仅要关注其生理性、安全性、无障碍等低层次需求，还要关注老龄人口的自我价值实现等高层次需求。志愿者活动和参与再就业一般被认为是老年人社会融入和贡献的积极表现，通过一些有偿或无偿的工作为老人们提供继续为社会奉献的机会，对维持老年人的健康与社会联系非常有益，使其晚年生活更具尊严和自我实现的幸福感，是满足老龄人口自我价值实现这一高层次需求的基本途径。

老年人通常非常愿意加入志愿者服务队伍，而且还可发挥积极主动的作

---

[1] FLOOD M. Successful Aging: A concept analysis [J]. Journal of Theory Construction and Testing, 2002, 6 (2): 105-109.

用，如参与社区志愿性服务。老人们不仅认为志愿者工作很值得参与，而且能从志愿工作中获得自我价值感，还能防止老年人被社会所孤立。志愿服务的利他本质促成了其有益的健康影响。①② 由于志愿服务，老年人会变得更健康、更快乐。③ 根据老龄人口的自述，志愿服务还通过各种其他的方式使其获益，包括获得了控制感、有了目标、感到被赏识、获得了学习和回馈的机会。④ 我国学者陈薇通过研究日本和中国香港在老年教育、社区支持等方面的制度设计，总结了其在老年人力资源开发方面的成功经验，提出建设老年友好型社区可以促进老年人自我价值的实现。⑤ 因而，只要老人们有意愿、有能力参与志愿服务，就应该充分利用他们的经验和资历鼓励其积极参与，促使老年人融入社区生活的各个领域并为之做出贡献。同时老龄人口的志愿服务应该受到社会的重视、公众的承认，并采取措施积极为他们提供更多适合其需求和兴趣的志愿者服务机会，降低老龄人口参与社区服务的难度（如提供一些物质帮助以及为老年人提供助听设备等），发展和巩固老年性社会机构和其他一些老年性社会团体，聘请老年人从事社区公众性工作等，均有助于帮助老龄人口更多地参与到志愿性服务中。除参与志愿活动，许多老年人急切想凭借自身经验和资历继续参与就业，老年人继续就业有助于提高老年人的竞争意识和经济收入，同时有助于减轻老年人对家庭和社会的依赖程度并增强老年人与社会的联系性。政府应保障老龄人口的再就业权益，由政府引领就业项目，多为老年人创造再就业机会。我国在老年友好型社区建设过程中应积极向老龄人口提供更好的就业选择和更多的参与机会，以使老龄人口在保持自身自主能力和健康的同时，可以继续实现个人发展，更好地实现社会融入并做出贡献，实现其自我实现的高层次价值需求。如 2022 年我国尝试组

---

① GREENFIELD E A. Felt Obligation to Help Others as a Protective Factor Against Losses in Psychological Well-being Following Functional Decline in Middle and Later Life [J]. Journals of Gerontology Series B：Psychological Sciences and Social Sciences，2009，64（6）：723-732.

② MAIMARIS W，HOGAN H，LOCK K. The Impact of Working beyond Traditional Retirement Ages on Mental Health：Implications for Public Health and Welfare Policy [J]. Public Health Reviews，2010，32（2）：532-548.

③ HAO Y. Productive Activities and Psychological Well-being among Older Adults [J]. The Journals of Gerontology Series B：Psychological Sciences and Social Sciences，2008，63（2）：S64-S72.

④ CATTAN M，HOGG E，HARDILL I. Improving Quality of Life in Ageing Populations：What Can Volunteering Do？[J]. Maturitas，2011，70（4）：328-332.

⑤ 陈薇. 老有所为：日本和香港老年人力资源开发的经验和启示 [J]. 天水行政学院学报，2018，19（4）：58-61.

织开展了中小学银龄讲学计划、高校银龄教师支援西部计划,选派银龄教师开展支教支研等,有效促进了老龄人口的社会参与,满足了老龄人口的自我价值实现需求。

当前我国应鼓励老年人继续发挥作用,引导和组织老年人参与社区建设和管理活动,参与社区公益慈善、教科文卫等事业,支持社区老年人广泛开展自助、互助和志愿活动,完善就业、志愿服务、社区治理等政策措施,充分发挥低龄老年人的作用。包括深入开展"银龄行动",引导老年人以志愿服务形式积极参与基层民主监督、移风易俗、民事调解、文教卫生等活动;发挥老年人在家庭教育、家风传承等方面的积极作用;加强离退休干部职工基层党组织建设,鼓励老党员将组织关系及时转入经常居住地,引导老党员结合自身实际发挥作用,做好老年人精神关爱和思想引导工作;鼓励出入相友、守望相助,加强邻里互助、农村互助幸福院、"时间银行"等互助性养老探索;在学校、医院等单位和社区家政服务、公共场所服务管理等行业,探索适合老年人灵活就业的模式;鼓励各地建立老年人才信息库,为有劳动意愿的老年人提供职业介绍、职业技能培训和创新创业指导服务。

三、尊重并满足不同老龄人口亚群体"多性化"的需求

"典型"的老年人并不存在。① 老年人不是一个同质的群体,而是面临着不同健康风险和处于不同环境的人,年龄、性别、教育、语言、居住区、躯体或心理能力、社会经济状况、种族、文化、宗教背景、是否与家人共同居住等因素都将对其相关风险及遭受风险的方式形成重要影响。老年人是一个具有不同能力、资源、生活方式和偏好的多样化群体,应当受到平等尊重。②满足老年人的需求,还应高度重视个案管理。我们要创建一个普遍尊重人权和人的尊严、法治、公正、平等和非歧视,尊重种族、民族和文化多样性,尊重机会均等以充分发挥人的潜能和促进共同繁荣的世界;一个公正、公平、容忍、开放、有社会包容性和最弱势群体的需求得到满足的世界。③

老年友好型社区建设过程中需要尊重老龄人口的多样性,并对不同老龄

---

① World Report on Ageing and Health [R/OL]. World Health Organization, 2015-09-29.
② The Global Network of Age-friendly Cities and Communities (GNAFCC), WHO. Membership in the Global Network of Age-friendly Cities and Communities [R/OL]. Age-friendly World, 2019-12.
③ Transforming Our World: The 2030 Agenda for Sustainable Development [R/OL]. United Nations, 2015.

人口亚群体的多样性需求做出积极响应。设计的多样化是一个老年友好型社区的主要特征，也是使老年人能力恢复的关键——否则他们会成为依赖者。①从健康服务供给的角度来说，公共卫生行动的关键问题是处理多样性，在制定促进健康老龄化的政策时，应通过收集分类更为多样化、更加细致的信息，通过个案评估以帮助明确每个老年人的卫生服务需求和缺口，基于老龄人口不同的身体机能状况提供差异化的服务。对于机能相对较高且稳定者，重点目标是消除其获取服务的障碍，促进机能改善行为和自我护理，以及慢性疾病的预防、早期诊断和有效控制；对于机能衰退者，重点目标还包括逆转衰退趋势，预防进一步衰退，以及在有所衰退的基础上确保其功能发挥；对于严重失能及有严重失能风险者，重点目标则是确保其有尊严的生活，并针对严重慢性疾病提供健康服务。如能对这几类人群的需求都予以足够重视，大部分老龄人口的功能发挥就能得以提升。②"以人为本"是《世界卫生组织关于以人为本的综合卫生服务全球策略》的核心理念。③该战略的目的是激励卫生服务模式发生转变，以使所有人都能获得安全、有效、及时、高效、质量合格的卫生服务，并符合其偏好，与需求相协调。④老龄人口的长期照护服务需求也会因老龄人口的文化、性别、种族特性、独特的地区环境、语言等因素的差异性形成对长期照顾的需要及适宜的支持资源和干预措施方面的差异性。此外，不同信仰、不同知识和不同文化背景的老龄人口对于信息交流方式的偏好也存在差异和多样化，因而，老年友好型社区在信息服务的提供方面应当包容不同年龄和功能能力的人群通过多渠道满足老龄人口对于信息的需求。

世界卫生组织建议加入其老年友好型网络的城市和社区致力于持续提高关爱老人的程度，并调整机构、政策、环境和服务以便包容具有不同需求和能力的老年人并方便他们使用。很多老年友好型建设示范城市在尊重并满足老龄人口多样化需求方面的做法值得借鉴。如加拿大渥太华是一个种族混杂的城市，满足渥太华不同背景老年人口的需要被视为使城市更加友好的必要条件。在进行老年友好型社区指标的设计过程中，当地政府充分关注老年人不同亚群体的需求。在整个方案的制定过程中，不同背景的老年人被邀请共

---

① Global Age-friendly Cities: A Guide [R/OL]. World Health Organization, 2007-10-05.
② World Report on Ageing and Health [R/OL]. World Health Organization, 2015-09-29.
③ WHO Global Strategy on People-centred and Integrated Health Services [R/OL]. World Health Organization, 2015-06.
④ World Report on Ageing and Health [R/OL]. World Health Organization, 2015-09-29.

同参与协商，一起分享观点，包括少数族群和同性恋群体，生活在低收入、经历孤立的老年人，及住在农村或说法语的老龄人口群体等。渥太华政府认为应创建一个包容性的社区参与过程——让在这里的每个人都有发言权，才能更好地向日益多元化的老年人口提供服务，满足不同种族和文化群体多样化的需要。澳大利亚梅尔维尔同样认识到老年人在能力、文化、语言等方面的巨大差异性，认为有必要包容和提高对不同老年人群体需要的认识，并知道如何应对这种多样性。梅尔维尔市鼓励创新和建立新时代友好型项目的伙伴关系，实施利益相关者参与计划，支持来自不同文化和语言背景的老年人参与社区，与老年人进行透明协商，并确保将不同老年人群体的声音纳入老年友好型社区的建设进程。

四、关注并满足最具脆弱性老龄群体"特殊性"的需求

（一）关注并满足脆弱老龄群体特殊需求的重要性

需要认识到虽然群体层面的干预措施可以改善多数老年人的生活环境，但是如果缺乏个性化的帮助，仍将有很多老人无法充分获益。[1] 必须增强弱势群体的权能，其中包括老年人。[2] 而老龄人口作为脆弱性的社会群体，其中又包括最具脆弱性的老龄人口亚群体，如失能、失智老龄人口、高龄老龄人口（特别是高龄女性老龄人口）、残疾老龄人口、贫困老龄人口及被歧视孤立、被虐待的老龄人口等。"绝不让任何一个人掉队"是联合国《2030年可持续发展议程》和《新城市议程》的共同承诺和愿景。《新城市议程》指出要"尤其注重满足最贫困最脆弱群体的需求""让所有居民的需求都得到满足，并认识到处境脆弱者的特殊需求""着重满足无家可归者、处境脆弱者、低收入群体和残疾人的需要"。[3] 世界卫生组织新健康老龄化报告指出，"对于群体，不应只重视总体机能水平的提高，还应特别关注贫困人群及功能发挥最差人群的机能改善"[4]。

"广义上来说，不被歧视的权利包括有权不遭受基于年龄的歧视。这不仅意味着老年人与其他所有人一样拥有相同的权利，而且各国有责任做出特别

---

[1] World Report on Ageing and Health [R/OL]. World Health Organization, 2015-09-29.
[2] Transforming Our World: The 2030 Agenda for Sustainable Development [R/OL]. United Nations, 2015.
[3] New Urban Agenda [R/OL]. United Nations, 2016-10-20.
[4] World Health Organization. World Report on Ageing and Health [R/OL]. https://www.who.int/publications/i/item/9789241565042, 2015-09-29.

的努力,照顾到所有脆弱或处于劣势的老年群体,将资源导向这些群体以促进平等。"① 社会经济地位是影响卫生保健服务利用差异的一个重要决定因素。虽然弱势群体的卫生保健需求更大,但实际供其所用的卫生服务却低于富人。低收入老年人的卫生服务需求普遍没有得到满足。一项包括12个欧洲国家的研究发现,在具有同等需求的老年人中,社会经济地位较低的老年人看专科医生或牙医的次数较少。② 美国的弱势老年人中也存在就医困难的情况。③ 即便在高收入国家,普遍需求更高的贫困老人比经济来源稳定的同龄人享有的卫生服务也更少。在我国卫生保健需求最高的人群往往获得最少的卫生保健服务,他们绝大部分是最弱势的人群。目前,由于年龄、居住地区和社会经济地位的原因,卫生保健需求高的老年人不可能获得公平待遇。④ 而且,这种差异在患慢性病的老年人中更加普遍。⑤ 即不管是各国之间还是国家内部,弱势老人通常处于两难的境地,他们有更大的需求,却缺乏或很难获取适当的卫生服务,进而导致穷人和富人的健康状况和在卫生服务可及性方面的差异进一步扩大。例如,患多重并发症的贫困老年人的住院率更低,他们的卫生服务可及性也更差。与城市地区相比,农村地区的慢性病患者更容易因为经济原因而放弃治疗。⑥ 确保老年人口的健康且公平地获得相关福利,是在该领域内制定有效政策的先决条件。如果想要消除衰老多样性的不公平,政策不仅要改善富裕或普通老年人口的状况,还应该平衡社会各阶层的能力和功能发挥的水平,并缩小老年个体间整体不平等的差距,特别是为底层人员提供帮助。这体现了平等、无歧视的人权原则,需要政府向弱势人群倾斜,

---

① World Report on Ageing and Health [R/OL]. World Health Organization, 2015-09-29.
② TERRANEO M. Inequities in Health Care Utilization by People Aged 50+: Evidence from 12 European Countries [J]. Social Science & Medicine, 2015, 126: 154-163.
③ FITZPATRICK A L, POWE N R, COOPER L S et al. Barriers to Health Care Access among the Elderly and Who Perceives Them [J]. American Journal of Public Health, 2004, 94 (10): 1788-1794.
④ China Country Assessment Report on Ageing and Health [R/OL]. World Health Organization, 2015-02-16.
⑤ ELWELL-SUTTON T M, JIANG C Q, ZHANG W S, et al. Inequality and Inequity in Access to Health Care and Treatment for Chronic Conditions in China: The Guangzhou Biobank Cohort Study [J]. Health Policy and Planning, 2013, 28 (5): 467-479.
⑥ JIAN W, CHAN K Y, REIDPATH D D et al. China's Rural-urban Care Gap Shrank for Chronic Disease Patients, But Inequities Persist [J]. Health Affairs, 2010, 29 (12): 2189-2196.

投入大量的努力。[1] 那些成功做到公平的卫生系统似乎具有广泛的共性，他们旨在覆盖全民医疗，为儿童、老人、社会弱势和边缘群体以及其他未能充分覆盖的人群提供特殊的权益，将对医疗公平性的关注纳入公共卫生服务中。[2]因而，承诺所有老年人改善或维持健康的机会应均等以提高政策平等性。[3] 同时保障不同亚群体公平享有健康老龄化的机会，不因社会和经济水平而不同，不因出生地和居住地而不同，不因其他社会因素而不同。[4]

世界卫生组织指出对尽可能多的实体环境和社会环境核心指标而言，评估公平性是至关重要的。[5] "公平性"的概念作为一项指导原则横跨整个框架，其中高度强调确保"内在社会优势或劣势水平各不相同的社会群体之间没有健康（或健康问题重大社会决定因素）方面的一贯差异"[6]。因而，老年友好型社区建设过程中有必要保护那些最脆弱的老年人，对最具脆弱性老龄人口的需求予以充分关注，予以有针对性的回应和满足，以确保每一个老龄人口公平地获得其应有的权益，不让任何一个人掉队，增进每一位老龄人口的健康和福祉。这也是许多国家公立部门直接提供服务，尤其是向最有需求者（由于他们丧失了功能，或者由于他们的社会经济地位低或处于弱势地位）提供服务的原因。[7] 如阿联酋沙迦为低收入老年人群提供医疗保险卡，分配房屋，为他们建造休闲俱乐部等。

联合国《2030年可持续发展议程》指出满足弱势群体的需求应成为优先事项，建立具有足够福利的普遍社会保护是减少贫困和不平等以及促进社会包容的关键（可持续发展目标1、8和10）。虽然建立全面的社会保护制度需要大量投资，但提供基本社会保护最低标准的经常性费用在大多数国家是负担得起的。全民覆盖可以通过缴费型或非缴费型计划实现，也可

---

[1] World Report on Ageing and Health [R/OL]. World Health Organization, 2015-09-29.
[2] SADANA R, BLAS E. What Can Public Health Programs Do to Improve Health Equity? [J]. Public Health Reports, 2013, 128 (Suppl_3): 12-20.
[3] Closing the Health Equity Gap: Policy Options and Opportunities for Action [R/OL]. World Health Organization, 2013.
[4] Global Strategy and Action Plan on Ageing and Health [R/OL]. World Health Organization, 2017-01-02.
[5] Measuring the Age-friendliness of Cities: A Guide to Using Core Indicators [R/OL]. World Health Organization, 2015-02-16.
[6] BRAVEMAN P, GRUSKIN S. Defining Equity in Health [J]. Journal of Epidemiology and Community Health, 2003, 57 (4): 254-258.
[7] Global Strategy and Action Plan on Ageing and Health [R/OL]. World Health Organization, 2017-01-02.

以通过两者的结合，再加上一套在整个生命周期中人人都可利用的最低限度的税收资助计划来实现。从卫生医疗保健体系来看，世界卫生组织指出"对于许多国家来说，建立全民都可享用的卫生保健及长期照护系统还只是遥远的目标。这时，要保证全部老龄人口在不增加家庭负担的情况下获得预防、健康促进、治疗、康复、长期照护服务，就需要采取更多的有效措施，并增加实际投入。若如此还不能满足全体人群的需求，则应当从需求最多、最为贫困的人群入手"[1]。即应强化出资和融资手段，优先解决脆弱人群的问题。

（二）关注并满足不同老龄脆弱亚群体差异性的需求

考虑到造成不同老龄群体脆弱性的影响因素可能存在的差异性，在老年友好型社区建设过程中有必要采取差异性政策以满足不同老龄脆弱亚群体的差异性需求。

1. 失能、失智脆弱老龄人口

对于失能、失智老龄人口满足其需求主要需要通过以下两方面展开：一方面，向其提供其所需要的长期照护服务，"要承认显著丧失能力的老年人有权得到适当的护理和支持，并将这一点纳入国家立法，确保提供高质量的服务"[2]；另一方面，构建"痴呆症友好型社区"（Dementia-friendly Community, DFC），许多国家在积极推行痴呆症友好型社区建设，甚至在苏格兰将此提升至国家战略的高度，提出建设"苏格兰国家痴呆症策略"（见表5-4）。

表5-4　痴呆症友好型社区建设示例

	建设措施
英格兰的痴呆症友好社区	推行《痴呆症友好型社区倡议》，以使痴呆症患者保持活跃，成为积极的、有价值的社会成员

---

[1] World Report on Ageing and Health [R/OL]. World Health Organization, 2015-09-29.
[2] Global Strategy and Action Plan on Ageing and Health [R/OL]. World Health Organization, 2017-01-02.

续表

	建设措施
西班牙巴斯克地区	与痴呆症患者及其亲属开展一项倡议，旨在设计一本关于痴呆症的宣传手册，建设一个对痴呆症友好的社会环境。这本小册子包括什么是痴呆症，如何发现它，如何帮助一个人，在哪里可以找到更多的信息等。小册子被分发到属于所属网络的所有市镇，并与药剂师学院签署协议，在当地所有的药店进行分发。同时，在《老年友好型企业指南》中设有一个模块，介绍如何发现、治疗阿尔茨海默病患者并与之沟通
苏格兰国家痴呆症策略	苏格兰国家痴呆症策略认为使用以人权为基础的方法是改善长期照护的最关键的全局性策略。① "苏格兰痴呆症患者及其照护者权利宪章"阐明了痴呆症患者及其照护者现有的人权和其他合法权利。这一以人权为基础的策略的核心是痴呆症患者及其照护者有权在社区中获得与其他公民平等的待遇，有权在相关辅助下保持与社区、家庭和社会支持网络的联系。苏格兰国家痴呆症策略取得了良好的政策效果，包括社区更加包容和支持痴呆症患者，加强人们对痴呆症的意识、减少歧视；痴呆症患者及其家庭在疾病确诊后可获得更好支持；痴呆症患者在医院和其他照护机构将受到被尊重的、维护其尊严的对待；有更多的痴呆症患者以较好的生活质量在家中生活更长的时间；在各种场所保护并更加尊重痴呆症患者的权利，同时使治疗更加符合相关法律的要求②

此外，目前澳大利亚、比利时、加拿大、印度尼西亚、爱尔兰、意大利、荷兰、新西兰、中国台湾和美国等国家和地区也都在积极发展阿尔茨海默病（痴呆症）友好倡议，针对那些虚弱、有照护需求或者有重大疾病的老年人。

目前我国积极推动健康中国行动，实施老年健康素养促进项目，2022年组织开展首次全国老年人健康素养调查，在15个省份深入开展老年人失能、失智预防干预试点工作，以从源头上减少失能失智发生。未来我国在老年友好型社区建设过程中，有必要对失能、失智脆弱老龄人口给予更多关注，提

---

① World Report on Ageing and Health [R/OL]. World Health Organization, 2015-09-29.
② Scotland's National Dementia Strategy: 2013 [R/OL]. Scottish Government, 2013.

高社会对患痴呆症老年人口的社会友好性，使他们仍成为积极的、有价值的社会成员。

2. 女性老龄人口特别是高龄独居女性老龄人口

女性人口的平均寿命较男性长，2019 年，世界人口的平均寿命为 72.6 岁，其中男性平均寿命为 70.2 岁，女性为 75 岁。① 女性的寿命长于男性导致老年人口以女性为主，特别是 80 岁以上的高龄老年人口，2019 年全球每 100 名 65 岁及以上的女性对应 81 名男性，而每 100 名 80 岁及以上的女性对应 63 名男性。② 就业率和失业率的性别差距、工资的性别差距、从事非正规就业的性别差距、法定退休年龄的性别差距、人口寿命的性别差距等因素的存在导致女性所能获得的缴费型养老金的受益水平低于男性。③ 因而，女性老龄人口特别是丧偶独居的高龄女性老龄人口遭遇不良健康状况和老龄贫困的风险更高，是更具脆弱性的老龄群体。

对于女性老龄人口特别是高龄独居的脆弱女性老龄人口满足其需求主要围绕以下两方面展开：一是向其提供其所需要的长期照护服务或居家照护支持；二是引入以税收为基础的非缴费型最低养老金制度向其提供财务上的资助保障其财务安全，避免其陷入老龄贫困的风险，这对因承担家庭主要照护角色的非正式劳动力女性老年群体获得经济保障是至关重要的。④

3. 残疾老龄人口

对于残疾老龄人口满足其需求主要应通过以下三方面展开：

一是向其提供无障碍的老年友好环境，特别是无障碍的室外空间与建筑物、住房设施、公共交通等符合残疾老龄人口需求的物质环境。我国残疾人联合会积极推动无障碍环境建设立法工作，保障残疾老年人平等、充分、便捷地参与和融入社会生活的权益。2022 年，我国交通运输部推行适老化交通出行服务工作方案，持续提升城市客运的适老化服务水平，以更好地满足残疾老年人的出行和社会参与需求。

二是在突发事件发生时，残疾老龄人口因自身身体的功能性障碍增加了他们在突发事件中的脆弱性和获得支持的需求，老年人及其家庭照护者、服务提供者和社区均有责任防范潜在的突发事件，积极参与应急计划和培训、

---

① World Population Prospects 2019 [R/OL]. United Nations, 2020.
② World Population Ageing 2019 [R/OL]. United Nations, 2019.
③ 郝君富，李心愉. 基于性别公平视角的养老金制度设计改革 [J]. 中国人民大学学报，2017, 31 (3): 118-127.
④ World Population Ageing 2019 [R/OL]. United Nations, 2019.

演习，当地政府机构和社区组织必须进行协调并有准备地支持残疾老年人的卫生和安全需求，在社区中准备符合残疾老年人需求的计划、信息系统、物资和设施，建立更广泛的社区应急防备和应对方案。

三是向残疾老龄人口提供经济补贴，避免其因残致贫风险。当前我国全面落实残疾人两项补贴制度，截至2022年年末，全国共有911.7万60周岁及以上的老年残疾人领取残疾人两项补贴，占领取残疾人两项补贴人数的46%。①

4. 低收入贫困老龄人口

老龄人口更易遭遇老龄贫困的风险，老龄人口的贫困率整体上高于总人口的平均贫困率。② 老年友好型社区建设过程中为满足低收入贫困老龄人口的需求降低其老龄贫困风险主要需要围绕以下四个方面展开：

一是向贫困老龄人口提供基本的住所满足其基本的居住需求。因为对于贫困老年人来说，住所常常是其最大的家庭支出。③ 截至2022年年底，我国有648万60周岁及以上老年人享受公租房保障。④ 同时，2022年我国民政部、财政部、住房城乡建设部、中国残联联合印发《关于推进"十四五"特殊困难老年人家庭适老化改造工作的通知》，提出"十四五"时期支持200万户特殊困难高龄、失能、残疾老年人家庭实施适老化改造，以提升贫困老年人住所的安全性和便利性。

二是扩大养老保险覆盖面，逐步实现基本养老保险全覆盖。养老金是老龄人口的基本收入来源，保障养老保险的全覆盖有助于降低老龄人口面临的贫困风险。有必要将未从事正规就业的贫困老龄人口纳入不同形式的社会保险和养老金项目的覆盖范围，向其提供非缴费型社会养老金或基于家计调查的特困人员救助供养制度，保障其日常基本生活支出需求。当前我国面向贫困老年人提供养老服务兜底保障，开展特殊困难老年人探访关爱服务和基本生活救助，截至2022年年末，我国共有4143万老年人享受老年人补贴，包括高龄津贴、护理补贴、养老服务补贴、综合补贴；全国城市特困人员救助

---

① 民政部，全国老龄办.2022年国家老龄事业发展公报［R/OL］.中华人民共和国民政部网站，2023-12-14.
② Pensions at a Glance 2015: OECD and G20 Indicators［R/OL］. OECD, 2015.
③ The Office of the High Commissioner for Human Rights, United Nations. The Right to Adequate Housing［R/OL］. United Nations, 2014-05. HOWDEN-CHAPMAN P, SIGNAL L, CRANE J. Housing and Health in Older People. Ageing in Place［J］. Social Policy Journal of New Zealand, 1999, 13 (13): 14-30.
④ 民政部，全国老龄办.2022年国家老龄事业发展公报［R/OL］.中华人民共和国民政部网站，2023-12-14.

供养 35 万人，其中 60 周岁及以上老年人占比约 62.85%；全国农村特困人员救助供养 434.5 万人，其中 60 周岁及以上老年人占比约 79.51%。①

三是关注消除贫困老龄人口在卫生保健服务方面的不平等。通常贫困和边缘化老年人所暴露的风险更大、存在的健康问题更多，但获取卫生保健服务的难度却更大。应让所有的老龄人口都能够获取优质、平价的预防医疗、治疗、康复护理、健康促进及其他健康服务。应按照国家规定的最低水平向贫困老龄人口提供必要的卫生保健，满足卫生医疗服务的可用性、可及性、可接受性和质量方面的标准②，避免其因病致贫进一步增加贫困程度或因无钱治疗导致健康状况进一步恶化的风险。在我国应特别关注贫困老龄人口中的农村老龄人口，整体上农村老龄人口的贫困率高于城市，而且卫生医疗条件差，身体健康状况更差。我国卫生保健服务的人力资源分布不均，大部分卫生保健专业人员都集中于经济发达地区，大多数老年人所在的农村地区尚未建立适龄卫生服务的机制，而且约 31% 的农村老年人负担不起合理的医疗服务。③ 我国迫切需要建立一个包括农村人口在内的全民可及的、可负担的卫生保健服务系统，为农村老年人提供一个安全网络，分散灾难性卫生保健支出的风险，减少家庭负担及因此可能导致的贫困。

四是对于有就业能力的贫困老龄人口，应积极创建有利于老龄人口的就业机会和就业环境，帮助其积极参与再就业，获得就业收入来源。

总体上，低收入的贫困脆弱老龄人口群体是最具脆弱性的老龄群体，需要在公共政策方面给予更多的支持和帮助，应特别关注确保贫困老龄人口能够公平地获得应有的社会服务。当前基于我国现实，各地要根据财政承受能力制定基本养老服务清单，对健康、失能、经济困难等不同老年人群体，分类提供养老保障、生活照料、康复照护、社会救助等适宜服务，建立老年人能力综合评估制度，并实现评估结果在全国范围内跨部门互认，特别是对经济困难的失能（含失智、孤寡、残疾）的高龄老年人以及计划生育特殊家庭老年人等要考虑到其差异性的需求，提供老年友好服务切实满足其需求。

---

① 民政部，全国老龄办. 2022 年国家老龄事业发展公报［R/OL］. 中华人民共和国民政部网站，2023-12-14.
② Social Protection Floor［R/OL］. Social Protection Floor Initiative，2014.
③ Healthy Ageing in China: Expanding Health Protection for the Middle-age and Elderly［R/OL］. Swiss Re Institute，2020.

5. 处于被孤立边缘化、遭遇虐待的老龄人口

社会隔离会对健康产生独立影响,与健康状况和生活质量的降低相关。[①]对于处于社会隔离孤立状态甚至遭遇被虐待风险的脆弱老龄人口,在老年友好型社区建设过程中应围绕以下四个方面开展建设:

一是庇护和保护那些无家可归和贫困的老年人及受虐待者,立法保护老年人的权利(例如保护他们免受虐待),帮助老年人了解和行使自身权利,并建立侵权处理机制(包括针对紧急情况)。如墨西哥梅里达市议会经营的"高级护理中心"为被遗弃或无亲人资助的人们提供住所、食物、保健和娱乐服务;韩国首尔实施"健康晚年"计划,支持低收入老年人的膳食,关注并照顾贫困、疾病、孤独的老人,特别是独居老人的身心,开设专门的保护机构,防止老年人被虐待并提供咨询服务。当前我国应进一步加强老年人权益保障,贯彻老年人权益保障法,健全老年监护制度,加强老年人权益保障普法宣传,提高老年人运用法律手段保护自我权益的意识,依法打击欺老虐老行为,建立适老型诉讼服务机制,为老年人便利参与诉讼活动提供保障,倡导律师事务所、公证机构、基层法律服务机构为老年人减免法律服务费用,为行动不便的老年人提供上门服务等。

二是采取适合的方式接近那些在社会中被孤立的老年人,如因为独自生活、身体状况严重衰退和几乎没有家庭支持而脱离了社会的老年人。电子邮件和因特网通常并不是最优的解决方法,通过志愿者访问、打电话,或通过社区服务工作者提供上门服务等是比较好的接触方式。

三是对独自生活的老人进行登记,动态发现并帮助存在更高的孤独和社会隔离风险的老年人,如刚刚退休或失去亲人者等。当前我国有必要建立健全农村留守老年人关爱服务体系,建立城乡特殊困难老年人居家社区探访制度。

四是组织开展老年人感兴趣的活动计划鼓励老年人参与社会活动,如澳大利亚和爱尔兰针对有社会隔离风险的男性实施男性工棚项目,开展他们感兴趣的活动,包括木材车削、修理老爷车、编制传承纪念物及提供信息技术课程等。[②]

---

① DE JONG GIERVELD J, KEATING N, FAST J E. Determinants of Loneliness among Older Adults in Canada [J]. Canadian Journal on Aging/Revue Canadienne Du Vieillissement, 2015, 34 (2): 125-136.

② Australian Men's Shed Association. What is a Men's Shed [R/OL]. Australian Men's Shed Association, 2015.

五、通过鼓励老龄人口的全程建设参与以了解其真实需求

需要围绕老年人的需求和偏好设计老年友好型服务设施和社会环境，要最好地做到这一点，就应当使老年人自己参与制订服务计划。[1] 世界卫生组织设置的老年友好型社区八大建设主题，是通过将全面参与方法应用于老年人，通过分析和反映他们的情况去影响政府政策。为了让老年友好型社区所设计的建设清单有效，老年人必须充分参与决策的全过程，包括议程的制定，规划的执行和评估等。因为老年人才是他们自己生活中的权威专家，老年友好型社区建设应建立咨询与参与机制，将老年人和老年人组织纳入政策制定和评估过程当中，充分听取老年人的亲身感受和意见，世界卫生组织和各伙伴城市、社区也已经使老年人全面参与到该项目中，决策者希望真实地了解老年人生活的社区其老年友好性的特点到底是什么？他们会遇到什么样的问题？在促进老年人健康、参与和安全方面还需要做什么？进而对老龄人口的相关需求和偏好予以积极预测和回应，使老龄人口在建议改变、实施和监督方面充分发挥作用，以确保制定的政策切实满足其需求。

老年人参与社会生活各个领域，他们的贡献应该被重视和培养，老年人的权利应得到尊重，这样他们才能共同设计、共同创造美好的社会并有尊严地老去。老年人不只是社会的受益者也是变革的关键推动者。[2] 需要有包容性的做法来帮助老年人参与到对其有重要影响的社区决策过程中，重视老年人作为贡献者的价值。如西班牙巴斯克地区"我爱我的邻居"方案，由老年人领导的工作组参与制定与老年人生活息息相关的关键议题和应对措施。再如，各国老年友好的卫生保健体系需要重新设计以提供更加适合老年人需求、效率更高的综合性卫生保健体系，其切入点是将老年人作为卫生保健服务的中心，这就要求关注老年人独特的需求和偏好，将其作为积极的参与者纳入卫生保健计划，使其积极参与到健康服务体系的构建中。

---

[1] Global Strategy and Action Plan on Ageing and Health [R/OL]. World Health Organization, 2017-01-02.

[2] The Global Network of Age-friendly Cities and Communities (GNAFCC), WHO. Membership in the Global Network of Age-friendly Cities and Communities [R/OL]. Age-friendly World, 2019-12.

第三节 构建"以人为本、综合性"的老年友好健康服务体系

一、构建老年友好健康服务体系的重要性

老年人群寿命有所延长,而且健康状况良好,那么人口老龄化可以大体被视为人力资源的增长,并以多种形式对社会产生益处,如职业生命的延长。然而,如果更长的寿命伴随的是能力上的种种局限,则意味着对医疗保健和社会服务的需求更高,老年人也就难以继续为社会做出稳定的贡献。完善的健康服务体系可以使老年人在身体机能和经济收入下降时促进、维护和恢复健康,改善功能发挥,提升其内在能力,因而,健康和支持服务是保持老龄人口健康和独立的关键,高质量健康服务的可及性与老年人的健康福祉息息相关。

将公共资源用于提高老年人口的健康水平有很多正当的理由。[1] 首先是老年人享有"可获得的最高标准的健康"的基本人权。[2] 这种权利受到国际法的保护。在健康权的要求下,国家有义务以不具有任何歧视的方式提供适宜的卫生设施,可用、可及、可接受和优质的商品及服务。应确保人人享有卫生保健服务,包括长期照护。[3] 正如联合国《2030年可持续发展议程》指出的,"为了促进身心健康,延长所有人的寿命,我们必须实现全民健康保险覆盖,让人们获得优质医疗服务,不遗漏任何人"[4]。

二、构建以人为本、综合性的老年友好健康服务体系

老年友好的健康服务体系应是"以人为本、综合性"的健康服务体系。

---

[1] BESWICK A D, REES K, DIEPPE P et al. Complex Interventions to Improve Physical Function and Maintain Independent Living in Elderly People: A Systematic Review and Meta-analysis [J]. The Lancet, 2008, 371 (9614): 725-735.

[2] BAER B, BHUSHAN A, TALEB H A et al. The Right to Health of Older People [J]. The Gerontologist, 2016, 56 (Suppl 2): 206-217.

[3] China Country Assessment Report on Ageing and Health [R/OL]. World Health Organization, 2015-02-16.

[4] Transforming Our World: The 2030 Agenda for Sustainable Development [R/OL]. United Nations, 2015.

其中,"以人为本"是指将个体、家庭和社区视为卫生保健和长期照护体系的参与者和得益者,有意识地采纳其观点,并根据其需求和喜好,提供全面的人性化服务;能够提供以人为本健康服务的前提是人们具有参与决策和自我管理所需的知识,并能获得所需的支持;该服务体系并非围绕疾病,而是以人们的健康需求和期望为核心而建立。"综合性"的卫生服务是指根据人一生中不同阶段的需要,通过在不同地点,提供不同水平的健康促进、疾病预防、诊断治疗、疾病管理、康复治疗和姑息治疗等医疗服务,以确保人们得到连续性的综合卫生服务。① 即综合性卫生服务不鼓励对孤立的单独事件做出临时反应,卫生保健服务的提供者应该开展综合性评估、实施能延缓或反转功能衰退的预防措施以及支持长期照护(包括康复、姑息治疗和临终关怀),还应该包括家庭卫生保健。

老年友好的健康服务体系之所以要向"以人为本、综合性"的健康服务体系这一新的全球行动框架实现转变,源于当前健康服务体系存在的问题和无效性。世界上大部分国家的卫生系统都是针对治疗急性病症的模式设计的,而不是管理和减少老年人常见的慢性疾患所导致的相关问题。② 这些系统常常局限于各自的专业领域内,孤立地处理各种问题,单位、情况、时间点也都缺乏协同一致,这不但使卫生保健及其他服务无法充分满足老年人的需要,而且对老年人和卫生系统带来不可避免的巨大费用,如导致多药治疗、不必要的干预和不充分的照护。③ 在提供服务的地方,物理和社会环境中也存在着各种各样的阻碍健康和抑制参与性的因素,常常存在限制老年人利用这些服务的障碍,例如交通不发达、经济上负担不起以及提供卫生保健时的年龄歧视。目前从全球来看,应对人口老龄化的公共卫生学方法显然是无效的,老年人可获取的卫生服务通常与其需求并不相符,老年人的健康程度并没有随寿命的延长而增加。④

随着年龄的增长,老龄群体会出现长期而复杂的卫生保健需求。为了更

---

① World Report on Ageing and Health [R/OL]. World Health Organization, 2015-09-29.
② OLIVER D, FOOT C, HUMPHRIES R. Making Our Health and Care Systems Fit for an Ageing Population [M]. London: UK: King's Fund, 2014.
③ PERON E P, GRAY S L, HANLON J T. Medication Use and Functional Status Decline in Older Adults: A Narrative Review [J]. The American Journal of Geriatric Pharmacotherapy, 2011, 9 (6): 378-391.
④ CHATTERJI S, BYLES J, CUTLER D et al. Health, Functioning, and Disability in Older Adults-present Status and Future Implications [J]. The Lancet, 2015, 385 (9967): 563-575.

好地满足老年人口的需求，应采取措施对卫生系统进行改革，实现由疾病治疗模式向以老年人为中心的综合性保健模式的转变，针对老年人多方面的需求提供整合性的服务而非提供简单应对具体疾病的服务，保证卫生保健服务是由老年人不断变化的多样性需求而不是由卫生服务结构决定的，这意味着应围绕老年人的需求和偏好进行体系构建组织卫生保健服务，并与老年人（并在必要且获得同意的情况下与其家庭及社区成员）保持密切沟通，确保老年人能够得到有效服务，实现老龄人口的内在能力提升和功能发挥的健康老龄化目标。因而，传统卫生保健服务与以老年人为中心的综合性卫生保健服务存在多方面的显著性差异。在老年友好型社区的构建过程中，必须实现传统的无效率的卫生保健服务体系向以老年人为中心的综合性卫生保健服务体系的转变，传统卫生保健服务与以老年人为中心的综合性卫生保健服务的主要区别见表5-5。

表5-5 传统卫生保健服务与以老年人为中心的综合性卫生保健服务的比较

传统卫生保健服务	以老年人为中心的综合性卫生保健服务
·重视健康问题	·重视老人本身及其目标
·目标是治疗疾病	·目标是使内在能力达到最大化
·老年人是卫生保健服务的被动接受者	·老年人是卫生保健规划和自我管理的参与者
·不同条件、地点下，不同生命阶段中，不同医务人员提供的卫生保健服务是分散的	·不同条件、地点下，不同生命阶段中，不同医务人员提供的卫生保健服务是综合的
·与卫生保健和长期照护之间没有关联或关联有限	·与卫生保健及长期照护之间有很强的关联
·认为老龄化是病理状态	·认为老龄化是生命历程中正常且重要的部分

为建立以老龄人口为中心的综合性卫生保健体系，应将临床的重点由治疗疾病转移到改善内在能力上，应通过一个强大的个案管理系统评估个体的需求，保证所有老年人都得到综合性评估，并获得适合其需求的旨在提高机能的综合性卫生保健服务计划（见表5-6）。

表 5-6　根据固有能力差异采取以人为本的综合性卫生保健服务

	卫生医疗服务的目标	工作重点
·固有能力强而稳定	使其尽可能长久地维持这个水平	预防疾病、倡导提高能力的行为（加强饮食健康、增加运动）、减少风险（如减少吸烟），确保充分解决急性疾病，尽早发现、尽早处理慢性非传染性疾病
·能力衰退	延缓功能衰退，甚至部分逆转衰弱的过程和照护依赖的发生	从减少危险因素扩大到促进内在能力、维持和扭转衰退
·严重失能	整合卫生保健和长期照护服务维持功能发挥，确保有尊严的晚年生活	持续提供日常的疾病管理、康复治疗、保守治疗和临终关怀等长期照护服务

提供以人为本的综合性卫生保健服务，帮助老年人在生命各个阶段发展和维持尽可能最好的人体功能，这将需要范围广泛的各种服务之间的协调，其中包括健康促进和疾病预防；筛查、早期发现和急救护理；慢性病的持续管理；康复和姑息治疗。不同服务层级之间的协调以及各种卫生和社会服务之间的协调将是至关重要的。① 为更好地满足老龄人口的健康服务需求，更好地向老龄人口提供以人为本的综合性卫生保健服务，当前我国应进一步加强国家老年医学中心建设，布局若干区域老年医疗中心，方便老年人看病就医。通过新建改扩建、转型发展，加强老年医院、康复医院、护理院（中心、站）以及优抚医院建设，建立医疗、康复、护理双向转诊机制。

三、紧密依托社区构建健康服务体系满足老龄人口"就地养老"需求

（一）就地养老和以社区为依托的健康服务需求

根据世界卫生组织的定义，所谓"就地养老"是指不管年龄、收入或内在能力水平如何，老年人安全、独立、舒适地生活在自己家里和社区的能力。② 就地养老是老年人的普遍偏好，老年人通常认为他们现有的家庭或社区

---

① Global Strategy and Action Plan on Ageing and Health ［R/OL］. World Health Organization，2017-01-02.
② World Report on Ageing and Health ［R/OL］. World Health Organization，2015-09-29.

有维持联系、安全和亲密的好处，并且使他们更有认同感和自主性。①就地养老能够使老年人留在社区或维持其与社区及社交网络的联系，促进福祉并可作为应对逆境的资源，大量研究表明老年人通常更偏爱在家里或至少是在其生活的社区里养老。②因而，支持就地养老成为应对人口老龄化的共同政策。

养老模式通常包括家庭养老、社区养老、机构养老三种基本形式，就地养老主要指家庭养老和社区养老两种方式。照护老年人通常被视为家庭最重要的责任，因而，家庭养老在很长的时间里包括我国在内的很多国家均是最主要的养老模式，然而，这种养老方式的可持续性正变得不再那么普遍。③城市化、家庭规模的缩小及女性就业比例的增加限制了女性及其家庭为老年人提供所需照护的能力。因而，随着社会和经济的变迁，传统的家庭养老模式逐渐出现与环境不相适应之处，仅依靠家庭已难以满足显著丧失能力老年人的照护需求。在很多国家，老年人独立生活的比例正在显著增加，但很多老年人仍然更愿意尽可能长期生活在自己的家庭和社区之中。因而，有必要建立一个综合性的社区照护系统以帮助老龄人口可以在他们的社区里更好地实现就地养老。综合性的社区护理系统包括两方面的健康服务以帮助老龄人口实现就地养老：一是由社区直接提供的社区养老服务，即通过在社区建立老年人日间服务中心，由社区承担主要的养老职责；二是由社区向在社区中居家生活的老龄人口提供支持性的健康和护理服务，对家庭卫生服务予以补充以帮助其实现居家就地养老。据统计，在高收入OECD国家中，有二分之一到四分之三的老年人在家中接受长期照护。④

社区中心的方便性、熟悉性与可及性等特点使其成为提供老龄护理保健服务的理想载体和服务基地，以社区为基础的有偿服务和志愿者组织在老龄人口的卫生保健和生活护理服务实施过程中可发挥重要作用，可为老年人提供包括独立生活服务、辅助生活服务和照料护理等养老健康服务，使老年人

---

① WILES J L, LEIBING A, GUBERMAN N et al. The Meaning of "Aging in Place" to Older People [J]. The Gerontologist, 2012, 52 (3): 357-366.
② KEENAN TA. Home and Community Preferences of the 45+ Population [R/OL]. 2010-11; COSTA-FONT J, ELVIRA D, MASCARILLA-MIRÓ O. "Ageing in Place"? Exploring Elderly People's Housing Preferences in Spain [J]. Urban Studies, 2009, 46 (2): 295-316.
③ FENG Z, LIU C, GUAN X et al. China's Rapidly Aging Population Creates Policy Challenges in Shaping a Viable Long-term Care System [J]. Health Affairs, 2012, 31 (12): 2764-2773.
④ Pensions at a Glance 2013: OECD and G20 Indicators [R/OL]. OECD, 2014-01-01.

在健康状况和自理能力发生变化时,依然可以继续居住在熟悉的环境中,并获得与自身状况相适应的生活照料服务。而且,在老龄人口居住地的临近地区而不是在城市的中心地点提供可利用的、协调良好的卫生保健服务保障卫生保健服务的可得性,因而,对老年人的健康状况和健康行为有积极显著的影响。世界卫生组织发布的《老年人综合照护指南》建议支持就地老龄化,认为应在人们生活的地方提供卫生保健服务。世界卫生组织也将"社区"视为"健康老龄化行动十年(2021—2030 年)"的核心。① 推进关爱老龄群体的社区建设已成为很多国家中央和地方政府的一个优先事项,如新西兰政府和日本秋田市老年友好型项目均将其设为关键性的优先事项之一。因而,提供依托社区支持的健康服务体系可以更好地满足老龄人口的就地养老需求,是构建以人为本的健康服务体系的重要组成部分。

(二)推进医养结合建立以社区为依托的就地养老健康服务支持

提供可及性的卫生保健服务对于老龄人口就地养老非常重要,卫生保健模式应以初级卫生保健和社区卫生保健为优先导向,应重视并充分发挥社区医务人员的作用,社区医务人员是低收入或中等收入国家推广就地健康养老政策的重要资源,是保证初级卫生保健满足社区需求的关键因素,是在改善基本卫生服务可及性、国家基层保健和全民健康覆盖中可发挥关键性的角色,社区医务人员作为初级卫生保健提供者是落实老年人适龄卫生保健服务、执行病例搜索(鉴别社区内虚弱或有照护依赖却未在医疗机构寻求救助的老年人)、实施家庭评估和干预的理想人选。②

研究表明卫生技术人员进行家访可产生积极影响。③ 澳大利亚、丹麦和英国甚至将以社区为基础对老年人实施家访作为一项国家政策来实施,其目的是通过一级预防(如免疫接种和体育锻炼)、二级预防(如检查未治疗的疾

---

① Integrated Care for Older People: Guidelines on Community-level Interventions to Manage Declines in Intrinsic Capacity [R/OL]. World Health Organization, 2017-01-01.
② ELKAN R, EGGER M, KENDRICK D et al. Effectiveness of Home Based Support for Older People: Systematic Review and Meta-analysis Commentary: When, Where, and Why Do Preventive Home Visits Work? [J]. British Medical Journal, 2001, 323: 719-724.
③ BESWICK A D, REES K, DIEPPE P et al. Complex Interventions to Improve Physical Function and Maintain Independent Living in Elderly People: a Systematic Review and Meta-analysis [J]. The Lancet, 2008, 371 (9614): 725-735; HUSS A, STUCK A, RUBENSTEIN L Z et al. Multidimensional Preventive Home Visit Programs for Community-dwelling Older Adults: A Systematic Review and Meta-analysis of Randomized Controlled Trials [J]. Journals of Gerontology Series A: Biological Sciences and Medical Sciences, 2008, 63 (3): 298-307.

病）和三级预防（如改善药物的使用）来延缓或阻止老年人的功能衰退、照护依赖及入住养老院。社区医务人员提供上门家访服务对于具有健康问题与功能受限并因此影响自身独立生活和维持生活质量能力的老年人至关重要，社区医务人员可通过家访工作对老年人进行综合评估，包括其内在能力及可能会影响未来内在与能力的相关疾病、损伤、行为和风险，所处的环境等，进而各社区能够客观地确定需要照顾、监测和支持的老年人或其家庭照护者所需帮助的程度和类型。初级社区卫生保健服务中心还应将老龄人口的生理机能测量结果纳入常规健康信息的收集中，监控老年人机体功能的动态变化。一旦居家养老的老年人身体发生紧急情况，基层社区服务不能处理，社区医疗服务还应对其提供及时的转诊就医服务。因而，社区医务人员可对就地养老的老年人提供强有力的监测、管理和转诊医疗服务。

社区医务人员对老年人进行定期和持续的随访，可以促进早期发现并发症或功能变化，从而预防突发情况。但若社区医务人员缺乏相关识别能力和知识则难以发挥应有的作用，因而，各地区可以基于世界卫生组织制定的《老年人综合照护指南》并结合本地实际，在基层保健层面制定一套综合的、以社区为基础的方法实施干预措施，以防止老年期能力下降，并向社区卫生保健专业人员提供识别和管理老年期损伤的指导或培训。除充分发挥社区医务人员的积极作用，还应充分发挥基层志愿者的作用以弥补社区卫生保健服务的缺口，如吸引更多的志愿者提供社区服务和家庭保健支持，对独自生活的老年人进行社区登记以应对突发事件以及紧急情况，还可为转诊服务提供交通服务等。

除提供社区医务人员的家访服务，利用社区卫生服务中心（站）、乡镇卫生院等还应对包括高血压和糖尿病等在内的重点慢性疾病展开早期筛查，并进行早期诊断和预防控制工作，帮助老年人制定慢性疾病预防、控制和自我管理规划，促进健康的生活方式，包括合理健康的饮食、锻炼身体并戒烟等，开展老年口腔健康、老年营养改善、阿尔茨海默症防治和心理关爱行动。定期为老年人提供生活方式和健康状况评估、体格检查、辅助检查和健康指导等健康管理服务，为患病老年人提供基本医疗、康复护理、长期照护、安宁疗护等服务。开展老年人群营养状况监测和评价，制定满足不同老年人群营养需求的改善措施。深入推进医养结合，支持社区卫生服务机构、乡镇卫生院内部建设医养结合中心，为老年人提供多种形式的健康养老服务。利用社区日间照料中心及社会化资源为老年人提供生活照料、助餐助浴助洁、紧急救援、康复辅具租赁、精神慰藉、康复指导等多样化养老服务。

当前我国卫生健康部与民政部要积极建立居家社区机构相协调、医养康养相结合的工作沟通协调机制，大力推进医养康养相结合的养老服务体系，满足老年人养老服务和医疗健康服务的综合需求。鼓励医疗卫生机构与养老机构开展协议合作，进一步整合优化基层医疗卫生和养老资源，提供医疗救治、康复护理、生活照料等服务。支持医疗资源丰富地区的二级及以下医疗机构转型，开展康复、护理以及医养结合服务。鼓励基层积极探索相关机构养老床位和医疗床位按需规范转换机制。

四、创造关爱老年人的物质环境增进老龄健康

（一）老年友好的物质环境对促进老龄健康的重要性

老年人面临的多数健康问题都与慢性病有关，特别是非传染性疾病。其中许多可以通过健康行为和支持这些行为的友好型环境来预防或延缓发生。即使是对于能力显著衰退的人，良好的支持性环境也可以保证他们有尊严的生活和持续的个人发展。[①] 应加强社区生态环境建设，大力绿化和美化社区，营造卫生清洁、空气清新的社区环境。关爱老人的环境包括室外空间与建筑、交通、住房等物质设施和环境。方便获取、温馨而安全的公共空间有助于提高老龄人口行动起来的意愿，增加老龄人口的体育活动进而促进疾病预防增进健康；提供地理位置和经济上均可及的公共交通可以使老年人能够按照自己选择的时间和出行方式以可负担的费用到达他们想去的地方，如参与社交活动保持社交网络以促进身心健康；通过适老化改造的住所和按照通用标准设计的公共服务机构有助于保障老龄人口的安全，降低跌倒等影响健康的风险事故的发生概率，进而保持老龄人口的固有能力和功能发挥。因而构建老年友好的物质环境对促进老龄人口健康具有重要作用，是老年友好的健康服务体系的重要组成部分。但关爱老龄人口的物质环境改善并不属于卫生部门职权范围内，而良好的环境对增进老龄人口的健康又具有重要影响，因而，有必要加强卫生部门与其他相关政府部门之间的多部门合作。

（二）通过构建老年友好的室外空间与建筑环境促进老龄健康

全世界老年人口的迅速增加增进了鼓励开展能预防或延迟残疾发生的干

---

① Global Strategy and Action Plan on Ageing and Health [R/OL]. World Health Organization, 2017-01-02.

预方法研究的重要性。① 世界卫生组织新健康老龄化的公共卫生体系关注在生命历程中维护功能发挥这一目标,在功能衰退早期开展干预可以推迟、延缓,甚至逆转功能衰退和照护依赖的过程,因而早期干预是非常必要的。疾病预防和健康促进已成为最能引起全世界关注的卫生保健服务之一。② 除疾病预防和健康促进,良好的外在环境还有助于老龄人口的康复治疗,康复治疗对减轻视力损伤非常有效,而改善环境,如改进照明和标识,使用高对比度、不反光的背景,并将标识置于与视线齐平位置对减轻视力损伤会有帮助。听力损伤也可以通过简单的干预和环境改变有所缓解,如减少背景噪声干扰进行康复治疗。当前我国应加强老年人住宅公共设施的无障碍改造,重点对坡道、楼梯、电梯、扶手等进行改造,保障老年人的出行安全;加强社区道路设施、休憩设施、信息化设施、服务设施等与老年人日常生活密切相关的设施和场所的无障碍建设;新建城乡社区提倡人车分流模式,加强步行系统安全设计和空间节点的标志性设计。

社区的物质环境与居民的身体活动和健康息息相关,通过提供适当的社区环境有助于促进老年人参与体育活动,进而有助于改善老年人的健康状况。越来越多的证据表明,参加体育活动有助于维持身体机能,体能锻炼几乎在整个生命历程的各个阶段都有益于健康,包括减少活动功能受限,延长寿命。③ 体育活动有助于预防疾病,降低中风的风险;还有助于减少认知衰退,降低患阿尔茨海默病的风险;④ 延迟老年人的照护依赖,改善其自身能力,帮助他们从虚弱的状态中得以恢复。⑤ 参加体育活动还有助于改善老龄人口的身心状况,如通过保持肌肉力量和认知能力,减少焦虑和抑郁,提高自信或通过参加体育社交活动,维护社交网络和代际互动。而老龄人口对体育活动的参与情况与其生活的环境日益相关。⑥ 政策制定者可以创造合适的环境促进老

---

① Towards an International Consensus on Policy for Long-term Care of the Ageing [R/OL]. World Health Organization, 2000.
② Global Age-friendly Cities: A Guide [R/OL]. World Health Organization, 2007-10-05.
③ Code on Accessibility in the Built Environment [R/OL]. Building and Construction Authority, 2013.
④ HONG S I, MORROW-HOWELL N. Health Outcomes of Experience Corps: A High-commitment Volunteer Program [J]. Social Science & Medicine, 2010, 71 (2): 412-420.
⑤ ELLIS M, DALZIEL R. LinkAge Plus: Capacity Building: Enabling and Empowering Older People as Independent and Active Citizens [R/OL]. GOV. UK, 2009.
⑥ CHAD K E, REEDER B A, HARRISON E L et al. Profile of Physical Activity Levels in Community-dwelling Older Adults [J]. Medicine & Science in Sports & Exercise, 2005, 37 (10): 1774-1784.

年人参与体育活动[1]，包括提供适于安全行走的步行空间（如人行步道或公园）；确保可以轻松使用的当地设施、产品和服务[2]；设计社区运动项目，促进体育活动，加强对运动益处的宣传等。我国当前应因地制宜改造或修建综合性的活动场所，配建有利于各年龄群体共同活动的健身和文化设施，同时也可为老年人和老年社会组织参与社区活动提供必要的场地、设施和经费保障，满足老年人的社会参与需求。

除保障室外空间和环境的老年友好性，所有的服务机构，包括卫生中心、医院等公共服务机构均应向老龄人口提供无障碍的建筑及基础设施，如电梯、自动扶梯、斜坡、门廊和过道都应该可供体能严重衰退或坐轮椅的人使用，楼梯不要太高太陡且设有扶手，地板防滑，休息区座椅舒适；标示够大、清晰而明亮。我国还应积极推进落实无障碍环境建设法规、标准和规范，将无障碍环境建设和适老化改造纳入城市更新、城镇老旧小区改造、农村危房改造、农村人居环境整治提升并统筹推进，让老年人参与社会活动更加安全方便。

（三）通过提供便捷的交通设施促进老龄健康

交通服务和设施直接关系到老龄人口到达医院等保健服务机构的便利性、可达性。健康服务机构距离太远或很难到达被认为是卫生保健的重要障碍。特别是对于残疾老龄人口及身体具有严重损伤的老年人来说，普通人到卫生中心的正常距离对于他们却可能是个不可逾越的难题，在这种情况下，非常有必要消除其交通障碍，建立能满足其出行需求的平价交通方式。可负担的便利交通方式还有利于老龄人口日常出行购物、去公园健身等活动的开展，因而，便利的交通服务可通过与老龄人口的日常生活进行整合而使体力锻炼变得更加容易获取。[3] 交通的可及性、可负担性还关系到老龄人口的社会参与

---

[1] GARIN N, OLAYA B, MIRET M et al. Built Environment and Elderly Population Health: A Comprehensive Literature Review [J]. Clinical Practice and Epidemiology in Mental Health, 2014 (10): 103-115.

[2] GILES-CORTI B, DONOVAN R J. Relative Influences of Individual, Social Environmental, and Physical Environmental Correlates of Walking [J]. American Journal of Public Health, 2003, 93 (9): 1583-1589; BOOTH M L, OWEN N, BAUMAN A, et al. Social-cognitive and Perceived Environment Influences Associated with Physical Activity in Older Australians [J]. Preventive Medicine, 2000, 31 (1): 15-22.

[3] GERAEDTS H, ZIJLSTRA A, BULSTRA S K et al. Effects of Remote Feedback in Home-based Physical Activity Interventions for Older Adults: A Systematic Review [J]. Patient Education and Counseling, 2013, 91 (1): 14-24.

程度，积极的社会参与有利于老龄人口的社会融入和身心健康，因而，交通环境作为物质环境将通过影响社会环境进而影响老龄人口的健康状况。当前我国应进一步加强老年优待工作，为老龄人口提供出行便利公交乘车优惠等老年友好型交通措施。

（四）通过提供宜居的住房设施促进老龄健康

居住条件的好坏是安全和健康的决定性因素之一。适合的住所及其社区和社会服务的可及性对其独立性的影响与老年人生活质量之间存在直接联系。为提高住所的宜居性促进老龄人口更健康安全地实现就地养老，需要重点开展住宅的适老化改造和使用辅助技术。

当人们的能力严重降低后，此前家中较小的问题也会成为满足其日常需求的主要障碍。[1] 因而，进行住宅的适老化改造意味着减少老龄人口独立生活的障碍。住宅改造主要包括保障住所的物理可及性，如去除入口处的台阶障碍，提供有助于移动和安全的辅助设施，如在淋浴器或马桶旁安装扶手，在卫生间铺设防滑地面等。住宅改造可以使老龄人口的日常生活任务变得更容易；减少健康风险，如可以有效降低跌倒的发生率[2]；增加安全性；有助于老年人长期保持独立；对社会关系和社交网络产生积极影响，从而促进老年人持续的社会参与。[3] 住宅改造已被证实是符合成本效益的，住所设施改善的能力有助于改善住宅的安全性、物理可及性和舒适度，对老龄人口的健康能产生积极影响。一项有关在英格兰和威尔士使用公共基金为老年人和其他能力降低者进行的住宅改造的有效性的调查研究表明，无论是较小的改良还是重大的改良都产生了一系列积极的影响，让老龄人口对于意外风险感觉更安全，对健康有积极影响，使老龄人口更独立，更自信。[4]

提高房屋的可使用性需要同时提供辅助技术[5]，如手杖、助行架、淋浴座

---

[1] PERRY T E, ANDERSEN T C, Kaplan D B. Relocation Remembered: Perspectives on Senior Transitions in the Living Environment [J]. The Gerontologist, 2014, 54 (1): 75-81.

[2] Integrated Care for Older People: Guidelines on Community-level Interventions to Manage Declines in Intrinsic Capacity [R/OL]. World Health Organization, 2017-01-01.

[3] TANNER B, TILSE C, DE JONGE D. Restoring and Sustaining Home: The Impact of Home Modifications on the Meaning of Home for Older People [J]. Journal of Housing for the Elderly, 2008, 22 (3): 195-215.

[4] HEYWOOD F. Money Well Spent: the Effectiveness and Value of Housing Adaptations [M] Bristol: Policy Press, 2001.

[5] MORRIS M, ADAIR B, MILLER K et al. Smart-home Technologies to Assist Older People to Live Well at Home [J]. 2013, 1 (1): 1-9.

椅、浴缸坐板、浴室防滑垫等以提高功能减退的老年人的居家安全；感应器和摄像头等辅助技术工具可以监测老年人在家中的情况并分析数据，确定老人是否跌倒、触发烟雾报警器或走失等。因而，辅助医疗技术有助于帮助老年人在面临功能衰退时继续维持能力，可以减少跌倒和住院的发生概率，可以提高老年人的生活质量和福祉。

当前我国各地要制定出台新建城区、新建居住区、老城区和已建成居住区配套养老服务设施设置标准和实施细则，落实养老服务设施设置要求。新建城区、新建居住区按标准要求配套建设养老服务设施实现全覆盖；鼓励有条件的地区对经济困难的失能、残疾、高龄等老年人家庭，实施无障碍和适老化改造、配备生活辅助器具、安装紧急救援设施、开展定期探访。指导各地结合实际出台家庭适老化改造标准，鼓励面向更多的家庭开展适老化改造。支持对老年人住房的空间布局、地面、扶手、厨房设备、如厕洗浴设备、紧急呼叫设备等进行适老化改造、维修和配备，降低老年人的日常生活风险。建立社区防火和紧急救援网络，完善老年人住宅防火和紧急救援救助功能。定期开展独居、空巢、留守、失能（含失智）、重残、计划生育特殊家庭老年人家庭用水、用电和用气等设施安全检查，对老化或损坏的设施及时改造维修，排除安全隐患。

五、建立"以人为本、综合性"的长期照护体系

（一）长期照护的定义

世界卫生组织对长期照护的定义为"其他人开展的活动，以便确保显著持续丧失固有功能的个人或者面临这种风险的人能够维持符合其基本权利、根本自由和人类尊严的人体功能水平"[1]。该定义基于两项主要原则：首先，即使是在显著丧失功能的情况下，老年人仍然可以活得很好，他们有权并应当有自由实现他们不断追求幸福、人生意义和尊严的理想。其次，与生命的其他阶段相同，该阶段期间的固有能力并不是一成不变的。相反，能力下降是一个连续过程的一部分，在有些情况下也可能进行预防或实现逆转。因此，要在该生命阶段充分满足某个人的需求，就需要努力优化这种能力的轨迹，从而使需要通过其他照护机制补偿的缺陷得以减少。[2]

---

[1] World Report on Ageing and Health [R/OL]. World Health Organization, 2015-09-29.
[2] Global Strategy and Action Plan on Ageing and Health [R/OL]. World Health Organization, 2017-01-02.

换言之，长期照护只是确保存在严重失能的老年人仍然能够实现健康老龄化的一种方法。正如生命历程中的所有阶段一样，这一目标可以通过两种机制实现：最优化被照护者内在能力的变化轨迹；通过提供必要的支持环境和照护，维持可以确保福祉的一定水平的功能发挥，以代偿失能，保证其尊严和福祉。①

（二）建立长期照护体系的必要性

在许多人的生活中，都会经受能力显著丧失的阶段，在老年时尤其如此。作为健康权的一部分，丧失能力或者具有丧失能力高风险的老年人有权接受护理和支持，这种护理和支持应当维持最佳可能的人体功能水平并符合老年人的人权、基本自由和人的尊严。② 无论年龄、性别或收入，所有需要照护的老年人均应获得长期照护服务，享受有尊严且有意义的生活。所有国家都需要一个充分整合的长期照护系统，无论其经济发展水平或依赖照护的老年人在人口中所占的比重如何。卫生系统和照护者提供照护的方式必须支持最佳可得的固有能力轨迹并通过支持、照护和环境行动补偿能力的丧失，以便维持人体功能的水平，确保健康幸福并使老年人能够在适合他们的地方生活。

老年人体力和脑力的下降增加了长期照护服务的需求。虽然各国老龄人口对照护的依赖和需求存在差异，随着全球人口老龄化程度的不断加深，长期照护的需求普遍日益增长。以我国为例，2010年，我国需要日常照护的60岁及以上老年人口为2,530万（占比为33%），预计至2050年在我国需要日常照护和帮助的老年人口总数将上升近60%，这表明对长期照护服务的需求将快速增长。③ 老年人口中高龄老年人口对照护的依赖需求更高，以我国统计数据为例，60岁至70岁人群中有6%的受访者需要长期照护，在80岁及以上人口中，该比例则高达26%。④ 包括我国在内的很多国家的人口老龄化都体现出老龄人口的高龄化趋势，全世界80岁及以上人口的增速快于60岁及以上人口的增速。预测显示，2019年至2050年，80岁及以上人口数将增加近三倍，由1.43亿增至4.26亿。⑤ 因而，随着人口老龄化程度的加深及高龄老

---

① World Report on Ageing and Health [R/OL]. World Health Organization, 2015-09-29.
② Global Strategy and Action Plan on Ageing and Health [R/OL]. World Health Organization, 2017-01-02.
③ China Country Assessment Report on Ageing and Health [R/OL]. World Health Organization, 2015-02-16.
④ Healthy Ageing in China: Expanding Health Protection for the Middle-age and Elderly [R/OL]. Swiss Re Institute, 2020.
⑤ World Population Ageing 2019 [R/OL]. United Nations, 2019.

龄人口人数和比例的进一步增加，长期照护需求将进一步增加。而在中国大多数地区，尚未建立正规的长期照护服务和支持体系，亟须设立基本长期护理规划，为中老年人提供额外保障。

当前21世纪，没有哪个国家能够承担综合性长期照护系统完全缺失的后果。对于高收入国家，建立综合性服务系统的挑战主要包括：长期照护系统服务质量的提高；能向所有需要长期照护者提供服务，且在经济学上是可持续的运作方式；与卫生系统实现有效的整合。对于中低收入国家，其长期照护工作往往是完全由家庭承担。随着社会和经济的发展、人口的老龄化以及妇女地位的变化，这种情况的不公平性与不可持续性日益显露。因此，中低收入国家面临的挑战是要从头建立一个前所未有的系统。每个国家都需要有长期照护的综合系统，可以在家中、在社区内或在专门机构内提供照护。

对长期照护的投资可带来诸多效益，不仅可以帮助显著丧失能力的老年人继续做他们认为有价值的事情从而有尊严地生活，而且有助于减少对急性卫生服务的依赖和不当使用；帮助家庭避免高昂甚至灾难性的护理开支保护家庭免于贫穷；使妇女维持就业去承担更多的社会职能；提供长期照护也会以全社会共担风险的方式培养社会凝聚力促进社会团结。① 除此之外，长期照护还有利于减少老龄人口的住院治疗次数，降低相关支出；提高照护质量和生活质量；改善对痴呆症的照护；改善临终关怀；为专业照护者提供就业机会；支持技术创新和产品研发，为老龄产业带来商业机会等。因而建立综合性的长期照护系统是十分必要的。考虑到长期照护对老龄人口及其家庭和社会的重要收益，世界卫生组织在2016年提出的"老龄化与健康全球战略和行动计划"中将"建立可持续和公平的系统以提供长期照护"作为健康老龄化战略的五大战略之一。我国自2016年开始在第一批15个城市中试行长期护理保险计划试点，为在我国建立一套面向老年人的综合高效的照护服务体系进行尝试。

(三) 建立以人为本的综合照护体系

1. 世界卫生组织的老年人整合照护指南

通过向需要照护的老年人提供适合其需求的综合照护服务有助于保持老年人的内在能力。基于世界卫生组织的新健康老龄化框架，为更好地指导帮助世界各国、各地区长期照护体系的构建，2017年世界卫生组织专门编写了

---

① Global Strategy and Action Plan on Ageing and Health [R/OL]. World Health Organization, 2017-01-02.

基于社区层面的老年人整合照护（Integrated Care for Older People，ICOPE）指南，该框架要求改变卫生保健服务的管理和提供方式，并提出了能够确保为人们提供高质量的、整合性的卫生保健服务的方法：提供强大的个案管理系统（需要评估个人需求）；制订整合照护计划；提供旨在维护内在能力和功能发挥的服务。老年人整合照护指南将关注的重点由机构照护转移至基于社区和家庭的照护，强调提供一系列基层的和基于社区的卫生保健照护服务。这种照护可以在老人的家中、社区或日间照管中心进行，主要聚焦于居家干预、社区参与和完全整合的转诊系统。老年人整合照护指南旨在向卫生保健服务人员提供进一步的循证指导，以采取适当的方法检出和管理明显的身体机能丧失（包括行动能力受损、营养不良、视力障碍和听力损伤）和脑力下降（包括认知障碍和抑郁症状）及与照护依赖相关的老年综合征（包括尿失禁和跌倒风险）。[①] 因而，老年人整合照护指南是支持2016年世界卫生大会批准的老龄化与健康全球战略和行动计划实施的关键工具，与世界卫生组织新健康老龄化框架一致，提出应建立以人为本的整合性长期照护体系。

2. 提供"以人为本"的长期照护服务

长期照护系统的核心目标应当针对已失能或有严重失能风险的老年人，维护其功能发挥水平，并确保服务尊重老年人的基本权利、自由与尊严，对老年人获得健康和被尊重的愿望予以重视。长期照护必须保护依赖照护的老年人的人权。照护提供的方式必须有利于维护老年人的尊严、帮助他们进行自我表达，在可能的情况下提高他们自主决策的能力。"以人为本"的长期照护服务要求必须以被照护个体为中心，必须以老年人的需求而不是服务的构成为导向。个案管理是保证老年人获得由卫生保健及社会部门提供的以人为本的整合性照护服务的主要工具，其主要作用包括发现病例、提前制订照护计划并进行监控等。研究表明个案管理对老年人的心理健康和福祉，以及照护者的满意度和福祉具有有益的影响。[②] 在连续保健的整个过程中，个案管理计划必须使老年人能够自主决策，支持他们的自主权，这也是以人为本的照

[①] Healthy Life Expectancy (HALE) at Birth [R/OL]. World Health Organization, 2020-12-07.

[②] YOU E C, DUNT D, DOYLE C et al. Effects of Case Management in Community Aged Care on Client and Carer Outcomes: A Systematic Review of Randomized Trials and Comparative Observational Studies [J]. BMC Health Services Research, 2012, 12 (1): 1-14; EKLUND K, WILHELMSON K. Outcomes of Coordinated and Integrated Interventions Targeting Frail Elderly People: A Systematic Review of Randomised Controlled Trials [J]. Health & Social Care in the Community, 2009, 17 (5): 447-458.

护理念充分尊重被照护老年人自我需求和偏好的要求。

以人为本的照护体系不应只注重满足老年人的基本生存需求，而应使功能发挥成为长期照护的终极目标，这就需要照护者关注一些其他的领域。包括加强老年人到处活动的能力，建立并保持人际关系和社交网络的能力，学习、成长和决策的能力，为社区做出贡献的能力。长期照护的设计应在保持老年人与所在社区和社交网络联系的同时，便于老年人的尊严、自主权和个人愿望的实现。照护者需要获得相关的知识、培训和支持，以使严重失能的老年人获得这些能力，更好地提供以人为本的综合照护满足其基本生活上的需求。

3. 提供"整合性"的长期照护服务

现行的卫生保健服务系统仍较为分散，尚未形成体系，无法为慢性病患者提供完善的连续性的照护服务。世界卫生组织在《关于老龄化与健康全球报告》中阐述了"提供以老年人为中心的整合照护"理论和证据基础。长期照护包括预防措施（例如跌倒风险的评估和预防）、医疗、临床护理（例如皮肤或伤口的护理、自我保健、阿尔茨海默病行为管理）以及临终关怀等在内的一揽子照护措施。长期照护系统包括提供照护和支持的家庭成员、朋友、志愿者，所有有偿和无偿的照护劳动力，以社区为基础的服务和机构照护，以及支持照护者、保证照护质量的服务（如提供临时看护，提供信息、教育、认证、资金支持和培训）。因而，长期照护服务涉及多方面照护措施和多方参与者，必须向整合性的系统转变才可能更好地实现以人为本的照护目标满足老龄人口的需求。

为了构建以老龄个体能力为中心的综合性长期照护系统，需要一个为整个过程提供指导和监督、并明确职权分工的管理体系。为确保系统的良好运行，政府应发挥主导性的作用，要制定国家级的方案，但这不意味着政府必须资助和提供所有服务。为使体系设计适应社会、文化和经济环境，政府应召集利益相关方采取透明的工作方式共同商讨和决定合作与分工关系，引入老年人、照护服务人员及研究人员的知识和经验，并对现有方法和措施的优缺点进行考察，这有助于明确关键服务与职责，确定可能存在的障碍，确定最佳的服务提供方及培训和认证等工作的开展，以协调整个系统确保提供整合性的长期综合照护服务并保证服务质量。

当前我国有必要进一步加强失能老人长期照护服务和保障体系建设，为老年人口提供整合性的长期照护服务，包括按照实施国家基本公共卫生服务项目的有关要求，开展失能老年人健康评估与健康服务；完善从专业机构到社区、家庭的长期照护服务模式；依托护理院（中心、站）、社区卫生服务中心、乡镇卫生院等医疗卫生机构以及具备服务能力的养老服务机构，为失能老年人提供长期照护服务；发展"互联网+照护服务"，积极发展家庭养老床位和护理型养老床位，方便照护失能老年人；稳妥推进长期护理保险制度试点，加大探索力度，完善现有试点，积极探索建立适合我国国情的长期护理保险制度。

（四）向非正式家庭照护者提供支持

1. 向非正式家庭照护者提供支持的必要性

在大多数国家，照护老龄人口都是由非专业照护人员提供的（配偶、成年子女或其他亲属、朋友），而女性则是主要照护人员。[①] 在世界任何地方，家庭成员承担了最大部分的长期照顾责任，在照护服务中发挥着关键作用。照护老年人要求家庭照护者付出重大的生理、心理和经济代价，而非正式照护很少被纳入长期照护的成本评估，这些非政府支出很可能是巨大的，包括照护者无偿劳动的成本，进行照护的家庭成员被迫放弃接受教育和获取收入的机会成本等。[②] 因而，家庭照护者应被视为帮助老年人获得居家照护服务，从而缓解公共卫生系统紧张资源状况的卫生人力的组成部分，他们应该获得应有的社会地位和认可。全球证据表明，家庭照护人员需要获取足够的支持来履行责任。[③] 阿尔茨海默病等慢性疾病严重影响了家庭照护人员的生活质量[④]，支持性干预对减轻照护人员负担有积极影响[⑤]。研究表明，对家庭照护人员持续提供支持和帮助可以降低照护压力，提高他们的生活质量，也可能改善老年人的健康水平。而且这种支持也将使公共财政受益，因为与等量照护服务完全由正规部门承担相比，这种方法有助于节约公共开支。因而，长期照顾系统应支持而不是取代目前的非正式照护者，而且公共系统必须为家庭照护者提供支持和帮助。当前我国在缺少正式支持系统的情况下，应积极

---

① Alzheimer's Disease International, WHO. Supporting Informal Caregivers of People Living with Dementia [R/OL]. WHO, 2015-03-16.
② WIMO A, PRINCE M. World Alzheimer Report 2010: The Global Economic Impact of Dementia [R/OL]. Alzheimer's Disease International, 2010.
③ China Country Assessment Report on Ageing and Health [R/OL]. World Health Organization, 2015-02-16.
④ SÖRENSEN S, PINQUART M, Duberstein P. How Effective are Interventions With Caregivers? An Updated Meta-analysis [J]. The Gerontologist, 2002, 42 (3): 356-372.
⑤ XIAO L D, WANG J, HE G P et al. Family Caregiver Challenges in Dementia Care in Australia and China: A Critical Perspetive [J]. BMC Geriatrics, 2014, 14 (1): 1-13.

鼓励和支持由家属、亲朋作为无偿护理者对需要照护的老年人所提供的非正式照护服务，这对于被照护的老年人和照护者都是至关重要的。

2. 向非正式家庭照护者提供支持的干预措施

向非正式家庭照护人员提供支持干预的重点应基于护理人员的自主选择，应强调优化他们的福祉。可能采取的支持性措施包括：

（1）向非正式家庭照护者提供其所需的教育和培训

如果家庭照护者不能妥善应对复杂的看护活动，护理质量将大打折扣，也会增加照护者的心理压力。而承担照护责任的家庭照护者大多是未经过培训的非正式照护者，其中许多人自己就是老年人，而且多数为女性，向这些照护服务人员提供所需的培训，帮助他们减少因疑难处置知识不足而承受的压力，对于长期照护系统的建设十分重要。应由经过适当培训的医疗卫生专业人员向家庭照护人员提供关于具体技能的培训和支持，包括为家庭照护者提供协助照护对象日常生活、营养/补水、中风后康复、降低跌倒风险及预防跌倒、失禁护理、阿尔茨海默病行为管理、伤口或皮肤护理、疼痛处理和临终关怀等方面的培训。教育和培训可以采取一对一、课堂式、网络教学等形式，或者作为照护者支持小组的部分工作内容进行开展。有证据表明，为照护者提供有关老年人健康问题的基本信息，并教会他们如何处理非正常的有害行为，如痴呆症患者可能发生的行为，可以减轻照护者的压力。[1] 来自高收入国家的广泛证据表明这类干预措施对非正式照护者将产生有益的影响。[2]

（2）向非正式家庭照护者提供"暂歇照护"以缓解其照护负担

在缺乏健全的长期照护服务体系的情况下，家庭照护人员在承担其家庭成员照护责任的过程中，在心理、情感和体力方面都将承受更沉重的负担。向家庭照护人员提供暂歇照护可以使非正式照护者有短暂的时间脱离他们的职责，有助于减轻其负担，让其得以休息或进行其他活动。暂歇照护的主要目的是在满足老年人日常需要的同时，减少非正式照护者的压力。暂歇照护多数在老年人的家中进行，如由志愿者或专业人员提供上门照护，也可以是

---

[1] BRODATY H, ARASARATNAM C. Meta-analysis of Nonpharmacological Interventions for Neuropsychiatric Symptoms of Dementia [J]. American Journal of Psychiatry, 2012, 169 (9): 946-953.

[2] Dementia: A Public Health Priority [R/OL]. World Health Organization, 2012-08-24; Van't LEVEN N, PRICK A J C, GROENEWOUD J G, et al. Dyadic Interventions for Community-dwelling People with Dementia and Their Family Caregivers: A Systematic Review [J]. International Psychogeriatrics, 2013, 25 (10): 1581-1603.

在日间照护中心或居住式养老机构，这期间老年人会花一部分时间参加社交活动。在美国，几十年前就出现了日间照护和提供短期暂歇照护的居住式照护机构，帮助患有痴呆症的老人及其非正式照护者，每周提供一日或多日甚至几星期的暂歇照护，使作为照护者的家庭成员能够把患有痴呆症的老人放在有监管的安全环境中，自己得到暂时的休息。这有助于患有痴呆症的老年人在合适的环境下实现老龄化的终极目标，保证他们获得高质量的照护，同时减少家庭照护者出现健康问题的可能性。低收入国家也越来越重视发展日间照护，如"阿尔茨海默病巴基斯坦"组织通过与西澳大利亚洲的"阿尔茨海默病澳大利亚"组织进行技术合作，建立了第一个痴呆症患者的日间照护中心，然而，该中心的财务结构是很脆弱的，因为"阿尔茨海默病巴基斯坦"组织的资金来源完全依靠私人募捐和其他外部筹款，因而，当前迫切需要通过政府出资资助日间照护中心以实现其可持续发展，进而为家庭照护人员提供暂歇照护的服务支持。

(3) 向非正式家庭照护者提供心理疏导以缓解其心理压力

照护服务对照护人员的要求可能很高。那些能力严重下降者的照护人员常常是社会孤立的，很有可能遭受心理上的痛苦和沮丧。研究表明，老年人的健康状况（尤其是患抑郁症、阿尔茨海默病、脑卒中和身体残障者）是其共同生活者（主要是家庭照护人员）是否罹患心理疾病的较强的决定因素。[1] 因此，与患有导致失能的慢性病老年人一起生活，是影响其共居者心理健康的重要决定因素。[2] 老年人日常生活活动的依赖程度与照护压力也呈高度相关。[3] 繁重的照护工作致使很多家庭照护人员出现心理问题，他们的生活质量也很低。内在能力严重下降者的照护人员更可能经历心理痛苦和抑郁。[4] 因而，应评估经历精神压力的家庭照护人员的心理状况，并由初级或二级卫生

---

[1] HONYASHIKI M, FERRI C P, ACOSTA D, et al. Chronic Diseases among Older People and Co-resident Psychological Morbidity: A 10/66 Dementia Research Group Population-based Survey [J]. International Psychogeriatrics, 2011, 23 (9): 1489-1501.

[2] China Country Assessment Report on Ageing and Health [R/OL]. World Health Organization, 2015-02-16.

[3] PINQUART M, SÖRENSEN S. Associations of Stressors and Uplifts of Caregiving with Caregiver Burden and Depressive Mood: A Meta-analysis [J]. The Journals of Gerontology Series B: Psychological Sciences and Social Sciences, 2003, 58 (2): 112-128.

[4] DOUGLAS S L, DALY B J, KELLEY C G, et al. Impact of a Disease Management Program upon Caregivers of Chronically Critically Ill Patients [J]. Chest, 2005, 128 (6): 3925-3936.

保健机构向他们提供心理干预、培训和支持,特别是在照护需求较为复杂和/或照护人员压力较大的情况下提供该支持,有助于减轻照护者的压力,避免照护危机。此外,现已证实网络干预可以缓解照护者的忧郁心理,增强其信心和提高自身效能。[①] 为向痴呆症患者的非正式照护者提供以网络为基础的支持措施,世界卫生组织正在与国际伙伴合作开发综合性的网络支持工具,名为"iSupport",这一门户网站旨在通过加强自我帮助、技能培训和支持以减轻照护痴呆症患者的负担,提高其自我效能和心理健康。

(4) 向非正式家庭照护者提供财务支持降低其贫困风险

发挥无偿照护作用的家庭成员在维持自身工作或参加其他赚取收入的活动时常常面临巨大的挑战,照护与全职工作并不相容而且会限制其正常的职业发展。对于处于工作年龄的人,非正式的照护任务与较高的贫困风险相关,因为家庭照护将降低看护者日后获得的养老金甚至导致其完全丧失获取养老金的资格。为向照护者提供财务支持和保障,可通过立法允许灵活的工作安排和请假制度支持照护人员实现对家庭照护和就业的兼顾;对于生活在贫困线以下或者为照护家庭成员而致贫的照护人员应给予资金补贴或为其所提供的服务支付酬金,在一些国家,他们可以获得政府的现金奖励,或允许其参加保险计划将非正式照护者纳入社会保障的覆盖范围。

(5) 向非正式家庭照护者提供相关信息以获得帮助

应向非正式家庭照护者提供以社区为基础的可用资源和信息,保障其信息的可得性,以帮助其获得相关照护帮助,也有助于降低其与社会脱节的风险。

当前我国应借鉴国际经验积极探索通过多种渠道向非正式家庭照护者提供支持,包括推进家庭照护者培训,符合条件的失能老年人家庭成员参加照护知识等相关职业技能培训的,可按规定给予职业培训补贴,并享受赡养老年人个人所得税专项扣除、照料假、喘息服务、住房和环境适老化改造等,以减轻家庭照护老年人的负担和压力。

[①] BOOTS L M M, DE VUGT M E, VAN KNIPPENBERG R J M et al. A Systematic Review of Internet-based Supportive Interventions for Caregivers of Patients with Dementia [J]. International Journal of Geriatric Psychiatry, 2014, 29 (4): 331-344.

第四节　加强政府多部门协同治理，调动多元社会力量合力建设

根据世界卫生组织的建设指南，老年友好型社区建设包括物质环境和社会环境八大主题，因而，老年友好型城市和社区建设是一项系统工程，所要采取的行动将牵涉各级政府组织及政府的不同部门等各类参与主体，因而，应完善政府工作机制充分发挥政府的主导作用及强有力的协调合作机制，整合资源促进持续合作，加强各级政府和多个部门的协同响应，并充分调动多元社会力量共同参与建设。

一、完善政府工作机制加强政府部门间的协同治理

要促进老年友好型社区和社会建设，实现健康老龄化，各行政层面上的政府要承担责任，制定适当的政策、财政安排和问责机制，这必须涉及所有部门以及不同层级的政府。《新城市议程》指出，"采取适当措施，加强国家、国家以下和地方各级机构，以支持地方经济发展，促进各级政府、职司领域和相关利益攸关方之间的整合、合作、协调与对话"[①]。各级政府和多种不同部门共同分担规划、实施和监督责任，这是确保成功建设老年友好型社区的关键策略。加强政府部门之间的合作包括加强各级政府之间的纵向合作及加强同级政府部门之间的横向合作两方面。

（一）明确中央政府与地方政府之间的权责划分并加强纵向合作

首先应明确老年友好型社区建设计划中中央政府与地方政府之间的权责划分。中央政府负责制定积极老龄化国家战略及老年友好型社区和社会建设的总体国家政策和战略规划；中央政府还应建立统一的建设标准，出台本国老年友好型社区建设指南和指标体系，并推动参与国家层面中央政府各部门之间的合作，以避免政策法规冲突。各地方政府应在国家老龄化战略和老年友好型社区和社会建设指南的基础上，将老年友好型社区建设作为重点工作任务，基于本地的经济发展水平和区域性特征，明确工作目标与机制，积极研究具体建设方案，结合本地发展规划出台地方性老年友好型社区建设规划，以更好地指导本区域内的老年友好型社区建设。从法律层面来看，老年友好型社区建设中所涉及的法律制定由中央政府完成，地方性法规由地方政府完成。

---

① New Urban Agenda [R/OL]. United Nations, 2016-10-20.

但在中央政府和地方政府明确分工的同时，也要加强中央政府与地方政府之间的纵向合作，强调发展伙伴关系建立并朝着他们的目标努力。首先中央政府应向地方政府提供财政资金支持，《新城市议程》指出，"我们将推进健全透明的财政转移制度，酌情根据国家以下和地方政府的需求、优先事项、职能、任务规定和业绩激励办法，将国家政府财政转移到国家以下和地方政府，以便向其提供充足、及时和可预测的资源，并加强其提高收入和管理支出的能力"①。在地方政府财政实力不均衡的情况下，通过中央政府的转移支付向经济发展水平较为落后的地方政府提供财力支持。如在我国区域经济发展不均衡的背景下，各地地方经济的发展水平存在明显差异进而导致地方政府的财政实力存在差距，进而不同的地方政府能够提供的老年友好型社区建设的财政支持不同，中央政府应通过中央财政的转移支付平衡减少地区间的差异。正如《新城市议程》指出的"我们将支持开发纵向和横向的财政资源分配模式，以减少国家以下地域之间、各城市中心内以及城乡之间的不平等现象，并促进综合均衡的地域发展"②。

为更好地加强中央政府与地方政府之间的纵向合作，有必要设立有关老龄化的国家委员会，由中央政府和地方政府共同参与，如新西兰中央政府建有一个中央政府部门，即老年人办公室，向老年人部长负责。本部门的一个主要工作方向是建设关爱老年人的社区，并确保社区能包容所有年龄的人，机构的人员构成包括中央政府、地方政府官员、当地政府关爱老人指导小组的成员及老年社区代表。

（二）加强政府各部门之间的跨部门横向合作

政府内部的跨部门合作，有利于保障老年友好型社区建设的全面性与协调性。从世界卫生组织的老年友好型社区建设框架来看，其建设主题包括老年人的居住环境、交通出行、医疗保健、精神文化生活等各个方面，不仅涉及中央政府与地方政府之间的分工合作，同时还涉及公共财政政策、社会保障政策、老龄人口再就业政策、人口管理政策等多项公共政策，需要多个部门共同建设，将同时涉及交通、住房、社会保障、城市发展规划、信息通信、劳动就业、卫生与长期照护等相关政府管理部门（见表5-7）。以满足老龄人口的住房需求为例，虽然主要涉及政府住房管理部门，但住房同时涉及其他居住环境相关的资源和服务配套，因而正如《新城市议程》指出"应在所有

---

① New Urban Agenda [R/OL]. United Nations, 2016-10-20.
② New Urban Agenda [R/OL]. United Nations, 2016-10-20.

部门,特别是就业、教育、医疗保健和社会融合部门并在各级政府推动制定顾及年龄和促进性别平等的综合住房政策和方针,一方面提供适当、负担得起、便利、节约资源、安全、有抵御灾害能力、连通顺畅和位置适宜的住房,另一方面特别重视就近因素,加强与城市结构和周围功能区之间的空间关系"①。而且不同部门之间开展协作还可以产生重要的效益,因为一个领域内的行动可能会减少对其他领域内行动的需求,如改进住房或提供辅助技术可能减少对长期照护的需求。因而,"促进多部门行动"是世界卫生组织"老龄化与健康全球战略和行动计划"战略目标中重要的子目标之一。②

因而,老年友好型社区建设需要加强政府内部多部门之间的跨部门合作,需要制定跨部门行动的流程和机制,确保各级政府、各部门进行协同应对,包括建立目标任务、明确责任划分、划拨充足预算、制定各部门间的协作、监测、评估和报告机制,共同致力于老年友好型社区的合力建设。相关的政策和规划应该体现出各政府部门之间的整合,而建立联合预算、监控和问责制度则可以巩固这种整合。

表5-7 为支持老年友好型社区建设各政府部门干预措施示例一览表

政府部门	干预措施示例
交通	·确保获得基本服务、食品和卫生保健服务安全的交通选择 ·确保一线交通运营者接受有关老年人需求和非歧视业务实践的培训 ·确保老年人和失能者可以利用公共交通 ·确保提供老年人优先座椅 ·保证公共交通设置足够多的车站,使老年人能够到达老年中心、宗教建筑或看望他们的家人的目的地 ·确保提供交通工具使老年人可以到达工作单位或获得志愿服务机会
住房	·使其获得合适的住房 ·确保老年人了解住房选择的信息 ·帮助进行住宅改造 ·设计可以促进社区融合的住房 ·确保住房不过度拥挤 ·确保住房在相关服务点、提供工作或志愿服务机会的场所附近

---

① New Urban Agenda [R/OL]. United Nations, 2016-10-20.
② Global Strategy and Action Plan on Ageing and Health [R/OL]. World Health Organization, 2017-01-02.

续表

政府部门	干预措施示例
社会保障	·实施社会保险提供收入保障 ·为需要照护老年成员的家庭提供帮助 ·提供失业保险
城市发展规划	·确保城市结构和景观的可及、安全和设计合理 ·根据通用设计原则开发行人基础设施 ·支持非机动交通工具的使用 ·确保为驾驶者和横穿马路者提供安全的道路环境 ·为存在失能的老年人提供优先停车位 ·提供清洁的公共卫生间 ·在社区中提供老年人聚会的场所，如社区中心、老年人中心和公园 ·促进以安全步行为交通方式（如去工作单位）或休闲活动
信息通信	·确保向老年人提供可及的现有卫生和社会服务的信息 ·确保制订应急计划时考虑老年人的需求 ·实施教育项目向老年人介绍可以帮助他们对抗孤独和隔离的新技术 ·确保以容易理解的形式提供多种交通选择和时间表的信息 ·提供老年人可以获得的休闲和社会活动信息 ·提供有关志愿服务机会的信息 ·实施沟通活动消除工作场所来自雇主或年轻雇员的歧视
教育与劳动	·提供适合老年劳动者的再培训项目 ·可以以最低的价格使用电脑和网络（如在图书馆或社区中心） ·确保电视节目为听力受损者提供字幕 ·确保工作场所适合老年人的需求 ·确保老年劳动者有机会与其他工作者分享他们的经验 ·确保为老年劳动者提供一系列机会 ·确保退休是可选择而非强制的 ·实施政策预防年龄歧视

续表

政府部门	干预措施示例
卫生和长期照护	・确保提供充足的多种卫生保健和支持服务，以加强、保持和恢复老年人的能力 ・提供可供个人支配的预算 ・提早进行住房需求评估 ・支持老年人培养和保持其内在能力 ・提供覆盖灾难性医疗支出的健康保险

在老年友好型社区的建设过程中加强改善政府部门间的协作对满足老龄人口的需求至关重要。如美国的"健康之家倡议"（The Healthy Homes Initiative）将14个国家机构聚集在一起共同开展专门针对老年人的健康服务方案设计和服务提供工作。再以我国为例，老年友好型社区建设的主题之一，构建老年友好的健康服务体系同时涉及卫生健康委员会及其他多个部委（如国家发展和改革委员会、教育部、工业和信息化部、民政部、财政部、人力资源和社会保障部等）。[1] 虽然每个部门都需要制定清晰的任务和目标，但应当加强组织领导，加强跨部门合作发挥合力建设作用，通过多部门行动，共同实现提高我国老年人口健康和福祉的同一愿景。在实践中需充分发挥各级卫生健康委（老龄办）的统筹协调作用，建立健全跨部门的协调机制，制定工作方案，明确任务分工，强化部门协同，健全工作机制，推动解决创建工作中遇到的问题和困难，研究制定相关配套政策措施，共同推进创建任务的全面落实。卫生健康部门要建立完善老年健康支撑体系，组织推进医养结合，组织开展疾病防治、医疗照护、心理健康与关怀服务等老年健康工作。国家发展和改革委员会要拟订并组织实施养老服务体系规划，推进老龄事业和产业发展与国家发展规划、年度计划相衔接，推动养老服务业发展。民政部要统筹推进、督促指导、监督管理养老服务工作，拟定养老服务体系政策、标准并组织实施，承担老年人福利和特殊困难老年人救助工作。教育、科技、工业和信息化、公安、财政、人力资源和社会保障、自然资源、住房城乡建设、商务、文化和旅游、金融、税务、市场监管、体育、医疗保障等部门要根据职责分工，认真履职，主动作为，及时解决工作中遇到的问题，形成齐抓共管、整体推进的工作机制。

---

[1] Healthy Ageing in China: Expanding Health Protection for the Middle-age and Elderly [R/OL]. Swiss Re Institute，2020.

(三) 加强政府部门间纵向和横向合作的典型案例

2011年,加拿大魁北克省政府发布跨领域合作计划,该政策旨在推广一项范围广泛的综合性计划——"共同生活和老龄化"对老年人进行支持。该计划的核心是促进各级政府及多领域之间的合作,以帮助老年人在其家庭和社区中安度晚年。首先,从政府横向合作来看,同级政府内的不同部门及机构之间开展跨越各自职责和权限的横向合作,如为更好地帮助老龄人口实现居家就地养老的项目,由三个省级政府部门在改善服务质量、增强培训效果、增加照护人员收入等方面展开合作;为改善老年人的生活质量,两个省级机构于2010年在魁北克市政基础设施建设项目中进行合作,向小型基础市政建筑修缮和娱乐设施改造项目提供经费支持,以满足老龄人口的需求与期望(包括建造易于老年人使用的洗手间和步行通道等)。其次,从政府纵向合作来看,省级、地级、市级政府间就共同目标任务开展合作。为增加老年人的公共交通使用率,两个省级机构、一个地级机构、多个市级机构建立合作伙伴关系,对公共交通规划进行审查和修订,以确保公交系统便于老年人使用。为有效推进我国老年友好型社区建设工作,有必要借鉴国际经验进一步加强政府部门间的纵向合作和横向合作,加强政府多部门的协同治理效率。

二、打造老龄社会治理共同体合力建设

构建老年友好型社区是一个系统性、非孤立的问题,需要多部门的反应,即政府、一切领域的私立和民间社会组织以及每个社区成员的合作,才能解决影响整个社会的问题。[1] 政府是老年友好型社区建设的主导力量,但构建真正关爱老年人的环境涉及许多领域(包括卫生保健、长期照护、交通、居住、劳动力、社会保障、信息与通信)的诸多角色(包括政府、服务提供方、家庭、社区、老年人及其组织、民间社团、学术机构等非政府行动者),如多层次长期护理体系需要地方政府、商业保险公司和专业长期护理服务提供商的相互配合。[2] 因而,政府与非政府行为者之间应紧密合作,政府应鼓励各类社会力量积极参与建设,协同推进老年友好型社区建设。而且,从可行性来看,社会各类企业、人群、组织机构有着不同的专业知识与经验,能够为老年友

---

[1] Measuring the Age-friendliness of Cities: A Guide to Using Core Indicators [R/OL]. World Health Organization, 2015-02-16.

[2] Healthy Ageing in China: Expanding Health Protection for the Middle-age and Elderly [R/OL]. Swiss Re Institute, 2020.

好型社区建设提出新的思想，并在实践中共同推进老年友好型社区建设。如在美国波特兰市，老年友好型城市和社区政策由政府、非营利组织和企业共同实施，由老年友好咨询委员会负责监督，其他关键的参与者包括市长和市议会，以及五个工作委员会（经济发展和就业，公民参与，住房，运输，卫生服务、预防与公平），这些委员会和咨询委员会中均包括老年人，涉及的部门同时包括非营利组织、企业、教育部门及各级政府。

政府的一项关键作用是要领导这些伙伴关系并创建可以为私立部门提供支持和合作基础的公共规划，清楚确定私立部门与公立部门的作用和责任边界，以建立公立部门与私立部门之间明确且和谐有效的伙伴关系，使各方社会力量积极参与促进社会责任共担。地方政府要统筹各类资源，而参与建设的每一个利益相关方在专注于自身核心领域的同时，也应与其他利益相关方实现互补合作，为提升老龄人口健康和福祉这一共同目标和愿景而努力。以长期照护系统的建立为例，只有政府才能建立起长期照护系统，并承担全部管理责任并对其进行监督，但这并不等于将长期照护工作完全看作政府的职责。尽管适用于不同国家、不同条件的系统各不相同，但这一系统都应建立在家庭、社区、保健服务机构以及私营机构之间明确的合作关系上。政府的职责（主要通过卫健委实现）应当是对这些合作关系进行引导，对照护服务工作提供支持和培训，确保各类服务（包括与卫生系统）实现整合，保证服务质量、并向那些需求最高的人群（出于其较差的内在能力或社会经济状况）直接提供服务。[1]

当前在老年友好型社区建设过程中，我国应在政府主导下积极加强政企合作发展适老产业。相关政府部门要制定老年用品和服务目录、质量标准，推进养老服务认证工作。各地要推动与老年人生活密切相关的食品、药品以及老年用品行业的规范发展，提升传统养老产品的功能和质量，满足老年人特殊需求。企业和科研机构要加大老年产品的研发制造力度，支持老年产品关键技术成果转化和服务创新，积极开发适合老年人使用的智能化、辅助性以及康复治疗等方面的产品，满足老年人提高生活品质的需求。鼓励企业设立线上线下融合、为老年人服务的专柜和体验店，大力发展养老相关产业融合的新模式新业态。鼓励商业保险机构在风险可控和商业可持续的前提下，开发老年人健康保险产品。市场监督部门要加强监管，严厉打击侵犯知识产权和制售假冒伪劣商品等违法行为，维护老年人的消费权益，营造安全、便利、诚信的消费环境。

积极应对人口老龄化涉及领域广、参与主体多，必须坚持发展为了人民、

---

[1] World Report on Ageing and Health [R/OL]. World Health Organization, 2015-09-29.

发展依靠人民、发展成果由人民共享的原则，调动政府、市场、社会、家庭应对人口老龄化的积极性，形成政府主导、社会参与的全民行为，多元主体责任共担，老龄事业人人参与的新局面。当前我国在老年友好型社区和社会的建设过程中，政府部门应广泛团结动员社会参与，打造共建、共治、共享的老龄社会治理共同体。要在政府主导下，支持家庭承担养老功能，巩固家庭养老的基础地位，引导市场主体和社会力量广泛参与，注重发挥工会、共青团、妇联、残联等群团组织及中国老龄协会等老年人社会组织、机关企事业单位的作用，结合各自职能开展老龄工作，形成全社会共同参与的工作格局，共同推进我国老龄事业的发展。

第五节 统筹兼顾积极财政政策与公共财政可负担性之间的关系

一、积极财政政策在老年友好型社区建设过程中的作用体现

积极财政政策是应对人口老龄化带来的社会问题，促进经济发展的基本政策工具，能够为提高国家整体老年友好程度奠定财政基础。在老年友好型社区建设过程中，积极财政政策主要通过增加政府购买、强化政府转移支付、提供养老保障优化税收政策等发挥政策作用，促进老年友好型社区建设。

扩大政府公共投资加强基础设施建设。在老年友好型社区建设过程中，室外空间与设施、公共交通、住房等物质环境的改善和提升，主要依赖于政府直接投资或间接的政府购买，包括增加室外休闲设施、改善公共交通、提供政策性住房、维护公共设施等。政府需要通过增加公共投资，加强基础设施建设，从物质设施层面提升社区的老年友好程度。

加大老年友好的健康服务体系投资支出。为实现健康老龄化，构建老年友好的健康服务体系是老年友好型社区建设的重要内容，在健康服务体系的构建过程中政府需要增加对专业护理设施和医疗保健设施的投资，及在卫生系统、长期照护及更广泛的支持性环境方面的支出。

提供养老金、转移支付或减税政策等向老龄人口提供基本收入保障。养老金是老龄人口退休后基本的收入来源，也构成政府财政支出的重要组成部分，同时，为降低老龄贫困风险，对于无法获得缴费型养老金受益的低收入群体，政府往往通过提供非缴费型养老金受益，或政府转移支付、财政补助、救济等方式为其提供基本生活保障，还包括提供交通补贴、家庭护理补贴等，或面向

老龄人口实施减税政策,如美国政府向具备资格的老年人提供房产税减免福利。

二、老年友好型社区建设将加大公共财政收支失衡的风险

积极财政政策是贯穿于老年友好型社区建设的基本公共政策,但在政策执行过程中,可能带来政府公共财政收支失衡的风险。从图 5-1 可以看出,人口老龄化将导致社会经济发展受阻,进而政府税收等财政收入下降;而另一方面为改善老龄人口的健康和福祉,政府购买、投资及政府转移支付增加,两方面因素的叠加势必导致政府财政收支的失衡。而且,人口老龄化是人口增长率下降及预期寿命延长所致,为解决人口老龄化问题,采取增加政府支出改善老龄人口生活环境的举措有助于进一步延长老龄人口预期寿命,进一步加剧人口老龄化的程度,从而进一步增加公共财政支出压力和失衡风险。在全球范围内,"如果不彻底改革与老龄化相关的公共支出,主权债务将很快

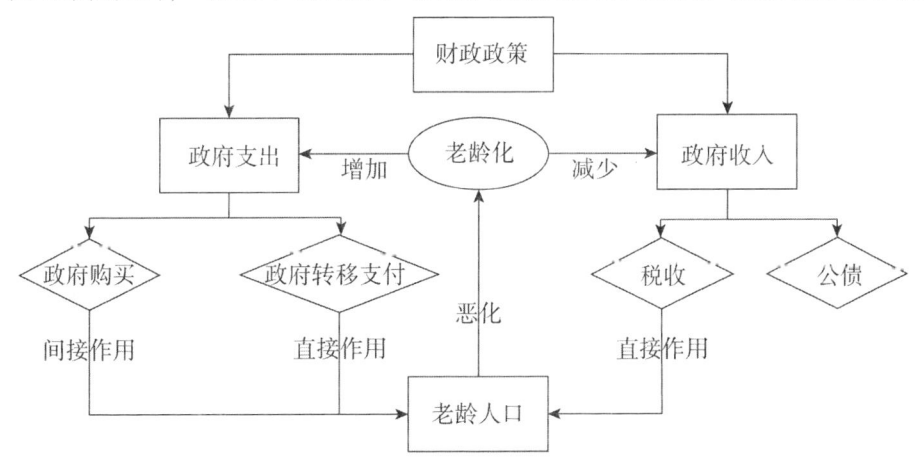

图 5-1 积极财政政策与老年友好型社区建设

不堪重负"[1]。除用老龄人口占比来监测人口老龄化的程度,老年抚养比(Old-age Dependency Ratio, OADR)指标也是监测人口年龄结构变化的常用指标之一,而且该指标可用于评估人口老龄化对经济的影响,包括对公共财政的影响。老年抚养比指标通常用 65 岁及以上的老龄人口数量除以 20 至 64 岁的工作年龄人口数量,随着生育率的下降和人口寿命的延长,老年群体的相对规模增加,而年轻群体的相对规模下降,预计世界所有地区的老年抚养比指标都将上升,工作年龄人口比例下降,社会保障体系的收入来源减少,

---

[1] Swiss Re Institute. Healthy Ageing in China: Expanding Health Protection for the Middle-age and Elderly [R/OL]. Swiss Re Institute, 2020.

而公共财政需要支持日益增加的老年人口的医疗、养老等社会保障支出需求，因而人口老龄化国家往往面临越来越大的财政压力。[①] 从卫生健康服务来看，长期护理支出的财政支出压力也越来越大，据统计，在 OECD 国家中，2005 年至 2011 年，政府在长期照护方面的支出平均每年增长 4.8%[②]，随着人口老龄化程度的加深，欧盟预测至 2060 年该支出水平将至少为目前支出水平的两倍[③]，因而长期护理需求的持续增长将对公共财政的可持续性带来重大挑战。

我国的老龄化程度高于世界平均水平，老年抚养比指标也高于世界同期平均水平，2020 年全球平均的老年抚养比为 18.8%，预计至 2030 年将上升至 23.5%，2050 年将达到 32.3%，而 2020 年我国的老年抚养比指标为 20.4%，预计至 2030 年将增长至 30.2%，2050 年将高达 52.2%（见图 5-2）。[④] 因而，随着人口老龄化程度的加深，我国面临更大的财政支出压力和公共财政收支失衡的风险。

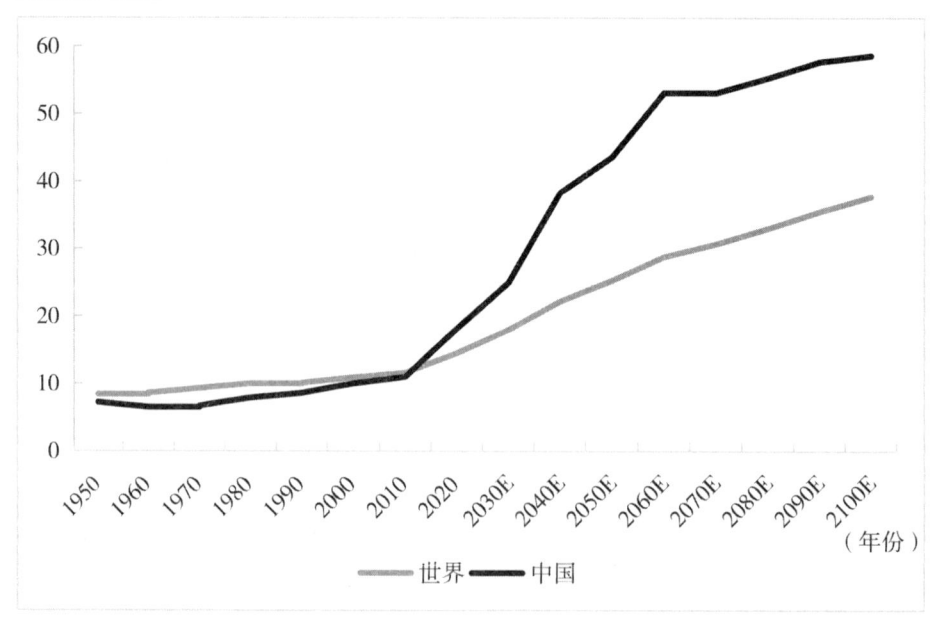

图 5-2　中国和世界的老年抚养比指标（%）

数据来源：根据联合国《世界人口展望》整理

[①] World Population Ageing 2019［R/OL］. United Nations，2019.
[②] Pensions at a Glance 2013：OECD and G20 Indicators［R/OL］. OECD，2014-01-01.
[③] The 2012 Ageing Report：Economic and Budgetary Projections for the 27 EU Member States（2010—2060）［R/OL］. European Commission，2015-05-15.
[④] World Population Prospects 2019［R/OL］. United Nations，2020.

因而为实现积极健康老龄化目标,建设老年友好型社区和社会,不仅需要向老龄人口提供其所需要的老年友好型环境和服务,提供医护服务,还需要支持这些服务的融资机制,这对公共财政的影响重大。通过公共政策提供对老年人福祉至关重要的经济保障,并保证财政的可持续性和公平性,这将成为所有国家政府在 21 世纪所面临的重大挑战。①

三、老年友好型社区建设过程中保持公共财政可负担性的制度设计

人口老龄化将长期考验公共财政的可持续性,老年友好型社区建设过程中需要积极处理好积极财政政策与公共财政可负担性之间的关系。② 为保持公共财政的可负担性、可持续性,需要依赖于一系列良好的经济和社会政策的制度设计,以有效利用现有资源,聚焦于着力解决老年人健康养老最紧迫的问题,坚持保基本、促公平、提质量,尽力而为、量力而行,确保人人享有基本养老服务和公共卫生服务。

(一) 重视发挥老龄人口"资源"对经济社会发展的促进性作用

老年人的社会参与有助于建设团结、和平、公平和安全的社会,若把他们排除在这些过程之外,不但将影响到他们的福祉和贡献,而且将严重影响其他几代人的福祉和生产能力。根据"积极老龄化"和"健康老龄化"的重要观点——老年人本身是"社会的资源",老年人可通过直接成为正式或非正式的劳动力,税收与消费,将现金和资产转移给下一代,以及对家庭和社会产生大量无形的益处等方式做出贡献。③ 老年人可对家庭、社区和社会做出诸多的社会贡献和经济贡献,如帮助朋友和邻居,指导同辈人和年轻人,照顾家庭成员和更广泛的社会,而且他们还是消费者、劳动者和志愿者。英国的一项研究强调,如果考虑到老年人多种多样的经济贡献,关于老年人口的经济图景将大为不同。研究显示,用于老年人的财政支出(提供养老金、其他福利和卫生保健)共计 1,360 亿英镑,但反过来,老年人贡献了总计 450 亿英镑的税收和价值 100 亿英镑的其他直接经济贡献,他们还为国民经济增加了 760 亿英镑的消费,通过提供社会服务和做志愿者增加了 440 亿英镑的明显经济效益。实际上,在同时考虑老年人的花费和贡献时,老年人估计对社

---

① World Report on Ageing and Health [R/OL]. World Health Organization, 2015-09-29.
② World Population Ageing 2019 [R/OL]. United Nations, 2019.
③ World Report on Ageing and Health [R/OL]. World Health Organization, 2015-09-29.

会做出了将近 400 亿英镑的净贡献，至 2030 年这一贡献预计将增长至 770 亿英镑。①

认为人口老龄化对公众利益和财政经费造成负担的观点，忽视了老年人对其家庭和社会所做的诸多贡献。而老龄人口能否成为社会的"资源"带来经济贡献，其作用的发挥与否和发挥的程度与社会对老龄人口的观念和态度存在直接关系，如果将老龄人口视为社会的负担，这种负面的情绪将导致老龄人口无法获得积极社会参与的机会，甚至导致老龄人口的孤独、孤立和边缘化，进而不可能使老龄人口实现积极的社会融入，更不可能发挥其作为经济资源应有的作用。

虽然随着年龄的增长，人的体能及认知能力会有所下降，这必然会影响老年人的工作效率。但相对于年轻人，老龄人口拥有比较丰富的从业知识、经验与人生阅历，如果能够有效引导，丰富的老年资源也可以成为推动社会经济发展的积极力量，投资于老年人的福祉将产生显著的经济和社会回报。用于老年人的支出被视作促进老年人的各种贡献和福祉而进行的投资，而不是一种消费。社会应对老年人变得更有耐心和更加尊敬，并促进积极或成功的老龄化，从而创建老年人的贡献胜过社会投资的社会。因而必须改变将老龄人口视为社会负担的负面想法，只有将老龄人口视为积极的社会建设者和资源，才可能充分发挥老龄人口的资源性作用，促进其作用的发挥，刺激经济增长，并在保持公共财政可持续性的同时，更好地建设老年友好型社区和社会。

(二) 鼓励社区支持的"就地养老"

就地养老使老年人能够留在社区或维持其与社区及社交网络的联系，使老年人保持居家就地养老既可以提高他们的生活质量，经济上又比养老院更容易负担。各国政府和国际组织普遍认为只要有"可能"，尽可能使老年人继续生活在原住社区兼具经济意义和社会意义。② 这对老年人更加有利，而且可能在卫生服务支出方面也具有很大的经济优势。③ 以社区为基础的照护可以促

---

① COOK J. The Socio-economic Contribution of Older People in the UK [J]. Working with Older People, 2011, 15 (4): 141-146.
② LUI C W, EVERINGHAM J A, WARBURTON J, et al. What Makes a Community Age-friendly: A Review of International Literature [J]. Australasian Journal on Ageing, 2009, 28 (3): 116-121.
③ MAREK K D, STETZER F, ADAMS S J, et al. Aging in Place Versus Nursing Home Care: Comparison of Costs to Medicare and Medicaid [J]. Research in Gerontological Nursing, 2012, 5 (2): 123-129.

进老年人就地养老,推迟老年人进入护理院的时间,减少其住院天数,提高生活质量。① 如新加坡亚历山德拉卫生系统开展的"就地老龄化"项目取得了较好的效果。该项目针对临床服务(包括急诊)使用率较高的老年人,通过社区护士上门服务来发现其实际需求,确定哪些需求尚未得到满足,并制定相应的卫生保健方案及随访计划。按照个体需求不同,随访可以由护士、理疗师、药剂师、营养师、职业治疗师及其他社区合作方来完成,随访的具体频率视个体的实际需求而变,通过这种方式提高了老年人的生活质量,而且卫生系统成功降低了67%的住院率。②

虽然居家社区就地养老是一种成本节约的方法,但就地养老不应该成为政府在不能提供更昂贵的替代方案时为了缩减开支而实行的政策。以社区为基础的照护和居住照护,必须确保人们能够尽量长期居住在自己的家中,并因此而获得需要的帮助。鼓励老龄人口居家养老的配套服务主要包括:(1)提供老龄人口就地养老所需要的基本生活需求的服务设施,如英国曼彻斯特"Chorlton终身社区"项目的重点是将方便老年人的设施整合到地区中心的发展中,包括一个购物中心、健康中心、学校和图书馆。(2)政府出资向居家养老的老龄人口提供住房的无障碍改造、维护等服务,保障老龄人口居家养老生活的便利和安全。(3)向居家养老人口提供各类居家养老财务支持,如乌拉圭根据个人收入提供住房津贴,津贴可用于负担部分或全部房租;美国为老龄租户提供住房补贴代金券,帮助其就地养老;德国为所有需要在家中获得长期照护的老年人提供住宅改造补贴,个人可以申请最高4000欧元的住所改良资金,如果个人能力衰退、需求改变,还可以重新申请最高为相同金额的资金支持。(4)通过提供社区卫生保健服务实现就地养老老龄人口对卫生健康服务的可及性。(5)向提供居家照护服务的家庭照护者提供支持和帮助。(6)发展远程医疗和电子病例、个案管理等系统,在老龄人口居家生活中出现健康问题或紧急身体状况时提供及时的救助体系。(7)鼓励创新发展辅助技术,并将技术成果和成果化的产品应用于老龄人口的居家养老和社区

---

① LOW L F, FLETCHER J. Models of Home Care Services for Persons with Dementia: A Narrative Review [J]. International Psychogeriatrics, 2015, 27 (10): 1593-1600; SZANTON S L, WOLFF J L, LEFF B, et al. Preliminary Data from Community Aging in Place, Advancing Better Living for Elders, a Patient-directed, Team-Based Intervention to Improve Physical Function and Decrease Nursing Home Utilization: The First 100 Individuals to Complete a Centers for Medicare and Medicaid Services Innovation Project [J]. Journal of the American Geriatrics Society, 2015, 63 (2): 371-374.

② World Report on Ageing and Health [R/OL]. World Health Organization, 2015-09-29.

服务中，支持老龄人口的自我管理和就地养老。在以上支持性服务中，地方政府应承担并发挥主导性作用。

当前，我国有必要进一步创新居家社区养老服务模式帮助老龄人口实现就地养老。以居家养老为基础，通过新建、改造、租赁等方式，提升社区养老服务能力，着力发展街道（乡镇）、城乡社区两级养老服务网络，依托社区发展以居家为基础的多样化养老服务。地方政府负责探索并推动建立专业机构服务向社区、家庭延伸的服务模式，并加强组织和监督工作；街道社区负责引进助餐、助洁等方面为老服务的专业机构，城乡社区负责组织引进相关护理专业机构开展居家老年人照护工作。政府要培育为老服务的专业机构并指导其规范发展，引导其按照保本微利原则提供持续稳定的服务。充分发挥社区党组织作用，探索"社区+物业+养老服务"模式，增加居家社区养老服务有效供给，结合实施乡村振兴战略，加强农村养老服务机构和设施建设，鼓励以村级邻里互助点、农村幸福院为依托发展互助式养老服务。积极采取措施推进老城区和已建成居住区结合城镇老旧小区改造、居住区建设补短板行动等补建一批养老服务设施，逐步完善"一刻钟"居家养老服务圈。依托和整合现有资源，发展街道（乡镇）区域养老服务中心或为老服务综合体，按规定统筹相关政策和资金，为老年人提供综合服务。探索老年人服务设施与儿童服务设施集中布局、共建共享。

（三）优化养老保险制度的顶层制度设计

养老保险是政府为保障老龄人口基本生活需求，为其提供稳定可靠收入来源的保障性制度。根据最优再分配与风险分摊理论，老龄人口的贫困是自由市场的收入分配结果所导致的，公共养老保险的建立是解决老年贫困的最优方案。但在人口老龄化背景下，公共养老金体系的财务可持续性面临严峻挑战。因而，有必要通过优化社会养老保险制度模式的顶层设计降低公共养老金体系的财政支出负担。具体包括以下两方面：

1. 延迟退休年龄，保障老龄人口参与再就业的权益

随着预期寿命的延长，人口老龄化形势的严峻及老龄人口财政抚养负担的不断攀升，通过国家立法延迟劳动者的法定退休年龄已成为世界范围内公共养老金体系改革的重要趋势之一。有效提高退休年龄有助于平衡财政预算，抑制人口老龄化的潜在不利宏观经济影响。老年人的消费和收入通常包括四部分来源：通过养老金、医疗保健和其他形式社会保护的公共方案获得；由

家庭成员或其他私人来源转移获得；自有资产和积累的财富；劳动收入。① 延迟退休年龄有助于增加老龄人口的劳动收入来源，并降低家庭和社会的养老负担，因而，延迟退休年龄有助于保持养老金体系的财务可持续性，并降低老龄贫困的风险。② 老年人退休后余寿的延长也为退休年龄延迟提供了可能，从世界范围来看，在2015年至2020年，一个年满65岁的老年人平均可以再活17年；2045年至2050年，这一数字预计将增加到19年。③

而且，基于美国的一项调查显示，大多数接近传统退休年龄的人实际上并不想退休④，这显示出老年人普遍愿意保持社会参与的积极性，延迟退休年龄促进其更好地进行社会参与，有助于进一步促进老龄人口的身心健康，有助于实现健康老龄化的政策目标。因而，对老龄人口来说，再就业不仅可为其提供满足生活需要的经济来源，更是其实现自我价值的有效途径，进而对老年友好型社区建设来说，提升老龄人口就业率是评估社会参与程度以及社会环境老年友好程度的重要指标。

推行退休年龄延迟政策的具体政策措施可包括延迟法定退休年龄，不允许提前退休，对延迟退休者提供财务激励等。⑤ OECD国家甚至建议最终废除所有的强制退休政策，以使工作者、雇主和国家经济共同受益。⑥ 为帮助有就业意愿的老龄人口实现再就业，政府需要开展一系列配套措施，包括健全老龄人口就业法律政策保障老龄人口的合法就业权益，提升老龄人口再就业的技能，向吸纳老龄人口就业的企业提供财务激励等。

当前我国要"实施渐进式延迟法定退休年龄"，倡导终身发展理念，支持老年人力所能及发光发热、老有所为，积极参与经济社会活动，继续创造社会财富，要健全配套政策措施，支持大龄劳动者和老年人就业创业。

---

① World Population Ageing 2019 [R/OL]. United Nations, 2019.
② 郝君富. 世界老龄人口的贫困特征与反贫困公共政策 [J]. 浙江大学学报（人文社会科学版），2016, 46 (6): 100-115.
③ World Population Ageing 2019 [R/OL]. United Nations, 2019.
④ The Sun America Retirement Re-Set Study [R/OL]. The Sun America Financial Group, 2011.
⑤ 郝君富，李心愉. 退休年龄国际比较与退休年龄延迟政策发展趋势研究 [J]. 中国地质大学学报（社会科学版），2015, 15 (6): 68-76, 168.
⑥ SONNET A, OLSEN H, MANFREDI T. Towards More Inclusive Ageing and Employment Policies: The Lessons from France, the Netherlands, Norway and Switzerland [J]. De Economist, 2014, 162 (4): 315-339.

2. 提供财务激励增加居民退休储蓄

增加居民退休储蓄有助于提高个人的财务独立性，而且从微观层面，基于生命周期理论，老龄人口在预期到未来养老人口增加，但财政养老金不足的前提下，通过增加个人和家庭的退休储蓄有利于平滑其一生的消费，将更多的储蓄用于退休后的消费，通过积累的储蓄来保障自身的财务安全。通过财政政策激励鼓励居民增加养老储蓄，是现代养老金制度的发展方向。① 我国自 2022 年 1 月 1 日起，对个人养老金实施递延纳税优惠政策，推行税优型养老保险制度有助于鼓励居民增加家庭养老储蓄进而降低对公共养老金体系的依赖，减轻社会养老负担和财政支出负担，当前我国有必要进一步完善税收及非税收财政激励政策的机制设计鼓励居民个人和家庭增加养老储蓄。

（四）优化卫生医疗服务体系的制度设计

满足老龄人口的卫生医疗需求支出也是构成公共财政中社会保障支出的重要组成部分，特别是面向老龄人口的卫生保健支出。据统计，我国约有 33% 的疾病总负担归因于 60 岁及以上老年人的健康问题②，我国大约 50% 的非传染性疾病负担发生在 65 岁以上人群中③。

1. 构建以人为本的综合性卫生保健服务

在对人口老龄化的后果担忧加重、国家财政紧缩加剧和援助资金稀缺的时候，如何最有效地增加健康寿命年为各级政府部门提供了一种应对挑战的方法。④ "健康寿命年"（Healthy Life Expectancy，HALE）是指一个人在某个年龄不受疾病、死亡和机能障碍的影响，有望在健康状态下生活的年数。⑤ 建立以人为本的综合性卫生保健服务有助于延长老龄人口的健康寿命年，而且以人为本的综合性卫生保健服务已被证明不仅能使老年人生活得更好，而且支出也不比传统卫生服务更高。⑥ 因而，重建卫生系统以向老年人提供以人为本的综合性卫生保健服务应该成为卫生系统改革行动中的重点主题和首要任务，而以人为本的综合性卫生保健服务要求卫生系统做出必要的改革，将各级卫生服务和各类专家更好地整合在一起，将包括开展个案管理和综合性评

---

① Financial Incentives and Retirement Savings [R/OL]. OECD, 2018-12-03.
② China Country Assessment Report on Ageing and Health [R/OL]. World Health Organization, 2015-02-16.
③ Toward a Healthy and Harmonious Life in China: Stemming the Rising Tide of Non-communicable Diseases [R/OL]. The World Bank, 2011.
④ World Report on Ageing and Health [R/OL]. World Health Organization, 2015-09-29.
⑤ Healthy Life Expectancy (HALE) at Birth [R/OL]. World Health Organization, 2020-12-07.
⑥ World Report on Ageing and Health [R/OL]. World Health Organization, 2015-09-29.

估、实施能延缓或反转功能衰退的预防措施和自我管理支持、就地养老支持性服务等均纳入老年人卫生保健的范畴，以提升公共卫生体系的可持续性进而增强公共财政的可持续性。

2. 发展电子医疗以提升卫生保健服务的效率降低成本

在卫生保健服务中使用信息通信技术（Information Communication Technology, ICT），或称为电子医疗，将成为卫生系统转变为提供以老年人为中心的综合性卫生保健服务的重要手段，其目的是促进卫生保健的获取、提高服务的质量和安全性、保证成本的有效性。[1] 电子医疗可以在居家老人和医疗小组以及社区服务之间建立关联，以此来支持老年人独立，帮助他们管理自身的健康状况。老年人使用信息通信技术监控自身健康，如老年人可利用穿戴式设备对自己的身体活动、健康状态、饮食和能力水平（如步行速度）等进行监控，以实现更健康的生活方式，并有利于疾病的预防。

据估计，欧盟对信息通信技术和远程医学的引进使卫生保健服务的效率提高了20%。[2] 远程照护（即远程提供服务）已证实可以提高老年人甚至是患有阿尔茨海默病的老年人留在家中的能力，在英国的布拉德福德市，一个向老年人提供远程照护的试点项目发现，有26%的参与者都能够留在自己的家中，从而避免了在不必要的情况下进入护理院。另有13%的参与者避免了入院治疗，所需家庭照护的时数也减少了29%，预计将节省大量资源。[3] 因而，电子医疗有助于提升卫生保健服务的效率，有助于降低公共卫生健康服务为公共财政造成的支出负担。

当前我国应大力推进提高为老服务的科技化水平，提高社区为老服务的信息化水平，利用社区综合服务平台，有效对接服务供给与需求信息，加强健康养老终端设备的适老化设计与开发，为老年人提供方便的智慧健康养老服务；依托智慧网络平台和相关智能设备，为老年人的居家照护、医疗诊断、健康管理等提供远程服务及辅助技术服务；开展"智慧助老"行动，依托社区加大对老年人智能技术使用的宣教和培训，并为老年人在其高频活动场所保留必要的传统服务方式。

---

[1] BEARD J R, BLOOM D E. Towards a Comprehensive Public Health Response to Population Ageing [J]. The Lancet, 2015, 385 (9968): 658-661.

[2] A Digital Agenda for Europe [R/OL]. European Commission, 2010-08-26.

[3] The National Evaluation of Partnerships for Older People Projects: Executive Summary [R/OL]. Personal Social Services Research Unit, 2013.

3. 建立完善长期照护体系的机制设计

长期照护可为内在能力存在持续严重损失的老年人提供帮助，确保将其功能发挥维持在一定水平，享有基本权利、基本自由和做人的尊严。以往长期照护通常是家庭的责任，这使家庭成员面临着较大的精神负担和经济负担。但是政府，尤其是高收入国家的政府，正扮演着越来越重要的角色。① 设计良好的长期照护体系投资有助于带来多方面的效益，甚至可以降低政府的医疗支出。首先，慢性疾病和机体功能下降的预防有助于降低住院率。个案管理还可能推迟老年人进入护理院的时间，降低老年人的入院率并缩短住院时间②，节约中期开支，降低医疗成本③。在可以获得长期照护服务的国家中，70岁以上老人的卫生保健支出随着年龄的增长而降低。④ 而且，健康专业人士指导下的长期照护服务方案有助于在初级卫生保健服务中早期诊断、治疗和管理老年人的健康问题，并且减少照护危机和专业照护成本。此外，确保公平获取的长期照护服务为老年人提供了社会保障，使老年人及其家庭免于在晚年时陷入贫困，进而降低了政府通过转移支付降低老龄贫困的支出需求。

各国长期照护体系所采取的财政支持与实施方式均可能存在显著差异，一些国家采取全民风险统筹的方式进行财政支持，而在其他国家则由具备相关风险的个体和家庭承担费用，在确定哪些具体措施更为适用之前，每个国家和地区都应对其当前条件以及该条件下哪些措施最能发挥作用进行评估，在保证照护质量的前提下，采取最具成本效益的长期照护制度设计以降低公共财政的支出负担。如德国政府为保障长期护理保险体系的财务可持续性，采取了大量的成本控制制度设计，包括从法律层面对受益人的受益资格和受益级别制定准细致的认定标准和审查程序；鼓励受益人选择成本更低的家庭护理替代护理院机构护理；实行护理成本共担机制；引入长期照护服务供

---

① World Report on Ageing and Health [R/OL]. World Health Organization, 2015-09-29.
② YOU E, DUNT D R, DOYLE C. Case Managed Community Aged Care: What is the Evidence for Effects on Service Use and Costs? [J]. Journal of Aging and Health, 2013, 25 (7): 1204-1242; PIMOUGUET C, LAVAUD T, DARTIGUES J F, et al. Dementia Case Management Effectiveness on Health Care Costs and Resource Utilization: A Systematic Review of Randomized Controlled Trials [J]. The Journal of Nutrition, Health & Aging, 2010, 14: 669-676.
③ REILLY S, MIRANDA-CASTILLO C, MALOUF R, et al. Case Management Approaches to Home Support for People with Dementia [J]. Cochrane Database of Systematic Reviews, 2015, 1 (1): CD008345.
④ World Report on Ageing and Health [R/OL]. World Health Organization, 2015-09-29.

应商之间市场化的竞争机制等。① 此外，为降低长期照护体系的公共财政支出，在长期照护体系的构建过程中还应在评估成本效益的基础上，注重对新技术和创新性辅助设备的应用，利用一切方法尽可能将具有成本效益的辅助设备纳入照护系统以提高长期护理服务的效率。②

（五）积极实施人口管理政策改革

人口老龄化问题究其根本属于人口问题，只有依赖人口管理政策才能从长远缓解人口老龄化趋势。预期寿命的延长和出生率的降低是我国迈入老龄化国家行列的两大直接原因。目前受多方面因素的影响，我国适龄人口的生育意愿偏低，从1950到2022年，我国每名妇女生育子女的总数由6.11下降至1.05；自成为老龄化国家以来，我国人口出生率逐年下降，由2000年的14.03‰降至2022年的7.54‰（见图5-3）。③

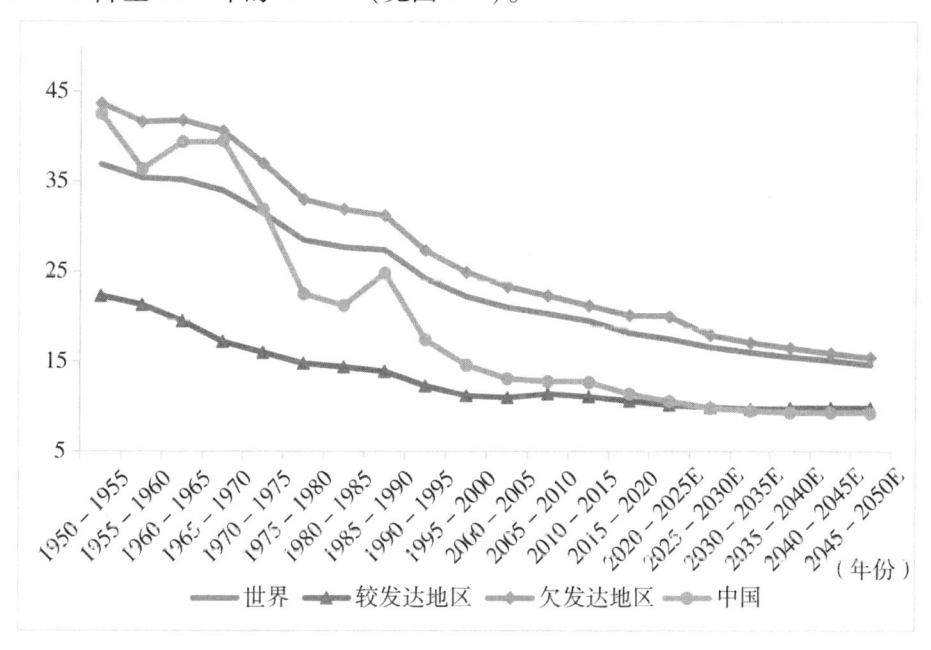

图5-3 中国及世界人口出生率对比图（‰）

数据来源：根据联合国《世界人口展望》整理

---

① 郝君富，李心愉. 德国长期护理保险：制度设计、经济影响与启示 [J]. 人口学刊，2014, 36 (2)：104-112.
② Healthy Ageing in China: Expanding Health Protection for the Middle-age and Elderly [R/OL]. Swiss Re Institute, 2020.
③ World Population Prospects 2022 [R/OL]. United Nations, 2022-07-11.

面对低生育率的现状,当前我国要把握人口发展的重大趋势变化,制定长期规划,积极优化生育政策,引导生育水平提升并稳定在适度区间。积极应对人口老龄化国家战略要求"制定人口长期发展战略,优化生育政策,增强生育政策包容性,提高优生优育服务水平,发展普惠托育服务体系,降低生育、养育、教育成本,促进人口长期均衡发展",这为继续完善我国人口发展战略指明了方向。2021年6月26日,《中共中央、国务院关于优化生育政策、促进人口长期均衡发展的决定》就"优化生育政策,实施一对夫妻可以生育三个子女政策,并取消社会抚养费等制约措施、清理和废止相关处罚规定,配套实施积极生育支持措施"等做出29条重要决定。当前我国从社会发展需要、社会养老承受范围等出发,采取积极的人口管理政策积极构建生育友好型社会,有助于优化人口年龄结构,减缓人口老龄化进程进而减轻社会养老压力和公共财政支出负担,这也是保持我国老年友好型社区建设可持续性的客观要求。

(六)调动多元社会力量共同为老年友好型社区建设提供融资

在老年友好型社区建设过程中,虽然政府应发挥主导性作用,但日益增长的财政支出需求要求公立部门要主动加强与私立部门之间的紧密合作以保证预算资金的有效筹集。私营部门和社会力量可以从以下两方面减轻老年友好型社区建设支出降低公共财政支出负担:

一是注重发挥老龄人协会、慈善性公益组织等社会组织和社会力量在提供融资和志愿性服务方面的积极作用。如《新城市议程》指出,"将考虑在国家一级建立城市和地域交通基础设施和服务基金,确保行为体和干预措施之间的协调以及问责制,其多种资金来源可包括公共拨款以及其他公共实体和私营部门捐款等"。

二是采取公私合营模式鼓励企业共同参与老年友好型社区建设和投资,如充分利用保险资金的投资,帮助和鼓励保险业提供健康和养老解决方案,并将其长期、稳定的资金投入到健康服务及基础设施建设中以增加老年服务供给,降低对政府的投资资金需求①;保险公司还可以利用新科技,设计创新型的健康保险产品,通过融合健康保险与个人健康管理,促使被保险人遵循健康的生活方式,加强疾病的预防和保健,进而降低卫生健康服务需求和公共卫生财政支出。还可以通过与多种机构合作以多种方式为满足老龄人口的

---

① Swiss Re Institute. Healthy Ageing in China: Expanding Health Protection for the Middle-age and Elderly [R/OL]. Swiss Re Institute,2020.

住房需求提供融资,如《新城市议程》指出"将支持开发适当和负担得起的住房融资产品,鼓励各种多边金融机构、区域开发银行和发展金融机构、合作机构、私营部门贷款机构和投资者、合作社、借贷机构和小额信贷银行参与投资各种形式的负担得起的住房"。

因而,在老年友好型社区的建设过程中,政府要积极加强政企合作,鼓励发展老龄人组织、慈善机构和非政府组织等,并加强与其之间的合作伙伴关系,以调动所有可用的公共和私人资源共同为老年友好型社区建设融资,保障政府公共财政的收支平衡进而保障老年友好型社区建设的可持续性。当前我国实施积极应对人口老龄化国家战略,既要随着经济社会发展水平的提高不断增强社会保障能力,实现老有所养、老有所依、老有所乐、老有所安,努力增进人民福祉,又要充分考虑发展的阶段性特征和财政承受能力,合理引导社会预期,将提高福利水平建立在经济和财力可持续增长的基础上,坚持尽力而为、量力而行,做到因地制宜、科学精准施策。

第六节 建立健全老年友好型社区建设的评估与监督机制

在老年友好型社区的建设过程中,有必要建立评估机制,定期对社区的老年友好建设进展进行评估,以反馈建设效果并进行政策调整。老年友好型社区的整个建设过程还应接受大众监督,建立健全由多方主体共同参与的监督机制。

一、建立健全老年友好型社区建设进展的评估机制

在老年友好型社区的建设过程中对建设进展进行定期评估是老年友好型社区建设过程中的必要程序。任何一个城市和社区只要开展相关建设工作,在这些特征指标上都会取得明显改善。根据建设指标分类对城市和社区的老年友好性进行系统性的评估,其意义不在于进行排序或作为成功与失败的决定性评估,而在于推动城市和社区的自我评价并衡量其建设进程。指标监测和评估的结果将发挥"社会报告功能"和"社会政策功能",前者提供地方政府的成功和挑战信息,有利于人们认识到老年友好型社区环境建设的进展和不足,后者将提供公共政策改革的方向,可为相关决策者提供决策参考意见,是确定未来政策改进的重点和优先领域的基础。加入世界卫生组织老年友好型城市和社区网络的城市和社区则需要以五年为一个建设周期,在第五年时接受世界卫生组织的评估,以对其取得的成绩和差距进行评价,循环改

进，为下一个五年建设周期的优先事项和改善重点提供参考。

老年友好型社区的评价指标体系是指导其建设的标准，也是对老年友好型社区的建设进展进行持续监测、定期评估反思与改进的标准。在根据老年友好型社区的指标体系评估一个老年友好型社区的优势与不足时，老年人口的生活体验尤为重要。因而，在老年友好型社区建设的评估过程中，应当开展基于老年人口的专门研究，在老年人口中定期进行调查，以确定老年人口的需求以及需求的满足状况。如当前老年友好型社区建设过程中主要在哪些方面取得了改进，存在的主要障碍因素有哪些，不同老年群体对物质环境和社会环境改善的需求是否得到了满足等。老龄人口应根据老年友好型社区的特征标准与其自身体验的对比去描述其所生活的城市和社区在建设过程中的积极因素和障碍性因素，对城市和社区的老年友好建设进程做出自己的评估和评价，并提出改善性建议。通过这种方法获得老年人的直接体验感受和评价结果，可为相关领域专家和公共政策决策者进一步分析、干预、制定政策提供重要信息。如 Kiaie 等根据老年人和城市管理者的看法，重点评估了伊朗加兹温市的城市开放空间、公共建筑与场所等指标，但指标评估结果并不理想，建议城市管理者在建设老年友好型社区时应该关注指标质量。[①]

根据本土化的老年友好型社区建设指标体系开展的定量评估结果及对老龄人口的实地调查结果，政府应进一步从公共政策层面评价哪些干预措施有效促进了老年友好型社区建设的过程，分析实施这些干预措施的适宜时机和先后次序，并对老年友好型社区建设不同主题的成本效益做出分析，对本地的老年友好建设出具建设进展评估报告，报告应客观评价现有政策的效果并提出未来的政策改进建议，并提交给专门的老年友好型社区建设负责机构、专家委员会等第三方机构，以供独立的审查和评估。

当前我国国家卫生健康委（全国老龄办）应不断完善示范性老年友好型社区建设的工作机制，建立健全科学规范、公正合理、与时俱进的考评指标体系，加大对已命名示范性城乡老年友好型社区的抽查和公开力度，督促参评社区对标对表，认真对照全国示范性城乡老年友好型社区标准开展创建工作，确保创建过程不走样，创建标准不打折扣。

---

① KIAIE M, MOTALEBI S A, MOHAMMADI F. Evaluating Age-Friendly City Indicators in Qazvin: Urban Open Spaces, Buildings and Public Places [J]. The Journal of Qazvin University of Medical Sciences, 2019, 23 (5): 430-439.

二、建立健全老年友好型社区建设的监督机制

为确保老年友好型社区计划和建设指标体系能够按照预先确定的计划目标和体系内容展开建设,更好地优化物质环境和社会环境,实现提升老年人口健康福祉的目标,必须建立健全有效的监督机制。老年友好型社区建设的监督体系是指在计划实施前期、中期与后期,加入监督力量,保障建设计划的顺利进行,并最终满足老年人口的需求。该监督体系主要监督有关政府部门是否制定了有益于提升老年友好性的政策措施,有关部门是否完整实施了政策措施,具体建设项目的质量是否达标,建设计划是否顺利进行等。健全的监督体系可以从内部、外部推动老年友好型社区的建成。就监督体系的组成来看,应向多元化监督体系发展:

首先,政府部门应该加入监督体系,政府是最具权威性的机构,对于老年友好型社区建设应发挥主导性作用,通过内部监督政府部门可以减少政策决策失误,通过外部监督可以有力地减少不当建设措施。

其次,监督体系应当包括老年群体。老年人是老年友好型社区的需求人,也是直接受益人,老年友好型社区的目标是从各方面提升老年人生活质量。因而,对于老年友好型社区建设的各个方面是否具有老年友好性,老年人拥有最终的发言权,老年人应参与老年友好型社区建设和监督的全过程,并发挥倡导和顾问的作用。如加拿大渥太华市设置的审查与问责机制就是每年召开四次的老年人圆桌会议,圆桌会议共包括 15 名老年居民,圆桌会议成立的初衷是使老龄人口更多地参与到老年友好型社区建设的决策中,以确保城市和社区的基础设施和服务设施建设更符合老龄人口的需求和愿望。从圆桌会议的实际运作来看,圆桌会议为老龄居民提供了积极参与老年友好型社区建设计划的机会,而且通过圆桌会议这一问责机制,老龄人口可以自主分享他们对于有关机构和部门的计划、服务和基础设施建设情况的建议和看法,使老龄人口在老年友好型社区建设过程中发挥重要的监督作用,并就当地老年友好计划的未来发展提供重要的反馈建议。目前,圆桌会议除充当问责和监督机制,同时也成为渥太华市政府与老龄人口群体之间一个重要的交流平台,与老年居民就企业和部门方案、服务和基础设施进行持续接触和协商,有助于让政府更好地了解到计划执行过程中产生的新问题。[①] 渥太华市的做法值得我国借鉴。

最后,监督体系应以多种社会力量共同监督作为保障。在老年友好型社

---

① Case Study: The Age-friendly Programme in Ottawa [R/OL]. World Health Organization.

区建设过程中需要企业、家庭、社区及其他利益相关者等多元社会力量的共同参与，因而也应当赋予其监督的权利，这有利于制衡各方建设力量，确保老年友好型社区计划推进的合理性、公平性和有效性，并在利益相关方的广泛参与下形成监督结论和建议，保障老年友好型社区建设计划的顺利推进，并使各方获益。

第六章

结　语

人口老龄化是我国今后较长一段时期内的基本国情。为有效应对我国人口老龄化的严峻挑战，2019年党的十九届五中全会正式将积极应对人口老龄化上升为国家战略，这是对当前我国人口快速老龄化背景下的前瞻性战略思考，是以习近平同志为核心的党中央总揽全局、审时度势做出的重大战略部署。实施积极应对人口老龄化国家战略，事关国家发展全局，事关亿万百姓福祉，事关社会和谐稳定，对"十四五"和更长时期我国经济社会持续健康发展具有重大和深远的意义，有助于推动我国老龄事业和产业高质量发展，对于全面建设社会主义现代化国家具有重要意义。为贯彻落实中共中央、国务院关于实施积极应对人口老龄化国家战略的决策部署，推进老年友好型社会建设，2020年12月经中央批准，国家卫生健康委（全国老龄办）发布《关于开展示范性全国老年友好型社区创建工作的通知》，正式提出要在全国范围内开展示范性全国老年友好型社区创建工作。

本书基于我国人口老龄化的基本国情和积极应对人口老龄化国家战略背景，以老年友好型社区的构建路径为基本研究对象，从老年友好型社区构建的理论基础、内涵界定、评价体系、建设机制等方面研究其相关理论与已有实践，最后基于积极应对人口老龄化国家战略背景提炼出有助于推进我国老年友好型社区建设的顶层制度设计。主要研究结论如下：

积极应对人口老龄化国家战略是我国坚持深化改革开放，为人类解决老龄化问题贡献的中国智慧和中国方案。老年友好型社区建设是我国贯彻实施积极应对人口老龄化国家战略的重大举措之一，有助于加强新时代老龄工作，着力解决老年人在养老、健康、精神文化生活、社会参与等方面的现实需求问题，深入挖掘老龄社会潜能，激发老龄社会活力，切实增强广大老年人的获得感、幸福感、安全感；而且从宏观层面看，老年友好型社区建设是我国当前人口老龄化背景下探索如何更好地解决养老问题并促进经济社会与城市可持续发展的有效途径，因而老年友好型社区建设是推进实施积极应对人口老龄化国家战略不可或缺的重要方略之一。

积极应对人口老龄化国家战略要求充分重视老龄人力资源开发，老年友好型社区建设的理论基础"健康老龄化"和"积极老龄化"均强调应使老年人能够继续成为其家庭、社区和经济的一种"资源"。因而，在老年友好型社区的建设过程中应将老龄人口视为家庭、社区和经济的一种"资源"而非负担。虽然随着年龄的增长，人的体能及认知能力会有所下降，但老龄人口拥有比较丰富的从业知识、经验与人生阅历，如果能够有效引导，丰富的老年资源也可以成为推动社会经济发展的积极力量，投资于老年人的福祉将产生显著的经济和社会回报。因而，必须改变将老龄人口视为社会负担的负面想法，积极构建养老、孝老、敬老的社会环境，将老龄人口视为积极的社会建设者和资源，充分发挥老龄人口的资源性、主体性作用，大力发展银发经济以推动产业结构调整，助力社会经济的高质量、可持续发展。

老年友好型社区建设的指标体系构建必须因地制宜本土化。老年友好型社区指标体系是指导老年友好型社区建设的基本工具和指南针。世界卫生组织所构建的老年友好型社区指标体系是当前全球应用最为广泛的一套指标体系，但其评价标准、核心特征并不是规范或完全指南，我国在老年友好型社区评价指标体系的构建过程中，也应充分结合我国社会传统、社会制度、经济发展水平、城乡规划、人口规模及老龄化程度等具体国情因地制宜地进行创新，将世界卫生组织总结的普遍性指标结合我国具体实际实现本土化的创新设计。而且，考虑到我国国内存在显著的区域差异、城乡差距，各级地方政府还应在全国性老年友好型社区评价指标体系的基础之上，结合本地实际积极制定地方性老年友好型城市社区和农村社区的建设标准和行动计划。

老年友好型社区建设需要加强政府跨部门之间的协同治理，并打造共建、共治、共享的老龄社会治理共同体。构建老年友好型社区是系统性的、非孤立的问题，虽然政府在老年友好型社区的构建过程中发挥主导性作用，但构建关爱老年人的环境将涉及卫生保健、交通、居住、社会保障等众多部门；涉及政府、企业、家庭、社区、老年人及老龄组织、其他利益相关者等多元主体。因而，我国政府在老年友好型社区的建设实践中需充分发挥各级卫生健康委（老龄办）的统筹协调作用，明确任务分工，建立健全跨部门间的协同治理机制，通过多部门行动，共同实现提升我国老龄人口健康和福祉的愿景。同时，政府部门还应积极团结调动各方力量共同参与建设，打造共建、共治、共享的老龄社会治理共同体，形成多元主体责任共担、老龄事业人人参与的新局面。

老年友好型社区建设应以切实满足老龄人口需求为基本出发点。致力于满足"老龄人口需求"这一立足点应贯穿于政策制定执行的全过程，应通过充分发挥老龄人口在老年友好型社区建设全过程中的参与作用了解老龄人口的真实需求；关注并满足老龄人口多层次的需求；尊重并满足不同老龄人口亚群体多样化的需求；关注并满足最具脆弱性老龄群体特殊性的需求。在我国老年友好型社区的建设过程中，需要特别关注最具脆弱性老龄人口的需求，在公共政策制定方面给予更多支持，强化出资和融资手段，优先解决脆弱人群的问题，通过构建老年友好环境使每一个老年人实现老有所养、老有所医、老有所为、老有所学、老有所乐，让老年人共享改革发展成果、安享幸福晚年，进一步彰显党的初心使命和我国社会主义制度的优越性。

老年友好型社区建设过程中要正确处理好积极财政政策与公共财政可负担性之间的关系。老年友好型社区建设过程中政府将采取积极财政政策加大直接投资，进行转移支付及实施减税政策等，这将加大公共财政收支失衡的风险，有必要积极采取措施保持公共财政的可持续性，包括优化养老保险、医疗保险制度的顶层制度设计，鼓励并支持老龄人口居家就地养老等。在老年友好型社区建设过程中要正确处理好积极财政政策与公共财政可持续性之间的关系，需特别关注把握我国当前快速老龄化与低生育率的人口发展重大趋势变化，制定长期规划采取积极的人口管理政策构建更具包容性的生育友好型社会，引导生育水平提升并稳定在适度区间，优化人口年龄结构促进人口长期均衡发展，进而减缓人口老龄化进程减轻社会养老压力，保持公共财政的长期可负担性，这也是保持我国老年友好型社区建设可持续性的客观要求。

参考文献

一、中文文献

（一）期刊

[1] 蔡昉．实施积极应对人口老龄化国家战略［J］．劳动经济研究，2020，8（6）．

[2] 曹永宏，刘红亮．全力强化新时代社区建设 推进老年友好型社区构建：河南省商丘市睢阳区东方街道电业社区老年友好型社区建设综述［J］．人口与健康，2021（12）．

[3] 陈薇．老有所为：日本和香港老年人力资源开发的经验和启示［J］．天水行政学院学报，2018，19（4）．

[4] 党俊武．十个关键词解读"实施积极应对人口老龄化国家战略"［J］．老龄科学研究，2020，8（11）．

[5] 窦晓璐，约翰·派努斯，冯长春．城市与积极老龄化：老年友好城市建设的国际经验［J］．国际城市规划，2015，30（3）．

[6] 杜鹏，陈民强．积极应对人口老龄化：政策演进与国家战略实施［J］．新疆师范大学学报（哲学社会科学版），2022，43（3）．

[7] 樊士帅，杨一帆，刘一存．国际城市应对人口老龄化的行动经验及启示［J］．西南交通大学学报（社会科学版），2017，18（2）．

[8] 戈艳霞，孙兆阳．中国农村老龄友好社区建设评估与优化研究：一项基于世界卫生组织老龄友好指标体系的考量［J］．南京理工大学学报（社会科学版），2021，34（5）．

[9] 郝君富．世界老龄人口的贫困特征与反贫困公共政策［J］．浙江大学学报（人文社会科学版），2016，46（6）．

[10] 郝君富，李心愉．退休年龄国际比较与退休年龄延迟政策发展趋势

研究［J］. 中国地质大学学报（社会科学版），2015，15（6）.

［11］郝君富，李心愉. 德国长期护理保险：制度设计、经济影响与启示［J］. 人口学刊，2014，36（2）.

［12］郝君富，李心愉. 基于性别公平视角的养老金制度设计改革［J］. 中国人民大学学报，2017，31（3）.

［13］胡庭浩，程冬东，熊惠，等. 基于老年友好型城市视角的徐州老年公共服务设施建设［J］. 江苏师范大学学报（自然科学版），2016，34（1）.

［14］胡庭浩，沈山，常江. 国外老年友好型城市建设实践：以美国纽约市和加拿大伦敦市为例［J］. 国际城市规划，2016，31（4）.

［15］胡小武. "老年友好型"城市的宜居空间与建构逻辑［J］. 上海城市管理，2014，23（3）.

［16］李志宏. "十四五"时期积极应对人口老龄化的形势及国家战略对策［J］. 老龄科学研究，2020，8（8）.

［17］李志宏，金牛. 实施积极应对人口老龄化国家战略：中国与路径选择与认知转向［J］. 南开学报（哲学社会科学版），2022（6）.

［18］林宝. 积极应对人口老龄化：内涵、目标和任务［J］. 中国人口科学，2021（3）.

［19］刘同昌. 人口老龄化背景下建立城乡一体的养老保险制度的探索［J］. 山东社会科学，2008（1）.

［20］刘燕妮. 资源促进型环境对南沙自贸区建设老年友好型社会的启示［J］. 齐齐哈尔大学学报（哲学社会科学版），2019（1）.

［21］刘智勇. 积极应对人口老龄化国家战略：观念更新、任务定位、实现途径［J］. 学习论坛，2023（1）.

［22］陆杰华，刘芹. 改革开放40年来中国老龄研究的进展、创新及展望［J］. 中共福建省委党校学报，2018（12）.

［23］毛璐，郭海. 老年友好型旧城公共空间影响因素研究：以北京大栅栏地区为例［J］. 城市住宅，2021，28（10）.

［24］穆光宗. 人口老龄化问题和老龄问题的再讨论：兼答陶立群同志［J］. 人口学刊，1998（1）.

［25］陶立群. 再谈人口老龄化若干问题的辨析：兼与穆光宗等同志商榷有关人口老龄化的几个理论和概念问题（之一）［J］. 人口学刊，1997（6）.

［26］田菲. 纽约老年友好城市实践及其对上海的启示［J］. 上海城市规划，2017（z1）.

[27] 王德文, 马健囡, 王正联. 发达国家老龄友善城市建设轨迹及其借鉴意义 [J]. 公共行政评论, 2016 (4).

[28] 邬沧萍. 创建一个健康的老龄社会：中国迎接21世纪老龄化的正确选择 [J]. 人口研究, 1997, 21 (1).

[29] 许小玲. 老年友好型社区政策的核心驱动逻辑及政策启示研究：基于扎根理论的政策文本分析 [J]. 兰州学刊, 2023 (10).

[30] 原新, 金牛. 积极应对人口老龄化国家战略的时代背景与价值意蕴 [J]. 老龄科学研究, 2021 (1).

[31] 曾红颖, 范宪伟. 以老年人力资源优化开发积极应对人口老龄化 [J]. 人民论坛·学术前沿, 2019 (6).

[32] 赵紫竹, 陈淑君. 哈尔滨市老年友好社区存在的问题及对策 [J]. 中国管理信息化, 2022, 25 (24).

[33] 郑功成. 实施积极应对人口老龄化的国家战略 [J]. 学术前沿, 2020 (22).

[34] 周学馨, 王雪琴. 实施积极应对人口老龄化国家战略的社会治理回应研究：基于政府老龄社会治理的视角 [J]. 重庆理工大学学报 (社会科学), 2022 (1).

[35] 朱荟, 陆杰华. 积极应对老龄化国家战略的理念突破、脉络演进与体制再构 [J]. 中国特色社会主义研究, 2021, (2).

[36] 总报告起草组, 李志宏. 国家应对人口老龄化战略研究总报告 [J]. 老龄科学研究, 2015, 3 (3).

（二）论文

[1] 陈喆. 老年友好城市导向下城市老年设施规划研究 [D]. 西安：西北大学, 2014.

[2] 高理想. 合肥市老年宜居社区建设研究 [D]. 合肥：安徽大学, 2015.

[3] 黄瑞. 人口老龄化趋势下的中国城镇养老保险制度研究 [D]. 武汉：华中科技大学, 2008.

[4] 宋文菁. 基于老年友好型城市建设理念的洛阳周王城广场改造设计 [D]. 大连：大连工业大学, 2019.

[5] 杨扬. 城市老龄友好型社区建设研究：基于长沙市石门楼社区的思考 [D]. 长沙：湖南师范大学, 2010.

（三）网络文献

[1] 国家卫生健康委（全国老龄办）.关于开展示范性全国老年友好型社区创建工作的通知 [EB/OL].中华人民共和国国家卫生健康委员会网站，2020-12-15.

[2] 民政部，全国老龄办.2022年国家老龄事业发展公报 [R/OL].中华人民共和国民政部网站，2023-12-14.

[3] 清华大学互联网产业研究院.智慧养老产业白皮书（2019）[R/OL].清华大学互联网产业研究院网站，2020-03-16.

[4] 上海市老龄事业发展促进中心.2022年上海市老年人口和老龄事业监测统计信息 [R/OL].上海市卫生健康委员会网站，2023-04-13.

二、英文文献

（一）著作

[1] CATTAN M. Mental Health And Well Being In Later Life [M]. Maidnhead: Open University Press, 2009.

[2] JOSEPH A E, CLOUTIER-FISHER D. Ageing in Rural Communities: Vulnerable People in Vulnerable Places [M]. Ageing and Place: Routledge, 2004.

[3] OLIVER D, FOOT C, HUMPHRIES R. Making our Health and Care Systems Fit for an Ageing Population [M]. London: King's Fund, 2014.

[4] UNFPA, HelpAge International. Ageing in the Twenty-First Century: A Celebration and A Challenge [M]. UNFPA and HelpAge International, 2013.

[5] World Health Organization. Hidden Cities: Unmasking and Overcoming Health Inequities in Urban Settings [M]. Geneva: WHO Library, 2010.

（二）期刊

[1] ALLAN L J, JOHNSON J A. Undergraduate Attitudes toward the Elderly: The Role of Knowledge, Contact and Aging Anxiety [J]. Educational Gerontology, 2008, 35 (1).

[2] BAER B, BHUSHAN A, TALEB H A, et al. The Right to Health of Older People [J]. The Gerontologist, 2016, 56 (Suppl_2).

[3] BEARD J R, BLOOM D E. Towards a Comprehensive Public Health Response to Population Ageing [J]. The Lancet, 2015, 385 (9968).

[4] BEARD J R, PETITOT C. Ageing and Urbanization: Can Cities be De-

signed to Foster Active Ageing? [J]. Public Health Reviews, 2010, 32 (2).

[5] BESWICK A D, REES K, DIEPPE P, et al. Complex Interventions to Improve Physical Function and Maintain Independent Living in Elderly People: A Systematic Review and Meta-analysis [J]. The Lancet, 2008, 371 (9614).

[6] BIGGS S. Toward Critical Narrativity: Stories of Aging in Contemporary Social Policy [J]. Journal of Aging Studies, 2001, 15 (4).

[7] BLAZER D G, SACHS-ERICSSON N, HYBELS C F. Perception of Unmet Basic Needs as a Predictor of Mortality among Community-dwelling Older Adults [J]. American Journal of Public Health, 2005, 95 (2).

[8] BOOTH M L, OWEN N, BAUMAN A, et al. Social-cognitive and Perceived Environment Influences Associated with Physical Activity in Older Australians [J]. Preventive Medicine, 2000, 31 (1).

[9] BOOTS L M M, DE VUGT M E, VAN KNIPPENBERG R J M, et al. A Systematic Review of Internet-based Supportive Interventions for Caregivers of Patients with Dementia [J]. International Journal of Geriatric Psychiatry, 2014, 29 (4).

[10] BRAVEMAN P, GRUSKIN S. Defining Equity in Health [J]. Journal of Epidemiology and Community Health, 2003, 57 (4).

[11] BRODATY H, ARASARATNAM C. Meta-analysis of Nonpharmacological Interventions for Neuropsychiatric Symptoms of Dementia [J]. American Journal of Psychiatry, 2012, 169 (9).

[12] BUFFEL T, PHILLIPSON C, SCHARF T. Ageing in Urban Environments: Developing Age-friendly Cities [J]. Critical Social Policy, 2012, 32 (4).

[13] CARSTENSEN L L. The Influence of a Sense of Time on Human Development [J]. Science, 2006, 312 (5782).

[14] CATTAN M, HOGG E, HARDILL I. Improving Quality of Life in Ageing Populations: What Can Volunteering Do? [J]. Maturitas, 2011, 70 (4).

[15] CHAD K E, REEDER B A, HARRISON E L, et al. Profile of Physical Activity Levels in Community-dwelling Older Adults [J]. Medicine & Science in Sports & Exercise, 2005, 37 (10).

[16] CHATTERJI S, BYLES J, CUTLER D, et al. Health, Functioning, and Disability in Older Adults-present Status and Future Implications [J]. The

Lancet, 2015, 385 (9967).

[17] COOK J. The Socio-economic Contribution of Older People in the UK [J]. Working with Older People, 2011, 15 (4).

[18] COSTA-FONT J, ELVIRA D, MASCARILLAa-MIRÓ O. "Ageing in Place"? Exploring Elderly People's Housing Preferences in Spain [J]. Urban Studies, 2009, 46 (2).

[19] DE JONG GIERVELD J, KEATING N, FAST J E. Determinants of Loneliness among Older Adults in Canada [J]. Canadian Journal on Aging/Revue Canadienne Du Vieillissement, 2015, 34 (2).

[20] DESVAUX G, REGOUT B. Older, Smarter, More Value Conscious: The French Consumer Transformation [J]. McKinsey Quarterly, 2010 (3).

[21] DOUGLAS S L, DALY B J, KELLEY C G, et al. Impact of a Disease Management Program upon Caregivers of Chronically Critically Ill Patients [J]. Chest, 2005, 128 (6).

[22] EKLUND K, WILHELMSON K. Outcomes of Coordinated and Integrated Interventions Targeting Frail Elderly People: A Systematic Review of Randomised Controlled Trials [J]. Health & Social Care in the Community, 2009, 17 (5).

[23] ELKAN R, EGGER M, KENDRICK D, et al. Effectiveness of Home Based Support for Older People: Systematic Review and Meta-analysis Commentary: When, Where, and Why Do Preventive Home Visits Work? [J]. British Medical Journal, 2001, 323.

[24] ELWELL-SUTTON T M, JIANG C Q, ZHANG W S, et al. Inequality and Inequity in Access to Health Care and Treatment for Chronic Conditions in China: The Guangzhou Biobank Cohort Study [J]. Health Policy and Planning, 2013, 28 (5).

[25] FENG Z, LIU C, GUAN X, et al. China's Rapidly Aging Population Creates Policy Challenges in Shaping a Viable Long-term Care System [J]. Health Affairs, 2012, 31 (12).

[26] FITZPATRICK A L, POWE N R, COOPER L S, et al. Barriers to Health Care Access among the Elderly and Who Perceives Them [J]. American Journal of Public Health, 2004, 94 (10).

[27] FLOOD M. Successful Aging: A Concept Analysis [J]. Journal of Theory Construction and Testing, 2002, 6 (2).

[28] GARIN N, OLAYA B, MIRET M, et al. Built Environment and Elderly Population Health: A Comprehensive Literature Review [J]. Clinical Practice and Epidemiology in Mental Health, 2014 (10).

[29] GERAEDTS H, ZIJLSTRA A, BULSTRA S K, et al. Effects of Remote Feedback in Home-based Physical Activity Interventions for Older Adults: A Systematic Review [J]. Patient Education and Counseling, 2013, 91 (1).

[30] GILES-CORTI B, DONOVAN R J. Relative Influences of Individual, Social Environmental, and Physical Environmental Correlates of Walking [J]. American Journal of Public Health, 2003, 93 (9).

[31] GREEN G. Age-friendly Cities of Europe [J]. Journal of Urban Health, 2013, 90 (Suppl_ 1).

[32] GREENFIELD E A. Felt Obligation to Help Others as a Protective Factor Against Losses in Psychological Well-being Following Functional Decline in Middle and Later Life [J]. Journals of Gerontology Series B: Psychological Sciences and Social Sciences, 2009, 64 (6).

[33] HAO Y. Productive Activities and Psychological Well-being among Older Adults [J]. The Journals of Gerontology Series B: Psychological Sciences and Social Sciences, 2008, 63 (2).

[34] HAVIGHURST R J. Successful Aging [J]. Processes of Aging: Social and Psychological Perspectives, 1961, 1 (1).

[35] HOLT-LUNSTAD J, SMITH T B, LAYTON J B. Social Relationships and Mortality Risk: A Meta-Analytic Review [J]. PLoS Medicine, 2010, 7 (7).

[36] HONG S I, MORROW-HOWELL N. Health Outcomes of Experience Corps: A High-commitment Volunteer Program [J]. Social Science & Medicine, 2010, 71 (2).

[37] HONYASHIKI M, FERRI C P, ACOSTA D, et al. Chronic Diseases among Older People and Co-resident Psychological Morbidity: A 10/66 Dementia Research Group Population-based Survey [J]. International Psychogeriatrics, 2011, 23 (9).

[38] HOWDEN-CHAPMAN P, SIGNAL L, CRANE J. Housing and Health in Older People: Ageing in Place [J]. Social Policy Journal of New Zealand, 1999, 13 (13).

[39] HUSS A, STUCK A, RUBENSTEIN L Z, et al. Multidimensional Preventive Home Visit Programs for Community-dwelling Older Adults: A Systematic Review and Meta-analysis of Randomized Controlled Trials [J]. Journals of Gerontology Series A: Biological Sciences and Medical Sciences, 2008, 63 (3).

[40] JIAN W, CHAN K Y, REIDPATH D D, et al. China's Rural-urban Care Gap Shrank for Chronic Disease Patients, But Inequities Persist [J]. Health Affairs, 2010, 29 (12).

[41] JOY M. Problematizing the Age Friendly Cities and Communities Program in Toronto [J]. Journal of Aging Studies, 2018, 47.

[42] KIAIE M, MOTALEBI S A, MOHAMMADI F. Evaluating Age-Friendly City Indicators in Qazvin: Urban Open Spaces, Buildings and Public Places [J]. The Journal of Qazvin University of Medical Sciences, 2019, 23 (5).

[43] LEE K H, KIM S. Development of Age-friendly City Indicators in South Korea: Focused on Measurable Indicators of Physical Environment [J]. Urban Design International, 2020, 25.

[44] LOW L F, FLETCHER J. Models of Home Care Services for Persons with Dementia: A Narrative Review [J]. International Psychogeriatrics, 2015, 27 (10).

[45] LUI C W, EVERINGHAM J A, WARBURTON J, et al. What Makes a Community Age-friendly: A Review of International Literature [J]. Australasian Journal on Ageing, 2009, 28 (3).

[46] MAIMARIS W, HOGAN H, LOCK K. The Impact of Working beyond Traditional Retirement Ages on Mental Health: Implications for Public Health and Welfare Policy [J]. Public Health Reviews, 2010, 32 (2).

[47] MAREK K D, STETZER F, ADAMS S J, et al. Aging in Place Versus Nursing Home Care: Comparison of Costs to Medicare and Medicaid [J]. Research in Gerontological Nursing, 2012, 5 (2).

[48] MCGARRY P, MORRIS J. A Great Place to Grow Older: A Case Study of How Manchester is Developing An Age-friendly City [J]. Working With Older People, 2011, 15 (1).

[49] MORRIS M E, ADAIR B, MILLER K, et al. Smart-Home Technologies to Assist Older People to Live Well at Home [J]. Journal of Aging Science, 2013, 1 (1).

[50] NEAL M B, DELATORRE A K, CARDER P C. Age-friendly Portland: A University-city-community Partnership [J]. Journal of Aging & Social Policy, 2014, 26 (1-2).

[51] OKUN M A, SCHULTZ A. Age and Motives for Volunteering: Testing Hypotheses Derived from Socioemotional Selectivity Theory [J]. Psychology and Aging, 2003, 18 (2).

[52] PERON E P, GRAY S L, HANLON J T. Medication Use and Functional Status Decline in Older Adults: A Narrative Review [J]. The American Journal of Geriatric Pharmacotherapy, 2011, 9 (6).

[53] PERRY T E, ANDERSEN T C, KAPLAN D B. Relocation Remembered: Perspectives on Senior Transitions in the Living Environment [J]. The Gerontologist, 2014, 54 (1).

[54] PIMOUGUET C, LAVAUD T, DARTIGUES J F, et al. Dementia Case Management Effectiveness on Health Care Costs and Resource Utilization: A Systematic Review of Randomized Controlled Trials [J]. The Journal of Nutrition, Health & Aging, 2010, 14.

[55] PINQUART M, SÖRENSEN S. Associations of Stressors and Uplifts of Caregiving with Caregiver Burden and Depressive Mood: A Meta-analysis [J]. The Journals of Gerontology Series B: Psychological Sciences and Social Sciences, 2003, 58 (2).

[56] RANTAKOKKO M, LWARSSON S, KAUPPINEN M, et al. Quality of Life and Barriers in the Urban Outdoor Environment in Old Age [J]. Journal of the American Geriatrics Society, 2010, 58 (11).

[57] REBOK G W, CARLSON M C, GLASS T A, et al. Short-term Impact of Experience Corps Participation on Children and Schools: Results from a Pilot Randomized Trial [J]. Journal of Urban Health, 2004, 81 (1).

[58] REILLY S, MIRANDA-CASTILLO C, MALOUF R, et al. Case Management Approaches to Home Support for People with Dementia [J]. Cochrane Database of Systematic Reviews, 2015, 1 (1).

[59] SADANA R, BLAS E. What Can Public Health Programs Do to Improve Health Equity? [J]. Public Health Reports, 2013, 128 (Suppl_ 3).

[60] SONNET A, OLSEN H, MANFREDI T. Towards More Inclusive Ageing and Employment Policies: The Lessons from France, the Netherlands,

Norway and Switzerland [J]. De Economist, 2014, 162 (4).

[61] SÖRENSEN S, PINQUART M, DUBERSTEIN P. How Effective are Interventions With Caregivers? An Updated Meta-analysis [J]. The Gerontologist, 2002, 42 (3).

[62] SZANTON S L, WOLFF J L, LEFF B, et al. Preliminary Data from Community Aging in Place, Advancing Better Living for Elders, a Patient - directed, Team-Based Intervention to Improve Physical Function and Decrease Nursing Home Utilization: The First 100 Individuals to Complete a Centers for Medicare and Medicaid Services Innovation Project [J]. Journal of the American Geriatrics Society, 2015, 63 (2).

[63] TANNER B, TILSE C, DE JONGE D. Restoring and Sustaining Home: The Impact of Home Modifications on the Meaning of Home for Older People [J]. Journal of Housing for the Elderly, 2008, 22 (3).

[64] TERRANEO M. Inequities in Health Care Utilization by People Aged 50+: Evidence from 12 European Countries [J]. Social Science & Medicine, 2015, 126.

[65] VAN'T LEVEN N, PRICK A J C, GROENEWOUD J G, et al. Dyadic Interventions for Community-dwelling People with Dementia and Their Family Caregivers: A Systematic Review [J]. International Psychogeriatrics, 2013, 25 (10).

[66] WALKER A. A Strategy for Active Ageing [J]. International Social Security Review, 2002, 55 (1).

[67] WILES J L, LEIBING A, GUBERMAN N, et al. The Meaning of "Aging in Place" to Older People [J]. The Gerontologist, 2012, 52 (3).

[68] WONG Y C, LEUNG J. Long-term Care in China: Issues and Prospects [J]. Journal of Gerontological Social Work, 2012, 55 (7).

[69] XIAO L D, WANG J, HE G P, et al. Family Caregiver Challenges in Dementia Care in Australia and China: A Critical Perspective [J]. BMC Geriatrics, 2014, 14 (1).

[70] YOU E C, DUNT D, DOYLE C, et al. Effects of Case Management in Community Aged Care on Client and Carer Outcomes: A Systematic Review of Randomized Trials and Comparative Observational Studies [J]. BMC Health Services Research, 2012, 12 (1).

[71] YOU E, DUNT D R, DOYLE C. Case Managed Community Aged Care: What is the Evidence for Effects on Service Use and Costs? [J]. Journal of Aging

and Health, 2013, 25 (7) .

[72] YU R, WONG M, WOO J. Perceptions of Neighborhood Environment, Sense of Community, and Self-rated Health: An Age-friendly City Project in Hong Kong [J]. Journal of urban health, 2019, 96 (2) .

[73] ZAMAN A U, THORNTON K. Prioritization of Local Indicators for the Development of An Age-friendly City: A Community Perspective [J]. Urban Science, 2018, 2 (3) .

(三) 网络文献

[1] A Digital Agenda for Europe [R/OL]. European Commission, 2010-08-26.

[2] A Guide for Population-based Approaches to Increasing Levels of Physical Activity: Implementation of the WHO Global Strategy on diet, Physical Activity and Health [R/OL]. World Health Organization, 2007.

[3] Active Ageing Index 2012 Concept, Methodology and Final Results [R/OL]. European Centre Vienna, 2013-03.

[4] Active Ageing: A Policy Framework [R/OL]. World Health Organization, 2002.

[5] Age-friendly Rural and Remote Communities: A Guide [R/OL]. Federal Provincial Territorial Ministers Responsible for Seniors, 2007.

[6] Attitudes about Aging: A Global Perspective [R/OL]. Pew Research Center, 2014.

[7] Case Study: The Age-friendly Programme in Ottawa [R/OL]. World Health Organization.

[8] China Country Assessment Report on Ageing and Health [R/OL]. World Health Organization, 2015-02-16.

[9] Closing the Health Equity Gap: Policy Options and Opportunities for Action [R/OL]. World Health Organization, 2013.

[10] Code on Accessibility in the Built Environment [R/OL]. Building and Construction Authority, 2013.

[11] Dementia: A Public Health Priority [R/OL]. World Health Organization, 2012-08-24.

[12] Dementia Day Care: New Horizon Centres [R/OL]. Alzheimer's Disease Association, 2010.

[13] Dijon Ville Amie des Aînés (DIVAA). Une démarche au service de la ville où il fait bon vieillir jusqu'au plus grand âge [R/OL]. Age-friendly World, 2016.

[14] Financial Incentives and Retirement Savings [R/OL]. OECD, 2018-12-03

[15] Global Age Watch Index 2013: Insight Report [R/OL]. Helpage International, 2013-11.

[16] Global Age-friendly Cities: A Guide [R/OL]. World Health Organization, 2007-10-05.

[17] Global Strategy and Action Plan on Ageing and Health [R/OL]. World Health Organization, 2017-01-02.

[18] Healthy Ageing in China: Expanding Health Protection for the Middle-age and Elderly [R/OL]. Swiss Re Institute, 2020.

[19] Healthy Life Expectancy (HALE) at Birth [R/OL]. World Health Organization, 2020-12-07.

[20] Integrated Care for Older People: Guidelines on Community-level Interventions to Manage Declines in Intrinsic Capacity [R/OL]. World Health Organization, 2017-01-01.

[21] Measuring the Age-friendliness of Cities: A Guide to Using Core Indicators [R/OL]. World Health Organization, 2015-02-16.

[22] NAUGHTON C, DRENNAN J, TREACY M P, et al. Abuse and Neglect of Older People in Ireland-Report on the National Study of Elder Abuse and Neglect [R/OL]. Safeguarding Ireland, 2020.

[23] New Urban Agenda [R/OL]. United Nations, 2016-10-20.

[24] Older People-Independence and Well-being [R/OL]. Audit Commission, 2004.

[25] Pensions at a Glance 2013: OECD and G20 Indicators [R/OL]. OECD, 2014-01-01.

[26] Pensions at a Glance 2015: OECD and G20 Indicators [R/OL]. OECD, 2015.

[27] Political Declaration and Madrid International Plan of Action on Ageing [R/OL]. United Nations, 2002-04-08

[28] Scotland's National Dementia Strategy: 2013-2016 [R/OL]. Scottish Government, 2013.

[29] Social Protection Floor [R/OL]. Social Protection Floor Initiative, 2014.

[30] The 2012 Ageing Report: Economic and Budgetary Projections for the 27 EU Member States (2010—2060) [R/OL]. European Commission, 2015-05-15.

[31] The Global Network for Age-friendly Cities and Communities [R/OL]. World Health Organization, 2018-02-15

[32] The Global Network of Age-friendly Cities and Communities (GNAFCC), WHO. Membership in the Global Network of Age-friendly Cities and Communities [R/OL]. Age-friendly World, 2019-12.

[33] The National Evaluation of Partnerships for Older People Projects: Executive Summary [R/OL]. Personal Social Services Research Unit, 2013.

[34] The Office of the High Commissioner for Human Rights, United Nations. The Right to Adequate Housing [R/OL].

[35] The Sun America Retirement Re-Set Study [R/OL]. The Sun America Financial Group, 2011.

[36] The Universal Declaration of Human Rights [EB/OL]. United Nations, 1948.

[37] THOMSON H, THOMAS S, SELLSTROM E, et al. Housing Improvements for Health and Associated Socio-economic Outcomes [EB/OL]. Wiley Onime Library, 2013.

[38] Toward a Healthy and Harmonious Life in China: Stemming the Rising Tide of Non-communicable Diseases [R/OL]. The World Bank, 2011.

[39] Towards an International Consensus on Policy for Long-term Care of the Ageing [R/OL]. World Health Organization, 2000.

[40] Transforming Our World: The 2030 Agenda for Sustainable Development [R/OL]. United Nations, 2015.

[41] United Nations. World Economic and Social Survey 2007: Development in An Ageing World [R/OL]. UNFPA and HelpAge International, 2007.

[42] What is a Men's Shed [R/OL]. Australian Men's Shed Association, 2015.

[43] WHO Global Strategy on People-centred and Integrated Health Services [R/OL]. World Health Organization, 2015-06.

[44] WILLIS M, DALZIEL R. LinkAge Plus: Capacity Building: Enabling and Empowering Older People as Independent and Active Citizens [R/OL]. GOV. UK, 2009.

[45] WIMO A, PRINCE M. World Alzheimer Report 2010: The Global Economic Impact of Dementia [R/OL]. Alzheimer's Disease International, 2010.

[46] World Cities Report 2020: The Value of Sustainable Urbanization [R/OL]. United Nations, 2020.

[47] World Development Report 2000/2001: Attacking Poverty [R/OL]. The World Bank, 2001.

[48] World Population Ageing 2013 [R/OL]. United Nations, 2013.

[49] World Population Ageing 2019 [R/OL]. United Nations, 2019.

[50] World Population Prospects 2019 [R/OL]. United Nations, 2020.

[51] World Population Prospects 2022 [R/OL]. United Nations, 2023.

[52] World Report on Ageing and Health [R/OL]. World Health Organization, 2015-09-29.